Surnommée « la Nécromancière », **Armelle Carbonel** écrit depuis l'enfance. Fan de Stephen King et de Cizia Zykë, elle voue une affection particulière aux huis clos. Accompagnée sur son chemin littéraire par Maxime Chattam et Laurent Scalese, elle dissèque les pulsions criminelles qui sommeillent en chacun de nous. *Criminal Loft*, son premier roman, nous renvoie, à travers la mise à mort de huit monstres, à notre propre monstruosité.

Du même auteur, chez d'autres éditeurs :

Criminal Loft
Majestic Murder

Chez Milady Thriller, en poche :

Criminal Loft

CE LIVRE EST ÉGALEMENT DISPONIBLE
AU FORMAT NUMÉRIQUE

www.milady.fr

ARMELLE CARBONEL

CRIMINAL LOFT

Fleur Sauvage

Milady est un label des éditions Bragelonne

La collection Milady Thriller est dirigée par Lilas Seewald

ISBN : 978-2-8112-1830-0

Bragelonne – Milady
60-62, rue d'Hauteville – 75010 Paris

E-mail : info@milady.fr
Site Internet : www.milady.fr

Préface

Je connais Armelle Carbonel depuis quelques années.

Je suis avec intérêt ses aventures littéraires – ses péripéties, devrais-je plutôt dire. Nous échangeons régulièrement sur Facebook, si bien que, après avoir lu son roman, la réflexion m'est venue que les réseaux sociaux sont le prolongement de la télé-réalité, un espace virtuel où les mots priment les actes, où l'on peut faire croire n'importe quoi à n'importe qui, où chacun a la possibilité de se mettre en scène au quotidien.

Une perspective grisante pour certains.

La visibilité – mieux, la célébrité –, vertu du XXIe siècle.

Criminal Loft entend dénoncer l'un des travers de la société moderne : une fascination malsaine pour la vie des autres, qu'ils soient des amis, des voisins ou de parfaits inconnus, une fascination qui ne faiblit pas avec les années et laisse présager des dérives. La vulgarité, l'indécence, la vacuité et la surenchère ont pris une telle place dans la société qu'une dérive telle que celle avancée dans le livre n'est plus inenvisageable.

Imaginez huit psychopathes condamnés à mort, triés sur le volet et enfermés dans le loft ultime, à savoir un sanatorium désaffecté, dans un but précis : prouver au public qu'ils méritent de vivre. Les téléspectateurs sont

alors érigés en juges – pis, en démiurges, puisqu'ils décident de la vie ou de la mort des candidat(e)s.
Dans cette configuration, inédite mais pas improbable, regarder par le trou de la serrure prend une dimension effroyable.
L'action se déroule dans un lieu éminemment cinématographique (et inquiétant) : le sanatorium de Waverly Hills, à Louisville, un endroit censé être hanté. On retrouve l'atmosphère lugubre, glauque et aussi mystérieuse des films *Session 9* et *Death Tunnel*, pour ne citer que ceux-là, et de la saison 2 de la série *American Horror Story*.
Au fil de ma lecture, j'ai pu noter et apprécier les progrès accomplis par Armelle ces dernières années. Ici, nous avons l'histoire ET le style, ce grand oublié de la littérature contemporaine. L'écriture est fluide, rigoureuse, sans fioritures, brutale et émotionnelle quand il le faut. La psychologie des personnages est fouillée, sans concession, sans fard. Des flash-back bien amenés permettent d'apporter un éclairage sur le passé et la personnalité du narrateur. La tension, le suspense, le mystère et la peur sont savamment entretenus.
Vous l'aurez compris, j'ai beaucoup aimé ce roman.
Armelle m'a surpris, épaté, bluffé.
Je lui souhaite de s'installer durablement dans le domaine du thriller, car à l'évidence elle y a sa place.
Et elle le mérite.
Bonne lecture. Bons frissons. Bonnes nuits blanches.

Laurent Scalese

Remerciements

Merci à François, libraire de son état, qui m'a soutenue depuis le commencement de l'aventure...
Viviane G., votre beauté d'âme m'a permis de surmonter les étapes... Vous êtes un ange parmi les anges.
Gaëlle Quévy, merci d'avoir ravivé la flamme qui menaçait de s'éteindre, un lointain soir de printemps...
Sabine Barbier, dès la première version, tu as su lire entre les lignes avec un professionnalisme avéré. Ne change rien, mon amie.
Merci « outre-Atlantique » à Richard Migneault, dont le soutien indéfectible a renforcé ma persévérance ; à Jacques Saussey et Claire Favan, qui ont vu naître avec enthousiasme la première mouture ; ainsi qu'à Laurent Scalese, qui m'a montré la voie...
À Fabienne et Dom, mes premiers lecteurs, devenus au fil des années une seconde famille.
Une attention particulière à mes éditeurs, David et Lilas, qui m'ont ouvert les portes de leurs maisons respectives. Grâce à vous, j'ai oublié ce que c'est que d'avoir froid...

Prologue

Waverly Hills.

On le dit le lieu le plus hanté des États-Unis. Un sanatorium désaffecté de cinq étages construit au début du XXe siècle au sommet d'une colline de Louisville, converti en loft pour satisfaire les plus bas instincts de l'espèce humaine.

Le matin où un gars en costard-cravate est venu m'annoncer que ma candidature avait été retenue, je croupissais depuis dix ans dans une cellule de six mètres carrés où la lumière du jour entrait par une lucarne aussi crasseuse que les murs qui l'entouraient.

Je l'ai vu s'avancer derrière les barreaux, dressé sur ses pattes arrière avec l'assurance d'un homme libre. Il s'est présenté, non sans avoir ajusté au préalable ses lunettes sur l'arête de son nez – si fin qu'on aurait pu le briser d'une claque –, puis il m'a rappelé les termes du contrat qui nous liait, comme si nous étions de vieux potes. Il faut savoir une chose à mon sujet : je n'ai jamais eu d'ami proche et je suis insensible à ces démonstrations sentimentales qui donnent l'illusion de savoir ce qu'aimer signifie. Pour en revenir au type endimanché, il m'apprit que le tournage débuterait dans une semaine ; le transfert se ferait sous haute sécurité, menottes aux poignets et chaînes aux chevilles.

Imbécile, *pensai-je. Croyait-il vraiment que j'allais tenter une évasion sous l'œil noir des objectifs et des vidéosurveillances ?*

J'acceptai le règlement imposé par la production : ne pas rendre publiques ses opinions politiques ou religieuses, respecter la vie d'autrui, limiter les débordements agressifs et s'attacher entièrement aux épreuves dont les candidats ignoraient tout avant d'entrer dans le loft. Ma seule certitude était que nous représentions des bêtes de foire livrées en pâture à un public avide de sensationnel.

Je savais pertinemment ce qu'on attendait de nous. On nous percevait comme des monstres, mais l'intérêt des téléspectateurs pour ce reality show prouvait leur fascination pour la cruauté de nos actes. La plupart d'entre eux seraient rivés à leur écran, dénonçant le concept immoral d'un tel jeu, non sans en éprouver quelques frissons. Certains assouviraient leurs pulsions les plus secrètes à travers nos témoignages bardés de détails sordides. Et d'autres y trouveraient une vocation, partagés entre frustration et passage à l'acte, galvanisés par les images de cadavres dépecés et de scènes de crimes que ne manquerait pas de diffuser la chaîne en arrière-plan.

Une stratégie efficace de manipulation des masses par la contre-culture, l'apologie de la violence sous forme de divertissement.

Je hochai la tête en signe de consentement tandis que le regard du scribouillard me transperçait d'une haine si profonde que j'en fus flatté. Et, comme pour affermir ce sentiment puissant qui m'anime si souvent, il décida de me narrer, avec emphase, l'histoire de Waverly Hills. Comme si ces rumeurs de revenants risquaient de me faire changer d'avis ! Sans doute était-ce là l'étape ultime avant le grand jeu.

Sa cervelle de bureaucrate devait s'imaginer que je reculerais en tremblant au fond de ma cellule, préférant attendre dans le couloir de la mort plutôt que de prendre du bon temps en dehors de ces murs, ne fût-ce que pour quelques jours. Au contraire, je jouissais déjà de ces heures de gloire que m'apporterait cette notoriété éphémère et morbide à souhait !

C'est ainsi qu'il me fit part des expériences atroces pratiquées sur les tuberculeux qui résidaient à Waverly Hills dans les années 1930. Hommes, femmes, enfants se seraient succédé sous les scalpels sanglants des blouses blanches. Des décennies plus tard, certains clichés photographiques tendraient à prouver que des spectres hanteraient les lieux à la nuit tombée, alternant hurlements de souffrance et pleurs lancinants. Les anecdotes croustillantes des veilleurs de nuit auraient dû me terrifier, mais, pour des gens comme moi, ces récits alléchants alimentaient mes psychoses.

Une fois achevé son baratin, le gars en costard-cravate tourna les talons en silence et disparut de mon champ de vision, trouvant visiblement mon sourire dérangeant.

Waverly Hills avait mené un grand nombre d'êtres humains à la mort, mais aujourd'hui il représentait notre unique chance de survie.

Nous étions huit. Six hommes et deux femmes, condamnés par la justice américaine pour avoir commis des actes irréparables.

Huit volontaires pour entrer dans ce loft de l'horreur, caméras et micros braqués sur nous vingt-quatre heures sur vingt-quatre.

Un seul d'entre nous échapperait à l'injection létale pour être réhabilité.

J'ai décidé de consigner ce que Waverly Hills a fait de nous.

Et de vous, pauvres ignorants…

John T.
Pénitencier de Lucasville, Ohio.
21 juin 2011.

Semaine 1

L'Épreuve de vérité

« Jamais je n'ai éprouvé le moindre doute dans mon âme. Jamais je ne me suis dit que ce que je faisais était mal, même si la société condamne de tels actes. Quand je serai exécuté, mon sang et celui de mes victimes retomberont sur la tête de mes bourreaux, du moins s'il existe une justice divine. »

Peter Kürten,
surnommé le « Vampire de Düsseldorf »,
exécuté en juillet 1931.

Chapitre premier

— Ils sont huit !

» Six hommes. Deux femmes.

» Tous accusés de meurtres.

» Tous condamnés pour des actes que certains prétendent ne pas avoir commis !

» Huit individus reconnus coupables par la justice américaine et enfermés dans le couloir de la mort.

» Oui, mesdames et messieurs ! Huit candidats sélectionnés pour participer au reality show le plus brûlant qui ait jamais existé !

(Applaudissements.)

» Une émission dont vous seuls, téléspectateurs, serez juges !

(Acclamations.)

» Chaque semaine, vos votes désigneront l'un d'eux afin qu'il quitte le loft et retourne dans le couloir de la mort.

» Ils étaient trois mille deux cent soixante-trois au départ.

» Huit ont été choisis.

» Un seul recouvrera sa liberté !

» Chacun des participants devra vous convaincre qu'il mérite de vivre. Et, pour être réhabilités, ils sont prêts à tout ! Même au pire…

(Hurlements.)

» Ne manquez pas, ce soir, sur Channel 9, le prime time de… *Criminal Loft* !

(Applaudissements.)

Le jingle grésille à travers les enceintes suspendues à l'avant du bus qui nous conduit à Waverly Hills. Un écran, légèrement surélevé, nous incite à ne pas perdre un instant de l'ambiance survoltée qui règne sur le plateau de télévision. Non seulement nous sommes acteurs de cette émission, mais il paraît évident que nous serons également spectateurs de notre propre vie au sein du loft. Nous allons profiter pleinement de la haine du monde dirigée contre nous.

Je fixe la petite lucarne. Je devine l'excitation du public tandis que le duo de présentateurs s'époumone devant les micros. Je fais abstraction de l'homme pour me concentrer sur le visage de son acolyte féminin. Tous deux sourient à la caméra, comme une tentative avortée de nous narguer.

Na-na-na-na-nère…, semblent articuler leurs lèvres maquillées, alors que la femme commente notre transfert avec son air juvénile de blonde prépubère qui me titille.

Une boule grossit dans ma gorge comme une tumeur maligne. J'ai l'envie subite de broyer ce joli minois pétillant d'innocence, de couvrir sa bouche d'un ruban écarlate et d'observer ses prunelles jaillir de leurs orbites. Elle, me suppliant de l'épargner, pendant que je la prendrais de force avant d'achever sa misérable vie. Mon sexe durcit à tendre la toile de mon pantalon tandis que la scène défile dans l'ombre de ma conscience. Je déploie un effort surhumain pour ne pas hurler de plaisir, tant mon désir d'éclabousser son teint d'albâtre de son propre sang m'excite.

La jouissance de la domination exerce sur moi des pulsions incontrôlables. Mais il me faudra désormais les réprimer, si je veux sortir vivant de Waverly Hills.

Je ferme les yeux un instant et me concentre sur ma respiration. J'entends les sirènes hurlantes de l'escorte de police qui trace notre route à travers les collines poussiéreuses du Kentucky. Je soulève mes paupières, qui se résument à deux fentes soucieuses de masquer une lueur obscène, et je prends conscience du cuir confortable sur lequel je suis assis.

Les sièges sont de couleur rouge.

Rouge sang.

Le plus vieil ami de l'homme. Celui dans lequel nous baignons en déchirant le ventre de notre mère et qui constitue la sève fragile de notre existence.

Est-ce déjà une mise à l'épreuve ? me demandé-je, amusé par toutes les stratégies que les concepteurs du jeu ont dû élaborer pour tenter de nous faire craquer. Se sont-ils contentés de placer des appâts grossiers dans le but de harponner la substantifique moelle de nos vices ?

Il en faudrait davantage pour me faire flancher.

Jusqu'à cet instant, je n'ai pas prêté la moindre attention aux autres détenus, pour une raison évidente : un échange de regards ouvrirait une brèche et les laisserait s'immiscer dans mon âme.

Je connais ce moyen pernicieux de s'engouffrer dans une faille pour mieux dominer son adversaire. Le monde carcéral érige des barreaux invisibles afin de protéger ce qu'il reste d'humain en nous. J'ai bien l'intention de conserver cette expression neutre jusqu'à ce que mes forces m'abandonnent.

Tout est calculé. Nous ignorons tout des méfaits commis par les candidats et, à ce stade précoce de l'émission, je n'ai pas envie de subir l'influence de fous, plus fous que moi-même.

Pourtant, la curiosité me pousse à jeter un œil à ce que j'appellerais un *ensemble*. Je ne veux pas m'attarder sur les visages des matons aux regards morts, ni sur les engins sophistiqués qui doivent servir à retransmettre les images de notre périple ; non, j'observe sans voir. Une bande patronymique est cousue sur la poche de poitrine de nos combinaisons orange. Je ne parviens cependant pas à déchiffrer le prénom de la candidate, assise deux rangées devant moi, qui, par une incroyable distorsion du cou, vient de se tourner dans ma direction.

Je saisis immédiatement que quelque chose cloche. Elle me fixe. Une lueur de folie danse en dilatant ses pupilles, puis ses lèvres s'animent de tremblements spasmodiques, comme si elle contenait une envie furieuse de me cracher à la figure.

Est-ce à cet instant que je compris que nous avions tous pris un aller simple pour l'enfer ? Je ne me souviens plus... Mais l'enfer existe – ça, je peux vous l'affirmer. Il porte le nom de Waverly Hills...

Le visage de cette candidate m'inspire autant d'interrogations que les représentations picturales d'un diable au sexe creux. Sous ce voile de haine accroché à ce rictus, je remarque la perfection de ses traits et j'imagine la volupté de sa peau lisse et mate sous le cuir rugueux de mes mains. Le sang afflue en pulsations douloureuses dans mon bas-ventre et mon attention se porte sur sa poitrine. Je fronce les sourcils et crois lire *Aileen* en lettres noires. Je sus plus tard que mon acuité visuelle ne m'avait pas trompé et que la jolie dame avait été affublée par les médias du doux nom de *Mante religieuse*.

J'ai envie de demander à Aileen les raisons de cet acharnement à me scruter, comme si elle souhaitait de toutes ses forces m'arracher les tripes. Mais quelle différence cela ferait-il ?

Je préfère donc l'ignorer et me concentrer sur le paysage qui défile derrière les vitres blindées. Je hume l'atmosphère avec avidité, dissociant chaque fragrance dont j'ai été privé durant dix longues années : l'exhalaison des bois lointains portée par un nuage de sable et de poussière, l'odeur âcre de la sueur qui perle sur le front du maton obèse le plus proche des rangs, les effluves provenant de la nature sauvage, les émanations d'essence qui s'échappent en volutes grisâtres des véhicules nous escortant. Je redécouvre les senteurs légères ou agressives que dégage chaque particule d'air ; avec la même délectation, je savoure la chaleur du soleil qui se répand sur mon visage.

Ma propension à l'imaginaire m'emmène derrière les collines que survolent des busards. Tout un décor se matérialise sous mes paupières closes… La faune rôdant autour des habitations où des familles entières doivent s'empiffrer de pop-corn, confortablement installées devant leur petit écran de télévision. Je sens *presque* l'amertume d'une bonne bière claquer contre mon palais avant de couler dans ma gorge. Je suis *presque* assis dans ce bar dont l'enseigne clignote dans la nuit comme une nuée d'étoiles filantes. Je suis là où mon esprit m'emporte. J'aurais pu entendre les cris des oiseaux mêlés aux rires des enfants, ou encore les chuchotements de leurs mères échangeant leurs confidences les plus honteuses.

Mais, par-dessus tout, je me vois, moi, errant en homme libre au milieu d'une foule de prolétaires attardés parmi lesquels gravitent de délicieuses proies innocentes contre lesquelles j'exercerais mon pouvoir. Je suis ce prédateur que le monde redoute.

Transporté par mes rêves insensés, je rate presque l'immense banderole blanche qui flotte dans l'air du soir comme un fanion sur la proue d'un bateau fantôme.

En lettres noires est inscrit *Criminal Loft*.

Juste derrière s'élève une enceinte électrifiée qui délimitera notre périmètre de liberté.

Soudain, j'aperçois la foule. Elle crie au scandale et nous accueille à coups de pierres. Je recule instinctivement lorsqu'un projectile explose contre la vitre blindée. Je sais qu'au milieu de tous ces contestataires se cachent des fanatiques du crime, animés par toute la folie dont ils sont capables. Je croise le regard de l'un d'entre eux. Une femme me lance un sourire vorace auquel je ne réponds pas. J'ai depuis longtemps perdu cette faculté d'expression.

Quelques minutes plus tard, le brouhaha de la foule se dissipe dans la brise d'un soir d'été. Le chauffeur coupe le moteur. Les portes du bus s'ouvrent dans un chuintement. 8101, Dixie Highway. Waverly Hills nous attend, monstrueux bloc de béton et de bois percé de fenêtres brisées qui crachent une obscurité malsaine. Nous serons tenus de vivre entre ses murs.

Ou d'y mourir…

*

Ma première impression, en franchissant la double porte de bois du sanatorium, est de sentir un étau se resserrer à chacun de mes pas. Je quitte une cellule de six mètres carrés pour un monde de noirceur, qu'incarnent de longs couloirs noyés dans l'obscurité.

Alors que le maton obèse nous intime l'ordre d'avancer en file indienne – je suis le dernier de cette *clinquante* procession –, je me remémore tous les espoirs que j'ai nourris avant d'entrer dans ce loft. Rien que ce mot évoque dans mon esprit l'espace et le confort, mais ma désillusion s'accentue en traversant un boyau sombre à l'odeur pestilentielle. Tout semble savamment orchestré pour ajouter une note particulièrement sinistre à notre purgatoire.

Nos chaînes cliquettent sur le carrelage en soulevant des nuages de poussière. J'imagine aisément ce qu'a été cet endroit hanté de souffrances au début du siècle. La lumière du jour a dû éclabousser le sol depuis les hautes fenêtres, aujourd'hui recouvertes de crasse et partiellement brisées. En me concentrant davantage, je pourrais discerner des images très réalistes de formes humaines déambulant comme des spectres, toussant et crachant jusqu'à se tordre de douleur, sous le regard impassible des infirmières coiffées de blanc.

La terreur que m'inspirait mon père m'a conduit à trouver refuge dans ce que j'appellerais la *projection mentale*. J'ai cette faculté de créer un environnement rien qu'en fermant les yeux, afin d'échapper à la réalité qui aurait fini par me tuer, bien avant l'injection létale.

On nous laisse entrer dans une immense salle qui aurait pu servir de réfectoire, à ceci près qu'aucune table n'est dressée pour nous accueillir.

L'un des matons murmure quelque chose à l'oreille de son collègue en resserrant sa main sur le taser fixé à sa ceinture – je crains singulièrement les effets redoutables et parfois mortels de cette arme. L'autre gardien cligne des mirettes avant de lever le menton en direction du plafond. Il hoche la tête et plisse les yeux. Je distingue nettement l'expression fermée de son visage, même environné par la pénombre.

Brusquement, un flash éblouissant m'aveugle. Puis un second. Les spots s'allument les uns après les autres, révélant ce que l'obscurité nous a caché. Des caméras sont accrochées à chaque coin de la pièce. Des câbles tentaculaires courent le long des plinthes. La hauteur des murs fait paraître tout le reste étonnamment petit. Y compris nous. La peinture fraîche recouvre les cloisons sans parvenir tout à fait à masquer les tags et autres inscriptions laissées par les squatters. Des traces de moisissures noircissent les angles tandis que des appliques, solidement fixées au plafond, projettent une lumière blafarde qu'engloutit la puissance des projecteurs. Au fond de la pièce, je remarque une chaise en bois à haut dossier, à côté de laquelle trône un téléphone. Une parodie de chaise électrique, je suppose…

Le détail du téléphone me pique au vif. Qui sommes-nous censés joindre ? S'agit-il d'une récompense pour conduite exemplaire ? Pour ma part, je serais bien en peine de composer le moindre numéro. L'unique correspondante à qui j'aurais aimé parler gît six pieds sous terre.

Pauvre mère…

Soudain, le jingle de l'émission explose dans la pièce, nous surprenant tous par sa tonalité stridente. Une voix sortie d'outre-tombe arrache un petit cri à la seconde candidate féminine, dont je m'efforce de lire le nom – mais le seul prisonnier noir de notre charmant groupe m'empêche de reluquer sa poitrine.

Toute cette mise en scène ne sert qu'à nourrir l'insatiable appétit morbide du public. Nous ne sommes que des pions sur un échiquier, manipulés par des hommes invisibles, traqués par les caméras et maudits par la société.

— Bienvenue au loft ! scande une voix trafiquée, déformée, affreusement inhumaine.

Des tonnerres d'applaudissements font vibrer les haut-parleurs, disséminés un peu partout dans la pièce, et se répercutent en écho dans les couloirs.

— Voici venue l'heure tant attendue du prime time de *Criminal Loft* ! Vous qui avez accepté de vous soumettre à ce reality show, serez-vous à la hauteur ?

Aucun d'entre nous n'esquisse le moindre geste. À la hauteur de quoi ? Du scandale que suscite l'émission ? De notre réputation de fauves psychotiques ? J'ai presque envie de rire devant cette mascarade, mais mon regard croise celui d'Aileen. Je décide de plonger dans l'abîme de ses pupilles d'encre et de me délecter de ce duel, malgré tous les risques que cela peut engendrer. Elle me fouille de l'intérieur, s'insinuant dans les replis de mon esprit, mais elle ne saura rien que je ne veuille révéler. J'ai résolu d'entrer dans son jeu parce qu'elle n'est qu'une femelle et que mon expérience avec le sexe faible me suffit amplement à la réduire en miettes.

En revanche, je n'aurais pas tenté l'aventure avec le gars enchaîné à sa gauche. Celui-là a vraiment l'air d'un cinglé. J'en ai tellement diagnostiqué durant ma carrière que je pourrais largement enrichir les classifications figurant au *Diagnostic and Statistical Manual of Mental Disorders*, qui nécessiterait un bon lifting pour coller à la réalité de notre époque. Ce type se nomme James. Sa tignasse brune encadre un visage anguleux barré de lèvres épaisses. Son regard déviant me rappelle certains condamnés que j'ai croisés au pénitencier de Lucasville et qui séjournaient le plus souvent en unité psychiatrique. Alors que les matons nous retirent enfin nos chaînes et nos menottes, je remarque le début d'un tatouage sur son avant-bras gauche.

— Je suis la Voix de l'Ombre. Celle qui vous guidera tout au long de votre séjour. Ne cherchez pas à savoir qui je suis, ni où je suis, ou vous encourrez mon châtiment.

» Vous devrez répondre à tous mes appels ; vous soumettre à tous les exercices que je vous ferai subir. Au signal sonore, vous devrez vous rendre au parloir pour l'Épreuve de vérité afin de vous présenter aux téléspectateurs.

» Mais attention ! Pour le moment, vous ne devez rien révéler concernant la nature de vos crimes, sous peine de vous voir infliger une sanction exemplaire.

» Ensuite, les hommes chargés de votre surveillance vous conduiront au cinquième étage afin que vous preniez possession de vos chambres.

» Interdiction formelle de pénétrer dans celle qui porte le numéro 502.

» Je vous souhaite une agréable soirée. Soyez les bienvenus à Waverly Hills.

Les projecteurs s'éteignent subitement et le jingle de l'émission retentit pour annoncer la coupure pub. Une puissante alarme se déclenche. Le maton obèse pose la main sur son taser. Deux bourrelets débordent du col de sa chemise. Sa face empourprée est recouverte d'une pellicule de sueur. Ce gars m'écœure. J'ai envie de le saigner comme un cochon.

— Replacez-vous en file indienne ! lance-t-il d'une voix altérée par des années de tabagisme. Suivez-moi.

Nous empruntons de nouveau le couloir et nous nous enfonçons, en silence, dans les entrailles du sanatorium. Je ne vois qu'une succession de portes fermées et je ne peux m'empêcher de penser aux histoires rocambolesques qui courent sur ce lieu. Le mec en costard-cravate m'a fourni suffisamment d'éléments sur les événements paranormaux relatés par des témoins crédibles pour que j'envisage de foutre la trouille à mes concurrents. J'étouffe un fou rire en m'imaginant déambuler sous un drap blanc en criant « Hou! hou! ».

Le maton obèse écourte ma récréation mentale.

— Par là, dit-il en désignant une ouverture sur une petite salle.

Deux rangées de quatre chaises, disposées au centre, font face à un miroir sans tain qui donne sur une seconde pièce. Projecteurs, caméras, enchevêtrement de fils, tout est en place pour le tournage de ce que le robot installé aux manettes a appelé l'Épreuve de vérité. Alors que mon estomac se rappelle à mon bon souvenir, je prends conscience que je n'ai pas la moindre idée de l'heure qu'il est. J'ai perdu toute notion du temps. La seule chose dont je sois certain, c'est que la nuit est tombée.

Et qu'elle promet d'être longue.

Chapitre 2

1976.

Un abattoir conserve longtemps l'odeur du sang.

L'exhalaison ferreuse se répand aux étages, flotte jusqu'à la porte située au fond du couloir et s'engouffre par tous les interstices à l'intérieur de ma chambre. Elle s'accroche à mes vêtements comme un parfum tenace, une compagne de longue date dont on finit par oublier la présence.

Le fumet du rôti monte en volutes agressives depuis la cuisine où maman s'affaire aux fourneaux. Le dîner sera bientôt servi dans des assiettes en faïence, disposées sur une jolie toile cirée. Un rituel bien huilé qui offre les apparences d'une vie ordinaire.

Depuis que je suis rentré de l'école, je trépigne d'impatience.

J'observe mon père traverser le terrain en friche qui sépare la ferme de l'abattoir. Ogre terrifiant dans le crépuscule embrasé par le soleil couchant.

Je dévale les marches jusqu'à la cuisine et me blottis tout contre maman.

La porte s'ouvre violemment sous les assauts glacés du vent. Papa pénètre dans la pièce en charriant une odeur de sueur rance. Le sel de son labeur, répète-t-il pour se justifier.

Mon attention se focalise sur sa démarche, souvent pesante et titubante ces derniers temps.

Mais ce jour particulier fait exception à la règle.

Papa ôte le lourd tablier de cuir noir souillé de graisse animale et le balance sur le parquet encaustiqué.

— L'heure est venue de tenir ma promesse, John.

Je perçois une infime résistance sous les doigts de maman, puis elle relâche mollement son étreinte, résignée. Je la rassure d'un sourire attendri tandis que mon père m'entraîne dehors.

Les premières notes du requiem ne tardent pas à s'élever depuis les fenêtres ouvertes de la ferme, ritournelle incontournable pour couvrir le couinement plaintif des cochons que maman ne parvient plus à supporter.

Devant moi se dresse le bâtiment interdit.

Celui où papa s'enferme quinze heures par jour.

Je suis ses instructions et chausse une paire de bottes en caoutchouc dans lesquelles mes petits pieds nagent sans trouver prise.

L'abattoir se divise en nacelles reliées à un système d'évacuation. Il flotte dans l'air un mélange d'hystérie collective et de mort imminente.

Mon père me fait signe d'approcher.

Les bêtes s'entassent à l'intérieur des enclos, la fatalité inscrite dans leurs petits yeux porcins.

— Tu n'as pas peur, John ?

Je fais non de la tête.

— C'est bien, mon garçon, approuve-t-il en plaçant deux tenailles électrifiées de part et d'autre de la tête d'un animal maintenu à l'écart de l'élevage. Il faut écarter la vision cruelle de la mort et prendre en compte sa nécessité. Un homme doit tuer pour subsister, John. La saignée exige une grande maîtrise pour limiter la souffrance de la bête. Sais-tu que les cochons sont très sensibles au stress ? Calme-les par des caresses, mais ne t'attarde pas. Jamais.

Subitement, l'animal se convulse sous l'impulsion électrique. Puis ses muscles se relâchent comme si la carcasse allait s'effondrer.

Un morceau de chair rose pend sous le groin du porc dans une abominable parodie de dessin animé.

Mon père retrousse ses manches sur ses bras noueux, approche la lame affûtée et l'égorge d'un geste sec et contrôlé. Un étrange sifflement s'échappe des chairs éclatées. Des flots de sang s'écoulent le long d'un trocart pour être recueillis dans une grande bassine.

Silencieux, j'observe la formation d'une marée pourpre et odorante pendant que mon père poursuit son exposé.

— L'étape suivante consistera à l'échauder pour faciliter l'éviscération. Mais tu en as assez vu pour ce soir, fiston. Rentrons, le dîner va refroidir.

Il m'offrit une mise à mort pour célébrer mon sixième anniversaire.

Sa manière à lui de me prouver qu'il me considérait désormais comme un homme.

La tradition exige de formuler un vœu avant de souffler ses bougies. Je respectai la coutume en fermant les yeux de toutes mes forces.

Et curieusement, cette nuit-là, le cochon agonisa six heures durant…

Chapitre 3

— John, c'est à vous. Présentez-vous aux téléspectateurs. J'ai dû m'assoupir quelques secondes dans l'obscurité, le temps des derniers réglages. Le flash du projecteur braqué dans ma direction m'aveugle subitement pendant qu'une voix répète mon prénom, jusqu'à ce que je daigne enfin relever la tête. Alors c'est ça, l'Épreuve de vérité, pensé-je en fixant la caméra derrière laquelle se trouve la vitre sans tain. Je suis assis, seul, exposé à la vue de mes concurrents, d'un cameraman chauve, et de milliers de téléspectateurs. Eux peuvent me voir, confortablement installés devant leur poste, me juger, m'adorer ou me mépriser en toute impunité. Un bataillon fantôme que je dois affronter à la force des mots. Je m'applique à ne pas quitter l'appareil de l'œil. Capter leur attention, amadouer leurs foutus préjugés en coulant sur mon visage le masque que j'ai mis tant d'années à peaufiner. Je me concentre sur l'enjeu du loft. Quand je commence ma confession, une unique idée m'obsède, à l'instar des sept autres candidats délogés du couloir de la mort : gagner le droit de vivre.

— Je me nomme John. Le hasard a voulu que je sois le premier à relever ce défi... Avouons-le, exercice difficile que de se présenter sous son meilleur jour lorsque votre réputation vous précède ! Je ferai néanmoins *tout* ce qu'on attend de moi. Donc, c'est l'histoire d'un gamin ordinaire.

Sa mère l'appelait Johnny, dans ses bons jours. La pauvre était mariée à un alcoolique notoire, qui la battait à la première occasion. Elle était bien impuissante face à cette brute épaisse qui la malmenait sans vergogne, comme on corrige une bête indisciplinée. Lorsqu'elle s'interposait pour éviter qu'il ne larde son gosse à coups de batte, le petit Johnny la suppliait de se taire, de cesser ses hurlements qui ne faisaient qu'attiser la fureur de son paternel.

» Du haut de ses sept ans, il fixait le ceinturon comme un point de repère entre la vie et la mort. Je me souviens très précisément du motif de la boucle en argent. Il s'agissait d'une tête de serpent en métal. Une interminable langue fourchue s'enroulait autour du cuir usé. L'enfant avait la sensation de voir approcher un ennemi invincible, menaçant, dangereux et machiavélique. Bien sûr, il ne comprit le sens réel de ces mots que bien plus tard, lorsqu'il fut en âge de se défendre et d'incarner ce même ennemi qui l'avait terrorisé durant de longues années.

» Cela excuse-t-il ses crimes ?

(Je marque une pause et accentue l'effet théâtral de mon récit par une moue pensive.)

» Je n'ai jamais trouvé d'épilogue convenable à ce conte macabre. Aurais-je la prétention de rejeter la responsabilité de mes actes ? Non. Bien sûr que non. Mon père avait sombré dans la boisson et j'ai terriblement souffert de l'injustice de son régime disciplinaire. Quand j'avais six ans, il m'a enchaîné une semaine entière aux barreaux de mon lit, pour me punir d'avoir désobéi à l'un de ses innombrables commandements. J'ai très mal vécu cette période d'isolement forcé. C'est là que les cauchemars ont commencé… Ils me visitaient toutes les nuits en projetant des scènes effroyables. Je me réveillais en hurlant, espérant entendre la clef tourner dans la serrure tandis que je me débattais dans mes draps souillés. Les conséquences dramatiques de certains traumatismes ne figurent dans aucun manuel. Chacun est libre d'en écrire un chapitre, mais le livre ne se referme jamais... J'ai passé les quarante et une années de ma vie à lutter pour survivre, comme vous, dans un monde régi par la normalité, le pouvoir, l'argent, les médias et l'Église. Ces fléaux nous conduiront bientôt à notre perte, mais peu d'entre nous en ont conscience. L'instinct de survie représente la seule valeur commune à notre espèce. Nous empruntons des chemins différents et, pourtant, nous sommes tous prédestinés à connaître l'enfer.

(Je sens monter l'adrénaline par vagues successives, mon cerveau bouillonne d'émotions contradictoires en poursuivant l'étalage public de mes pensées. Tout est pesé, calibré, dans le moindre détail.)

» Ce jeu lui-même n'est-il pas la preuve de ce que j'avance ? Avant d'être converti en plateau télé, Waverly Hills fut un sanatorium où la souffrance était omniprésente. Des milliers de tuberculeux sont morts dans des conditions parfois douteuses. Sans doute certains ont-ils agonisé de longues heures dans cette même pièce. Vous trouvez ça moral ? Parce que personnellement, je serais à votre place, j'estimerais cela déplacé... Mais personne n'est à votre place ! Et la mienne est des moins confortables. Je suis un condamné à mort qui lutte pour survivre. Quel qu'en soit le prix. La rédemption nécessite des compromis et...

— Votre temps imparti est écoulé, John. Veuillez quitter le parloir.

La Voix interrompt mon exposé.

Je maudis cette intonation métallique en me jurant de trancher les cordes vocales éraillées de son détenteur. Pour l'heure, je n'ai d'autre option que de me plier à ses exigences en la gratifiant de mon plus beau sourire.

À peine ai-je abandonné ma place encore brûlante de souvenirs que le nom d'Aileen résonne gravement dans les haut-parleurs.

*

— À votre tour, Aileen. Présentez-vous aux téléspectateurs.

— Posez-moi des questions et je vous répondrai, dit-elle.

— Ce n'est pas ainsi qu'a été conçue l'Épreuve de vérité. Vous devez vous livrer au public comme le feront les autres candidats.

Aileen croise lentement les jambes et resserre ses bras contre sa poitrine. En la voyant flotter dans sa combinaison orange, je m'imagine aisément la femme fatale qu'elle a dû être avant son incarcération, l'intensité de son regard souligné par de longs cils recourbés, l'aisance féline de son corps alliant douceur et puissance. Beauté maudite que même la noirceur de l'âme ne parvient pas à ternir. J'enlève mentalement ses vêtements, l'effeuillant sans délicatesse, et lui intime l'ordre d'enfiler une robe d'un blanc virginal, assez courte pour laisser entrevoir la naissance de ses cuisses que je devine fuselées. Inutile de préciser que mon imagination a tendance à développer certains désirs que beaucoup assimileraient à de la perversion. Mais l'homme est ainsi fait. La différence entre les bien-pensants et moi, c'est que j'assume entièrement mes pulsions et que j'éprouve même un intense plaisir à les assouvir.

Pour en revenir à Aileen, et malgré les apparences, je sens poindre une sorte de malaise au tressaillement de ses lèvres. Comme nous tous, Aileen doit craindre de perdre le contrôle en s'épuisant à afficher un semblant de normalité. Lorsqu'elle prend enfin la parole, je reste suspendu à ses mots, fixant l'écran plat avec une certaine jubilation. Je vais savourer sa confession comme un bourreau excité par la vue du billot. Le moindre faux pas, la plus fugitive expression, la plus petite maladresse sont susceptibles de nous renvoyer dans le couloir de la mort. Je compte bien tirer parti de la faiblesse de mes adversaires.

Un timbre caverneux résonne de nouveau, tirant brutalement Aileen du monde dans lequel elle s'est réfugiée – et qui n'aurait certainement pas conquis le grand public...

— Nous vous écoutons, Aileen.

— Je... je m'appelle Aileen. J'ai trente-neuf ans. J'étais... je suis incarcérée au pénitencier du Missouri. Je n'ai pas grand-chose à vous apprendre à mon sujet. J'ai déjà eu droit à la une des journaux... Mais je me plie aux règles de l'Épreuve de vérité.

» En fait, j'ai eu une vie plutôt banale. Mes parents étaient tous deux ouvriers, jusqu'à ce que ma mère tombe gravement malade. Elle est morte quand j'avais quinze ans. Je n'ai ni frère ni sœur. J'ai bien eu un chien à une époque, mais on l'a retrouvé éviscéré dans la grange qui servait d'atelier à mon père. Un coyote, sans doute. Il en courait plein la région. Je me souviens de les avoir entendus hurler cette nuit-là, comme une menace de mort imminente.

» Je n'ai jamais craint ces horribles bêtes. Le diable habitait déjà ma maison...

» Que dire d'autre ? Je n'étais pas faite pour les études. Alors, à dix-sept ans, j'ai plié bagage et suis partie m'installer à Las Vegas. J'ai jonglé avec différents boulots avant de trouver une bonne place dans un casino. J'étais croupière. Ça me plaisait bien.

À l'évidence, livrer des informations trop personnelles n'est pas du goût de la belle Aileen. Aussi, notre geôlier fantôme contourne le protocole afin de rendre son récit plus palpitant. C'est vrai que, à l'écouter, Aileen a tout d'un agneau, à tel point que ça en devient lassant.

— Aileen, qu'entendez-vous par : « Le diable habitait déjà ma maison » ?

Zoom. Le visage d'Aileen emplit soudain l'écran. Ses pupilles se dilatent et je remarque une petite tache brune à la base de son sourcil, ainsi qu'une minuscule cicatrice en forme de croissant au coin de sa lèvre supérieure. Elle fixe la caméra avec une intensité agréablement dérangeante. Les concepteurs du jeu doivent être aux anges, pensé-je. Le public va enfin obtenir ce pour quoi il a allumé son téléviseur : de la peur, du scandale, du dégoût.

Ils ont visé juste.

Les traits d'Aileen se crispent. Je retrouve l'expression sanguinaire dont elle m'a gratifié dans le bus. Ses cordes vocales se teintent subitement d'un timbre rocailleux.

— Le diable, crache-t-elle, ne ressemble pas aux autres démons. Ceux-là nous torturent, nous amènent à commettre des atrocités, nous font sombrer dans des abîmes aussi brûlants que l'enfer. Nous connaissons tous ce sentiment d'impuissance face à l'obscurité. Tous, insiste-t-elle sans quitter la caméra du regard. Mais ces suppôts de Satan contre lesquels nous luttons ne sont que des reflets de nous-mêmes. Des miroirs cachés. Des facettes interchangeables qui renvoient sans cesse l'image de nos peurs les plus inavouables. Une part de noirceur qui remonte à la surface de notre conscience.

» Le diable, lui, est étranger à nous-mêmes, reprend-elle. Il nous torture de la même façon. Il viole, mutile, déchire avec la vigueur d'un forcené. Il façonne à son aune. Il anéantit l'innocence à coups de fourche.

» Ce que j'entends par : « Le diable habitait déjà ma maison » ? Ne me dites pas que vous ignorez ce que cela signifie. Mais je suppose que quelques détails vous permettraient de mettre un visage sur le Mal qui a fait de moi celle que je suis devenue.

Plan élargi.

Ses doigts s'entremêlent. Dans ses yeux danse une lueur incandescente. Je suis en admiration devant le talent dont use Aileen pour parvenir à capter l'attention des autres candidats. J'imagine que la réaction du public est exacerbée face à tant d'injustice ! Sa façon d'amener son histoire de diable déclenchera de la pitié à son égard, elle le sait. Elle se place en victime. Et qui aurait envie de condamner un martyr ?

Mais moi, je devine ce qu'elle est : dénuée d'empathie, n'éprouvant aucun remords, quels qu'aient été ses actes. Faisant preuve de préméditation et d'une jouissance proportionnelle à la souffrance infligée.

Je le ressens parce que je fais partie de cette race-là.

Le regard d'Aileen sonde la caméra, tandis que les images défilent dans ma tête comme si un lien télépathique nous unissait.

— Le diable entre dans votre chambre d'enfant et se glisse sous vos draps ornés de personnages enfantins. Ces mêmes personnages qui sont la représentation de vos héros, mais qui restent impuissants à vous sauver hors d'un écran de télé. Le diable attend que la nuit soit tombée, parce que l'innocence est fragilisée par les ombres surgies des ténèbres. Son souffle caresse douloureusement votre visage. L'odeur de soufre se répand sur votre peau. Puis vient la brûlure au contact de sa chair. Il vous transperce frénétiquement, vous arrachant des cris silencieux pendant que vos petits amis dansent au rythme de ses assauts.

» Le diable repart sur la pointe des pieds. Il possède une tête d'homme et pourrait ressembler à n'importe qui. Il a fallu qu'il choisisse mon père pour incarner sa cruauté.

Bouleversant ! pensé-je ironiquement. Ainsi, la belle Aileen joue la carte de l'enfance violée pour justifier ses crimes. Je me doute que la plupart des téléspectateurs, eux-mêmes parents ou enfants, se laisseront prendre dans ce filet pourtant si prévisible. Mais, une fois encore, je ne suis pas dupe. Combien de gamins ont subi des abus similaires sans pour autant devenir des monstres ? Combien d'entre eux ont reproduit ces actes ?

Nous avons toujours le choix. Certains basculent vers le côté obscur, parce qu'ils naissent sociopathes, pour une raison que même la science ne saurait expliquer. Existe-t-il un gène de la violence ? Un mauvais karma ? Qu'importe le nom qu'on donne à notre pathologie criminelle, il suffit d'un déclencheur – dans le cas d'Aileen, le viol – pour révéler notre nature profonde.

Ce qui m'intrigue, cependant, c'est l'animosité qu'elle semble ressentir à mon égard. Et, après quelques secondes de réflexion, la lumière se fait jour dans mon esprit – si tant est qu'elle y trouve encore un espace disponible… J'en aurais mis ma main à couper (la droite, car la gauche m'est indispensable pour manier le scalpel) : moi, John T., je dois forcément posséder des caractéristiques physiques communes avec le diable d'Aileen.

Et c'est une perspective fascinante.

Quelques instants plus tard, Aileen quitte la pièce (que j'appellerai le *prétoire*) par une porte située à droite de l'écran, alors que la Voix invite le candidat suivant à prendre place.

À l'appel de son nom, James se hisse du haut de son mètre quatre-vingt-dix et avance d'un pas lourd vers une autre entrée qui, elle, débouche à gauche de l'écran. De manière étonnamment synchronisée, Aileen nous rejoint.

Un sourire énigmatique flotte sur ses lèvres.

Elle n'a même pas un regard pour moi.

Chapitre 4

— À votre tour, James. Présentez-vous aux téléspectateurs.

James s'assoit lourdement sur la chaise qu'occupait Aileen quelques secondes plus tôt. Ses lèvres charnues restent scellées. Son regard déviant fuit la caméra pour se poser sur un point invisible, hors champ. Son allure massive est impressionnante, son visage anguleux lui confère un aspect menaçant. Ce gars-là inspire la crainte. Il ne fera pas long feu parmi nous, j'en mettrais mon oreille droite à couper (pas la gauche, car mon audition est meilleure de ce côté-ci, depuis qu'une de mes victimes a tenté de me perforer le tympan avec un stylo à bille).

— Ze m'appelle… Za… James, crache l'intéressé avec difficulté.

Je ne peux m'empêcher d'éclater de rire ! Ce grand type aux allures de rugbyman souffre d'un bégaiement zozoteur qui le fait soudain paraître aussi idiot et inoffensif qu'un clébard attardé. Je résiste tant bien que mal à l'envie d'exprimer à haute voix mon aversion envers les sous-hommes de son espèce, pour la simple raison que j'ignore si nos réactions sont filmées à notre insu. Rire d'un handicap ne jouerait pas en ma faveur auprès d'un public compatissant.

J'épie cependant les comportements des autres candidats. Aileen n'a pas bronché d'un cil.

Wallace se ronge les ongles comme un toxicomane en manque.

Leonard esquisse un sourire carnassier, dévoilant une rangée d'émail d'un blanc immaculé qui contraste avec sa peau d'ébène.

Terrance me jette un regard qui signifie clairement qu'il juge mon attitude déplacée (personne n'est autorisé à me dicter ma conduite et son ignorance pourrait bien lui être fatale). Et moi ? Eh bien, moi, je les méprise en silence et reporte mon attention sur *Zames*.

— Z'ai trente-six ans. Ze suis o... originaire du Texas et incarcéré à Huntsville. Tout comme... Leonard. À la différence que moi, ze... ze suis innocent de ce dont on m'accuse !

Tiens, intéressant. Ainsi, Leonard et *Zames* sont détenus au sein du même pénitencier ! Et, à en juger par le sourire méprisant de Leonard, il ne porte pas James dans son cœur. À supposer qu'il en ait un... Quant à James, plutôt gonflé de clamer son innocence... C'est une tactique comme une autre, certes, mais elle est risquée. J'en oublie presque son zozotement. Je n'ai désormais qu'une hâte : l'écouter s'enliser...

— Ze suis passionné par le dessin et la peinture. Z'ai touzours adoré reproduire des choses... par... particulièrement des formes humaines. Avant d'être condamné, ze travaillais comme styliste. Mon p... p... père haïssait mon penchant artistique. Il disait que c'était réservé aux fillettes. Mais moi, z'aimais éterniser ce que ze contemplais. Tout ce que ze voyais. Il m'arrivait d'entraîner ma petite sœur zusqu'au lac, sur lequel nous avions une vue plonzante depuis la maison. Mais, le plus souvent, ze l'emmenais dans les zones désertiques, à l'abri des regards, et ze m'adonnais à ma passion. Elle adorait poser durant des heures, pendant que ze l'immortalisais sur mes cahiers de croquis. Z'aimais reproduire son sourire, la lumière du soleil se reflétant sur ses longs cheveux d'or, son corps s'abandonnant à la nature sauvaze. Elle était ma muse.

» Z'ai peu connu ma mère. Elle est morte en accouchant de ma sœur. À travers la petite, z'avais l'impression de la revoir, de la redécouvrir autrement qu'en photo. Ze suis certain que, si elle avait été en vie, rien de tout cela ne se serait produit.

» Un soir, mon père nous a surpris, ma sœur et moi, dans un champ. Nous ne faisions rien de mal. Elle s'était endormie, et moi, ze la dessinais, captant la lumière flamboyante du soleil qui se répandait sur les épis de blé.

» Ze ne l'ai pas entendu arriver. Ze me souviens zuste de l'avoir vu se matérialiser au-dessus de moi, comme une ombre menaçante qui éclipsait les zolies lueurs du crépuscule. Ce soir-là, il m'a battu en m'accusant de choses malsaines. Il hurlait après moi. Ses cris n'en finissaient pas de résonner dans le paysaze. Z'étais couvert de sang, mais il continuait à frapper.

» Il criait : « Sale vaurien, tu devrais avoir honte ! Abuser de ta propre sœur ! Ze vais t'ôter l'envie de recommencer… Ze peux te le zurer sur ma vie ! »

» Ze n'ai zamais rien fait de mal. Toutes mes suppliques étaient vaines. Il ne m'a zamais écouté. Mais moi, z'étais persuadé que ce dont il m'accusait révélait un autre coupable. Ze l'ai longtemps soupçonné d'avoir fait subir des attouchements à ma petite sœur. Ze l'ai su à sa manière de la regarder, de la surprendre dans sa chambre lorsqu'il entrait sans frapper, alors qu'elle s'habillait pour partir à l'école. Mais ze n'ai zamais pu le prouver et ze n'étais pas de taille à m'opposer à mon père.

» Pour tout vous dire, z'ai la certitude qu'il a prémédité les crimes dont on m'accuse… ceux que ze n'ai pas le droit de révéler, c'est ça ? Ze crois qu'il a lui-même placé l'ADN qui a servi à m'inculper. Pour se débarrasser de moi.

» C'est la vérité, puisque je suis innocent.

Je remarque qu'il n'a pas zozoté sur la dernière phrase. Étrange.

Quel ennuyeux personnage, pensé-je cependant en étouffant un bâillement.

Leonard se tourne dans ma direction et m'adresse un clin d'œil. Je suppose que cela signifie qu'une certaine connivence s'est installée entre nous et qu'il adhère à ma lassitude. Je lui rends son œillade. Juste pour le geste. Je ne suis l'ami de personne, mais feindre le contraire est à la portée du premier crétin venu.

— Votre temps imparti est écoulé, James. Veuillez quitter le parloir.

*

C'est au tour de Terrance d'être appelé au prétoire. Pour être honnête, je n'ai qu'une envie : me voir attribuer ma chambre et piquer un roupillon. Seule la frustration de ne pas entrer dans le vif du sujet me tient éveillé. Pour affronter ses adversaires et jauger leur degré de dangerosité, il ne suffit pas de savoir qui ils sont, il faut aussi connaître la nature des actes qui les ont conduits dans le couloir de la mort.

Je prends mon mal en patience et me concentre sur le condamné numéro quatre : Terrance. Le feu des projecteurs accentue son allure chétive. Les épaules repliées et le dos légèrement voûté, les yeux plissés comme aveuglés par la lumière, une boule de nerfs.

— Une vraie tapette, ce type…

Pour la première fois depuis notre arrivée, j'entends la voix de Leonard. Je suis surpris par le son rauque qui s'échappe de ses grosses lèvres brunes. Il faut avouer que sa corpulence est en parfaite harmonie avec la gravité de son timbre. Une haine diffuse déforme ses traits burinés. J'observe les rides qui sillonnent ses joues et découvre qu'il s'agit en fait de vieilles cicatrices formant, par endroits, de vilaines protubérances décolorées. Écœurant.

— Ça te pose un problème, négro ? crache Aileen avec une agressivité déconcertante.

— Ouais, poupée, un gros même. Tu veux que je te montre comment un négro règle son compte à une tapette ? Ça te plairait, hein ?

— Pitié…, murmure Lynda.

Michael fait grincer sa chaise en tentant de reculer discrètement, histoire de se mettre à l'abri d'une éventuelle rixe.

Wallace se ronge frénétiquement les ongles – à cette allure, il ne lui restera bientôt plus que des moignons.

James semble absorbé par une transe créative qui l'isole du reste du groupe. Je suppose qu'il trouve l'inspiration dans les recoins sombres de sa mémoire, avec sa petite sœur en toile de fond.

Et moi ? Eh bien, moi, méprisant leurs échanges puérils, je flirte avec le regard d'Aileen comme avec ma première conquête.

Je m'assure également que les caméras miniatures, fixées à chaque angle du plafond, ont bien filmé les réactions des autres candidats et que les téléspectateurs ont pu profiter de ce moment très instructif. Constatant qu'un petit voyant rouge clignote sous chacune d'elles, je redoute l'intervention imminente et musclée des matons. Mais rien ne vient. Si ce n'est le désir impérieux de m'approcher d'Aileen et de renifler son odeur. Une boule se forme dans mon bas-ventre. Cette *femelle* est différente des autres. Quelque chose d'indéfinissable en elle m'attire implacablement. J'ai envie de la mordre, de déchirer ses sous-vêtements d'un coup d'incisive, de la sentir résister et se rebeller avec fougue.

Leonard a raison sur un point : je suis certain que cette salope aimerait ça.

— Tu veux savoir ce que je fais aux singes dans ton genre ? Je les baise avant de leur arracher les tripes ! vomit-elle au travers d'un sourire pervers.

— Ouais, c'est ce qu'on verra, ricane Leonard.

Tu ne verras rien, Leonard, pensé-je en mon for intérieur. *Elle est à moi.*

— À votre tour, Terrance, présentez-vous aux téléspectateurs.

Inconscient du tumulte qui éclate au-delà de la vitre sans tain, Terrance le Chétif entame sa confession. Son regard est décalé par rapport à la caméra. Il semble fixer la porte de sortie comme s'il s'agissait d'un point d'ancrage.

— Je m'appelle Terrance. J'ai trente-neuf ans et je suis incarcéré à Carson City, prison d'État du Nevada. Avant le drame, j'étais employé en qualité d'agent commercial dans une succursale du groupe Audemard-Piguet. J'y ai travaillé quinze ans avant d'être licencié pour faute professionnelle. Mais je n'ai pas envie de parler de ça.

Terrance marque une courte pause. Peut-être attend-il des instructions, espérant être guidé dans ses errances ? Mais la Voix n'intervient pas, alors le Chétif reprend :

— Je ne suis pas quelqu'un de mauvais. Je suis comme tout le monde. Je ne dis pas que je n'ai pas quelques vices. Vous voulez un exemple ? Je souffre d'addiction aux jeux. Plus particulièrement les jeux d'argent. J'ai également des phobies légères, mais je n'en parle qu'à mon psy. C'est un ami de ma famille. Il me suit depuis que je suis gamin. Mes parents ont jugé utile que je sois pris en main très tôt. Il accomplit des miracles, mon psy, si vous saviez ! Enfin… si on excepte le fait que je sois devenu un meurtrier.

Terrance se referme brusquement comme une huître. Je perçois cependant une vague et fugitive expression d'amusement quand il prend conscience de l'absurdité de ses propos.

— Je suis catholique pratiquant. Je prie Dieu tous les jours de me pardonner pour mon crime et pour la douleur qu'il a engendrée. Je ne suis pas un mauvais garçon. J'ai toujours eu de bonnes notes à l'école, je n'ai jamais manqué l'office, même lorsque la fièvre aurait dû me clouer au lit, je suis un fils exemplaire. Je n'avais jamais été fiché auparavant, même pas pour une infraction au Code de la route ! J'ignore ce qui m'a poussé à tuer. Enfin, si, je le sais. Je n'étais pas moi-même. Il existe des forces très puissantes face auxquelles nous sommes démunis. N'avez-vous jamais ressenti le besoin de tordre le cou au tortionnaire qui se moquait de vous dans la cour de récréation ? N'avez-vous jamais éprouvé une telle colère que vous vous seriez sentis capables d'anéantir tout ce qui entravait votre chemin ? N'avez-vous jamais proféré des menaces du genre : « Si ça continue, je vais le tuer » ?

» Eh bien, croyez-moi, la frontière est mince entre la parole et l'acte. C'est ce que l'on appelle communément *péter les plombs*. Mais derrière cette expression se cache toujours un esprit malin qui emploie le pouvoir de suggestion pour vous forcer à accomplir sa volonté. Lorsque j'ai brandi mon arme, je n'étais pas moi-même, mais sous l'emprise du Mal. Le remords me ronge, jour après jour, n'en doutez pas.

Notre cher petit groupe se tient docile derrière la vitre sans tain. Un courant d'air froid me frôle, comme un suaire glissant sur ma peau. Je jette un œil vers les portes. Elles sont closes. Aucune fenêtre. Juste quatre murs fraîchement repeints. Rien pour expliquer cette sensation de froid soudain. La fatigue et l'ennui me rendent fiévreux.

C'est au tour de Lynda d'être appelée au parloir. Je m'efforce de garder mon calme. Être contraint de subir leur baratin me fout la gerbe. L'Épreuve de vérité ! C'est à mourir de rire. Le mensonge éclate comme une bulle de savon, chaque fois qu'ils ouvrent la bouche. Il faut être fou pour ne pas s'en rendre compte ! Fou… ou ignorant.

Lynda se lève et pousse la porte qui donne sur le prétoire.

Le supplice continue.

Plus que quatre concurrents à écouter palabrer et se plaindre, et je pourrai enfin m'effondrer sur mon lit, lâcher prise, ôter ce masque qui dissimule mes fantasmes. Rêver…

*

—À votre tour, Lynda, présentez-vous aux téléspectateurs.

Lynda est aussi laide qu'Aileen est séduisante. Sa tignasse filasse tirant sur le blond est retenue en queue de cheval par un élastique. Deux têtes d'épingle fixent la caméra. Je ne perçois aucune émotion émanant de ces billes dépourvues de charme. Les paupières tombantes ajoutent une note particulièrement désespérante au faciès dont la nature a malheureusement doté Lynda.

Bizarrement, elle me laisse de marbre. Elle ne possède rien qui éveille ma curiosité. Je n'ai nulle envie de fouiller ses tripes prisonnières d'un amas graisseux trop épais à mon goût, de lui arracher un sourire qu'elle ne dévoile pas, de comprimer sa trachée pendant que je butinerais son minois avec la lame de mon scalpel.

Rien. Je ne ressens rien face à Lynda.

C'en est presque effrayant.

— Je constate, dit-elle, que chacun des candidats fait état d'un parcours très différent. Mais, finalement, ne sommes-nous pas tous semblables ? La vie nous a façonnés comme l'aurait fait un artiste peu soucieux des détails.

» Je m'appelle Lynda, j'ai trente et un ans et je suis incarcérée à la prison de Starke en Floride. J'ai grandi dans une petite ville paisible. Le genre d'endroit où la rumeur se répand aussi vite que la gangrène, où tout le monde connaît le secret du voisin, où les maisons sont toutes identiques. En y réfléchissant bien, lorsque j'ai été condamnée à mourir par injection létale, j'ai quitté une prison pour une autre. Seule l'issue est différée, puisque de toute façon la mort est inéluctable. Je l'ai su dès mes premiers cris.

» Je suis née le jour de Thanksgiving. Ce fut le jour le plus heureux dans l'existence de mes parents, mais également le plus tragique. Je poussai mon premier cri tandis que ma sœur jumelle mourait dans le plus grand silence. J'ai porté ce fardeau durant toutes les années qui ont suivi. Il ne s'est pas passé un seul jour sans que ma mère prononce le prénom de cette enfant mort-née. Je crois qu'elle voulait me faire payer le prix de sa souffrance. La culpabilité me torture encore à chaque instant. Pourquoi m'a-t-on laissée vivre, moi ? Je suis toujours restée dans l'ombre de ma sœur. Les médecins ont diagnostiqué chez moi un certain nombre de pathologies.

Rapport à mon instabilité émotionnelle… Oh, je ne suis pas folle ! Cyclothymique, pour employer le terme exact. Je souffre également de phobies nocturnes et…

Alors que je m'efforce d'écouter le récit soporifique de Lynda la Jumelle, un événement étrange se produit.

L'image est soudain brouillée, comme envahie de parasites. Je pense à des interférences, lorsqu'un écran neigeux éclipse le visage de Lynda par intermittence.

Je regarde au-delà de la vitre sans tain. Le cameraman marque son incompréhension par un geste de la main en direction d'un point situé hors champ.

Puis c'est au tour des projecteurs de grésiller, créant un effet stroboscopique dans le prétoire. Une ampoule explose dans un claquement sec, plongeant la pièce dans une semi-pénombre. Et là, dans le chaos des équipements déglingués, je vois Lynda tourner la tête dans tous les sens. *Pitié !* parviens-je à lire sur ses lèvres muettes. Elle s'effondre sur le sol. Recroquevillée sur elle-même, les membres inférieurs secoués de spasmes, la bave s'échappe en longs filets de sa bouche déformée par la terreur.

Je reconnais tous les symptômes d'une crise de panique. Je suis expert en la matière depuis que ma deuxième victime m'a infligé ce calvaire. Un fâcheux désagrément qui lui a valu un bonus sur l'échelle de la souffrance.

— Qu'est-ce qui se passe ? demande Terrance le Chétif.

— Ze crois que…, tente d'intervenir James le Zozoteur.

— Ça se voit pas ? coupe Leonard le Négro. Y a un foutu problème technique !

— Nan, y a autre chose, s'interpose Wallace le Croque-mort. Un truc pas net.

Le maton obèse se pointe dans la salle alors que, de l'autre côté de la vitre, deux types en blouse blanche emportent Lynda.

— Pas de panique ! crie le gardien en levant une main et en gardant l'autre plaquée sur son taser.

— C'est quoi, ce bordel ? Où ils l'emmènent ? demande Aileen en désignant le prétoire.

— À l'infirmerie. Gardez votre calme. Retournez tous vous asseoir !

Nous nous exécutons.

Le jingle résonne soudain depuis les haut-parleurs fixés à divers endroits de la pièce. La voix du présentateur prend le relais. Sa gueule de premier de la classe tressaute à l'écran comme s'il était atteint de tics nerveux. Moi, ce qui me met les nerfs à vif, c'est de le voir afficher ce sourire factice pendant que son acolyte prépubère se dandine comme une putain. Le genre « provinciale mijaurée » rescapée d'une famille de consanguins. Dieu que j'aimerais leur arracher les lèvres pour les déguster en papillotes…

Mais le regard significatif du maton me contraint à différer mon festin virtuel. Je me rassois, les yeux rivés aux caméras qui, curieusement, ont l'air de fonctionner parfaitement.

Elles n'ont jamais cessé de filmer.

— Chers téléspectateurs !

» Je vous prie de nous excuser pour la gêne occasionnée. Il semblerait que nous soyons exposés à un léger problème technique.

» Le temps d'une coupure pub et nous nous retrouvons pour la suite de l'Épreuve de vérité !

(Acclamations.)

» Au programme : des récits chocs, des témoignages et bien d'autres épreuves attendent nos huit candidats !

» Chacun d'eux devra vous prouver qu'il mérite de vivre !

» Chaque semaine, l'un d'eux retournera dans le couloir de la mort !

» N'oubliez pas, chers téléspectateurs, vous seuls serez juges ! Qui vos votes désigneront-ils ?

» John ? Aileen ? James ? Terrance ? Lynda ? Wallace ? Leonard ? Michael ?

» Ne manquez pas la suite de... *Criminal Loft* !

(Applaudissements.)

Une musique enivrante s'élève alors. Je fixe les images saccadées d'une femme auréolée de paillettes d'or qui porte à ses lèvres un expresso fumant.

Un café. Une cigarette.

Voilà ce dont j'ai envie à cet instant précis.

— Y en a pour longtemps ? interroge Wallace en s'adressant instinctivement à l'être invisible qui dicte chacun de nos pas en se cachant derrière une voix. J'ai besoin d'aller aux chiottes !

Le maton s'approche de Wallace.

Je peux sentir son haleine fétide se répandre autour de moi. Je ne parviens pas à détacher mon regard de son abdomen. L'image de mon père, nanti d'une boucle de métal en forme de serpent, se superpose à celle du gardien obèse et de son taser.

— Toi, dit-il en me montrant du doigt, accompagne-le aux toilettes. Au bout du corridor, à droite. Faites pas de conneries, les gars, ajoute-t-il en désignant les caméras.

J'acquiesce sans broncher.

Wallace hésite une seconde avant de se lever.

La porte du prétoire se referme derrière nous.

Le couloir est sombre et silencieux. Les hautes fenêtres crasseuses laissent à peine filtrer la pâleur de la lune. Tandis que Wallace me précède, je m'arrête pour coller mon nez au carreau.

Dehors, l'obscurité a englouti les collines environnantes. Je fouille les ténèbres, excité par le cœur battant de la nuit. J'imaginais entrevoir une cohorte de journalistes ou de techniciens affairés tout autour du sanatorium, mais leur absence me confère une liberté autrement plus jouissive. Mon esprit vagabonde et traverse les murs avec l'aisance d'un spectre meurtrier. Je peux presque flairer le parfum des fleurs s'abandonnant dans un lit de brume. Palper le souffle d'une brise légère, discerner les chemins de terre traçant de profonds sillons autour de l'enceinte, percevoir le grondement d'une rivière aux abords de la forêt.

Je possède une faculté extraordinaire : l'imagination.

Je réintègre la réalité. Mes yeux se sont habitués à l'obscurité. Je distingue la toiture d'un petit pavillon à l'est du bâtiment principal. Elle est recouverte de bâches qui flottent doucement dans la nuit. Une étrange sensation s'empare de moi. La structure de bois semble respirer. Je m'attache au moindre de ses soupirs. Hypnotisé par le flot d'images qui défilent de nouveau dans mon esprit, je frémis à peine en percevant un long gémissement qui provient de la construction. Je tends l'oreille, tous mes sens en alerte. Une lueur passe derrière l'une des fenêtres, puis disparaît aussitôt. Un mirage à forme humaine. Je prends soudain conscience de l'absence totale de bruit. Je tourne la tête. Wallace est immobile au milieu du couloir. Il m'attend.

— Qu'est-ce que tu fous ? Faut vraiment que j'aille pisser !

Je lui ferais bien bouffer ce qui lui sert à dégorger, mais le règlement interdit toute forme de violence physique. Je pourrais bien l'obliger à avaler ses parties génitales avec douceur, mais je pense que cela n'y changerait rien.

— T'as entendu ?

— Entendu quoi ? répond-il en se tortillant comme un gosse.

— Laisse tomber.

Je le rejoins d'un pas tranquille.

Les toilettes sont au bout du couloir. Charmantes pissotières communes à l'hygiène douteuse. L'odeur d'excréments me soulève l'estomac.

Je révise mon jugement sur Wallace. L'asticot qui pendouille mollement entre ses cuisses n'aurait pas suffi à l'étouffer, tout juste à lui gratter la gorge.

— Alors, comme ça, ton père était un tortionnaire ? me demande-t-il sans parvenir à couvrir le bruit du jet d'urine s'écoulant sur l'inox souillé.

— C'est ça. Un tortionnaire.

Je fais le guet en tournant le dos à ce type qui commence à me taper sur le système avec ses questions à la con. Je reste posté à l'entrée des toilettes. Le long couloir aux portes fermées m'apparaît bizarrement plus hostile que celui du pénitencier de Lucasville, comme si l'écho étouffé d'un cri se répercutait contre les parois de mon crâne.

— Tu l'as tué ? relance Wallace

— Qui ?

— Ton père. Tu l'as tué ? C'est pour ça qu'on t'a foutu en taule ?

— Nan, Wallace. Mon paternel se porte comme un charme. Et toi, c'est quoi, ton histoire ?

Aucune envie d'entendre son babillage, mais je m'oblige à faire preuve de sociabilité. Wallace est trop curieux à mon goût. Je lui ferais bien ravaler sa langue et j'imagine déjà la tête qu'il aurait avec un écarteur chirurgical dans la bouche. Son phrasé est correct. Ses doigts manucurés. Ça sent le gosse de riche à plein nez. Et moi, j'exècre les morveux qui croient pouvoir jouer dans la cour des grands, sans prendre le risque de perdre un morceau d'eux-mêmes.

— Moi… je suis innocent. Je n'ai ni violé ni assassiné ma belle-fille.

Wallace vient de me murmurer ces quelques mots à l'oreille.

La mauvaise nouvelle est qu'il a fini de se soulager.

La bonne est qu'il a enfreint le règlement.

Je lève la tête et souris à la caméra.

Chapitre 5

Deux minutes plus tard, nous sommes de nouveau confinés dans la salle qui donne sur le prétoire. De petites mains invisibles ont réparé les équipements, se sont affairées pour que *le show le plus brûlant qui ait jamais existé* poursuive sa décadence télévisée.

Seule Lynda manque à l'appel.

Je m'abstiens de prendre de ses nouvelles. À vrai dire, je m'en fous royalement.

C'est maintenant à Wallace d'être appelé. Cet idiot qui n'a pu s'empêcher de me révéler la nature de son crime, alors qu'on nous l'avait formellement interdit à ce stade du jeu.

— À votre tour, Wallace, présentez-vous aux téléspectateurs.

Son langage corporel m'indique que le débit mécanique dont abuse la Voix perturbe le candidat numéro six.

— Mon nom est Wallace Parker. J'ai quarante-quatre ans. Dans mon autre vie, je côtoyais la mort tous les jours. J'étais directeur d'une entreprise de pompes funèbres… Quelle ironie, vous ne trouvez pas ?

Je ris sous cape.

L'ironie du sort voudrait qu'il organise ses propres funérailles.

Et si ce n'est pas le public qui l'envoie à la chaise électrique, je m'en occuperai moi-même. Parole de sociopathe.

— J'ai grandi dans un milieu aisé. Je suis marié depuis quinze ans. Et je ne suis pas un assassin. Si vous me condamnez comme la justice l'a fait, alors vous aurez la mort d'un innocent sur la conscience !

Timbré.

C'est le seul qualificatif qui me vient à l'esprit. Wallace s'agite sur son siège. Il est mort de trouille. Ses pupilles sont dilatées à l'extrême. À mon avis, sa stratégie est la pire de toutes. Il vient lui-même de signer son arrêt de mort. Croit-il réellement semer le doute dans l'esprit du public en affirmant simplement qu'il est innocent ? Pense-t-il obtenir la clémence des téléspectateurs en les culpabilisant ?

Wallace est un idiot.

Et moi, je suis comblé.

— Wallace, vous avez enfreint les règles.

— Hein ? De quoi parlez-vous ?

L'effroi déforme ses traits. Ses yeux enflammés roulent dans leurs orbites, fouillant l'espace vide autour de lui.

— Le règlement, Wallace.

» Dans les toilettes communes du sanatorium, vous avez dérogé à un article capital. Vous ne deviez rien révéler concernant la nature de vos crimes, sous peine de récolter une sanction.

» Aucun manquement aux consignes ne peut être toléré.

Soudain, une succession d'images apparaît à la télévision. On y voit Wallace et moi en train de nous diriger vers les sanitaires. Puis moi faisant le guet et Wallace me surprenant pour me susurrer à l'oreille : « Moi… je suis innocent. Je n'ai ni violé ni assassiné ma belle-fille. »

Je me découvre à l'écran. L'angle de prise de vue est plutôt favorable. J'avoue être assez télégénique. Sans doute le contraste est-il accentué par l'épouvante qui se lit sur le visage de Wallace en ce moment même.

— Je n'ai rien dit de plus…, tente de se défendre Wallace en pleurnichant comme un morveux.

— Wallace, coupe notre hôte invisible, voici venue l'heure de la sentence. Une preuve de la culpabilité d'un des sept autres candidats a été dissimulée dans le sanatorium. Vous avez six jours pour la découvrir afin qu'elle soit révélée au public lors du premier prime time. Passé ce délai, l'indice sera détruit et vous serez nominé d'office pour l'élimination de la semaine 2. Avez-vous intégré l'enjeu de votre mission ?

Une mise à mort.

Ni plus, ni moins.

Alors que le concurrent suivant est invité à prendre place dans le parloir, tous les regards convergent vers Wallace. La Voix de l'Ombre vient de le jeter dans une fosse remplie de prédateurs. Nous.

Désormais, notre survie dépend de nos erreurs, mais également de celles commises par les autres candidats. Ce qui nous ramène à un état primitif où la loi de la jungle s'applique uniquement pour satisfaire les désirs malsains de milliers de spectateurs. Chacun le sait, nous ferons tout pour empêcher Wallace de trouver cet indice, à moins que l'un d'entre nous ne le déniche avant lui.

Leonard déploie sa carcasse et entre dans le prétoire, un regard malveillant braqué sur la vitre sans tain.

Wallace tremble comme un nouveau-né, emmailloté dans un suaire de désarroi.

— À votre tour, Leonard. Présentez-vous aux téléspectateurs.

— J'ai vingt-sept ans. J'suis né dans le Bronx, noir et pauvre. Ça doit vous éclairer sur les conditions de ma putain de vie. À huit ans, j'ai intégré un gang pour sauver ma peau. C'est comme ça que ça se passe, là-bas. À dix ans, je connaissais comme ma poche les couloirs du tribunal pour mineurs. À quatorze ans, j'ai rencontré une fille. Blanche. Ça m'a calmé, vous pouvez me croire. Elle m'a appris les bonnes manières. C'était une bombe au pieu, mais pas seulement. Elle avait du blé et elle kiffait mon côté... baroudeur. J'me suis rangé et j'ai déniché un boulot stable. À dix-huit ans, j'ai épousé cette pétasse et nous avons emménagé au Texas. Sa famille l'a déshéritée parce qu'elle s'était maquée avec un Black. Elle, les chevaux, ça la bottait. Et elle avait trouvé son étalon...

Leonard esquisse un sourire qui en dit long sur ses prouesses sexuelles. Je présume que sa vie n'est qu'une succession de massacres, à commencer par l'énumération de ses exploits. Ça le rassure peut-être de croire qu'il a quelque chose entre les jambes, mais s'en vanter abaisse son QI au niveau zéro. Un fossé nous sépare à jamais. Le mien est gorgé d'humilité. C'est là que je puise ma force depuis que je suis gosse.

— J'ai construit notre baraque de mes propres mains, reprend Leonard, et quand j'ai appris que mon petit frère s'était fourré dans une sale affaire de dope, on l'a recueilli chez nous. Et voilà où ça m'a mené, de vouloir sauver mon prochain... À Huntsville, prison du Texas. En sortant du ghetto, j'suis devenu un mec rangé. La trahison a tout bousillé. Ces ordures...

Leonard s'interrompt net. Il sait qu'il est à la frontière de la révélation qui lui coûterait la seconde sentence de la soirée.

Nous le savons tous.

— Votre temps imparti est écoulé, Leonard. Veuillez quitter le parloir.

Je note que notre hôte suspend prématurément certaines confessions, tandis qu'il autorise un ou deux candidats à s'épancher. Je pense à Aileen en particulier.

L'instigateur du loft aurait-il ses préférences ?

Pour ma part, ça me convient.

Il n'en reste plus qu'un à écouter pleurnicher sur son sort avant de prendre possession de nos chambres.

Michael.

*

— À votre tour, Michael. Présentez-vous aux téléspectateurs.

— Bonsoir à tous. Je m'appelle Michael. Je suis né en 1975, en Louisiane, sous le nom de Clarence. Mes parents étaient toxicomanes. Ma tante, Leonna, s'est vu confier ma garde. Elle était mariée à un Français, Georges, installé aux États-Unis. À l'âge de treize ans, ils ont décidé de m'adopter. J'ai vécu les plus belles années de ma vie jusqu'à… ce que ma mère biologique soit libérée. C'est là que mon cauchemar a commencé. Elle a obtenu que je lui sois remis. Elle s'était remariée à un ancien détenu, Billy. Il… il m'a fait subir des sévices sexuels durant plus de deux ans. Ma mère a fini par renoncer à ses droits parentaux et a préféré m'abandonner officiellement. Mon oncle n'a jamais cessé de me rechercher. Au bout de deux ans d'une quête interminable, il m'a retrouvé dans l'orphelinat où j'avais été placé. En Louisiane. Et il m'a adopté légalement. Mais il était déjà trop tard… Je ne supportais plus qu'il me prenne dans ses bras, je tremblais dès que quelqu'un m'approchait. Les psys parlent de traumatisme.

» Bien que je ne sois jamais allé en France, une reconnaissance de ma citoyenneté française me donnerait droit à une assistance consulaire, mais aucune garantie d'échapper à l'exécution. À ce jour, j'attends une décision du tribunal de grande instance de Nantes.

» Je vous en supplie, ne me condamnez pas une seconde fois !

Michael le Français. Un sobriquet qui lui sied à ravir. Plutôt effacé, un joli minois aussi lisse qu'une perle polie par les remous d'un océan tempétueux, le timbre posé et la tête farcie d'images et de souffrances indélébiles.

Lui, me dis-je, possède au moins une porte de sortie. La nationalité française lui évitera peut-être la peine de mort. Mais rien n'abolira les lésions gravées dans sa chair.

Mieux vaut être coupable que victime, pensé-je alors que Michael reprend sa place parmi nous.

L'Épreuve de vérité s'achève enfin.

Sur une interminable nuit.

— Chers téléspectateurs ! Le prime time de *Criminal Loft* touche à sa fin ! Je vous donne rendez-vous la semaine prochaine, en direct sur Channel 9, avec…

(Applaudissements.)

» Le séduisant et ténébreux John !

» La sulfureuse et troublante Aileen !

» Doté d'un léger zozotement… l'inimitable James !

» Joueur compulsif et fervent croyant, j'ai nommé Terrance !

» La mystérieuse jumelle… Lynda !

» L'intrépide Wallace !

» Issu du Bronx… le colossal Leonard !

» Il revendique sa nationalité française… Michael !

» Ils ne seront bientôt plus que sept… Qui vos votes désigneront-ils ? Pour le savoir, ne manquez pas le show le plus brûlant qui ait jamais existé !

Chapitre [illegible]

[illegible]

Wakefield Hill [illegible] de [illegible] [illegible] données de manière aléatoire.

— En elle indiquant [illegible] [illegible] alors que [illegible] en [illegible] [illegible] ses lèvres.

[illegible] pas [illegible] [illegible] le monde [illegible] A [illegible] à faible [illegible] ce qui [illegible] que d'autres que [illegible] de Wakefield Hill. [illegible] de l'ombre.

Je [illegible] sur [illegible] [illegible] Mes [illegible] [illegible] Dis [illegible] [illegible] Ma langue [illegible] [illegible] [illegible] dans le ventre [illegible]

Chapitre 6

Waverly Hills est un dédale de couloirs et de portes, certaines condamnées par des planches de bois clouées de manière aléatoire.

— En file indienne ! Suivez-moi ! ordonne le maton obèse alors que son collègue s'éloigne discrètement de notre groupe en collant une sorte de talkie-walkie miniature contre ses lèvres.

Je ne parviens pas à entendre ce qu'il dit à son mystérieux interlocuteur, mais je me surprends à fantasmer sur ce petit engin high-tech parce qu'il représente notre seul lien avec le monde extérieur. À moins qu'il ne s'agisse d'un émetteur à faible portée, ce qui signifierait que d'autres que nous hantent les couloirs de Waverly Hills. Des marionnettistes de l'ombre.

Je reporte mon attention sur la file, remettant à plus tard l'analyse de la situation. Aileen me précède. Mes narines frémissent en reniflant son odeur musquée. Je m'en imprègne. Me l'approprie. Dissèque chaque particule qu'elle traîne dans son sillage. Ma langue frétille au contact de mes lèvres. L'excitation est à son comble lorsque j'imagine planter mes incisives dans la chair tendre de sa nuque. À cet instant, l'unique raison qui m'empêche de céder à mes pulsions est notre ascension dans le ventre lugubre du sanatorium.

Nous empruntons un escalier désuet qui me fait craindre un *malencontreux* accident. Les marches inégales sont rongées par l'usure du temps, à tel point que certaines semblent sur le point de rompre. Tout comme la rampe en bois sur laquelle je ne m'appuierais que s'il me prenait l'envie de me suicider.

Étrange, me dis-je. Voilà un mot que je n'avais jamais employé. Parmi toutes les atrocités en rapport avec la mort, le suicide avait toujours été absent de mon vocabulaire. Jusqu'à cette nuit. À croire que Waverly Hills est à la hauteur de sa réputation…

En grimpant les premières marches, je remarque la présence d'un antique ascenseur pourvu de grilles en fer en forme de croisillons. Je suppose que ce mécanisme n'est plus en état de fonctionner depuis des décennies.

Dans son argumentaire soporifique, le type en costard-cravate venu me visiter dans ma cellule de Lucasville avait évoqué les morts suspectes d'un clochard et d'un chien blanc, retrouvés carbonisés au fond de la cage dans les années 1990. Une légende urbaine visant à exploiter notre registre émotionnel pour y insuffler la peur et fausser notre capacité de jugement…

Je relève brusquement la tête. Quelque part dans les étages, une balle rebondit. C'est du moins l'image qui me vient à l'esprit en écoutant le *bing bing* régulier dont l'écho se propage dans l'atmosphère ouatée.

Il flotte dans l'air comme une odeur de mort.

Je fais partie de ces êtres qui ont l'intime conviction que les murs absorbent la souffrance des mourants et la rejettent sous forme de désespoir perceptible par les vivants. Et par les morts en sursis…

La moiteur enveloppe chacun de nos mouvements, tandis que nous gravissons l'escalier pour nous rendre au cinquième niveau du sanatorium.

Il y a des caméras fixées un peu partout. Des micros. Des haut-parleurs. À tous les degrés et jusqu'aux entresols. Toute une panoplie technologique censée épier nos moindres déplacements, de jour comme de nuit.

Le maton obèse nous livre une rapide description des lieux, sans s'attarder, comme si lui-même était envahi par ce sentiment d'oppression suintant des cloisons.

— Le parloir, les sanitaires, les douches communes et l'infirmerie sont au rez-de-chaussée. La cantine, le dressing et la salle de détente, au quatrième palier. Vos chambres, au cinquième. L'accès aux premier, deuxième et troisième étages est interdit, à moins qu'on ne vous le demande. Vous en comprendrez la raison en cas de… désobéissance. Ce que je ne souhaite à aucun d'entre vous, ajoute-t-il sans convaincre personne.

Je ne sais quelles surprises nous ont réservées les concepteurs du jeu, mais un flux de perversion irrigue ma cervelle. Ils auraient dû faire appel à mes services. En matière de barbarie, je ne suis jamais à court d'idées.

Soudain, la voix d'Aileen m'arrache à mes rêveries.

— Où ont-ils emmené Lynda, selon toi ? chuchote-t-elle.

Je distingue ses pommettes proéminentes dans la pénombre qui nous avale. Je reste silencieux. J'ignore à qui elle s'adresse exactement, mais un regard furtif dans ma direction transforme mes doutes en certitude.

— Le maton a parlé d'une infirmerie au rez-de-chaussée. Je suppose qu'ils lui ont administré un sédatif pour enrayer sa crise d'angoisse.

La vision du pavillon, à l'est du bâtiment principal, et le souvenir des gémissements s'échappant des bâches frappent subitement ma mémoire de flashes violents qui m'obligent à cligner des yeux. Je m'abstiens d'évoquer cette partie de l'épisode qui a conduit Wallace à commettre sa première erreur : aller soulager sa vessie en ma présence.

Aileen acquiesce. Puis, comme si elle avait lu dans mes pensées, elle ajoute :

— Et Wallace, souffle-t-elle tout bas. Nous devons l'empêcher de trouver cet indice. Tu ne crois pas, John ?

Le maton, en tête de file, fait volte-face et nous jette un regard peu amène. Quand il reprend la pénible ascension qui lui vaut de suer comme un porc, je réponds :

— Craindrais-tu qu'il ne découvre une preuve compromettante te concernant, Aileen ?

Un rire abominable explose dans sa gorge. Méprisant. Sourd. Arrogant. Je ne l'en désire que davantage.

— J'ai entendu parler de toi, John T. Quand le public saura ce que tu as fait subir à ces femmes, tu retourneras croupir au fond de ta cellule nauséabonde en attendant d'être exécuté. Personne, ici, n'a intérêt à ce que Wallace révèle cet indice.

Je surprends une infime réaction de la part de Terrance le Chétif. Ça n'a duré qu'une fraction de seconde, mais je mettrais mon annulaire droit à couper (pas le gauche – toujours pour une question de confort) qu'il n'a pas perdu une miette de notre conversation.

Aileen se replace correctement dans le rang. Son port de tête et son maintien lui confèrent une élégance que possèdent peu de bipèdes.

Je m'interroge sur ce brusque revirement d'attitude à mon égard. Ce que j'avais interprété comme de la haine n'était peut-être, en définitive, qu'une marque d'affection, propre aux gens de notre espèce. Sans doute voit-elle en moi un adversaire à sa hauteur. Je ne peux décemment que me féliciter d'être parvenu à l'en convaincre. Même si Aileen est très loin du compte en prétendant me connaître.

Nous atteignons le cinquième étage.

Le son lointain de la balle qui rebondissait sur le plancher a laissé place au silence. Pas un bruit. Aucun. Ça en devient presque anormal.

Une lueur d'angoisse s'étend comme un linceul de visage en visage. Je perçois même un léger frémissement de la part de Wallace le Croque-mort. Son malaise est compréhensible. Arpenter, fouiller, sonder chaque recoin d'ombre de ces longs couloirs imprégnés de secrets, à la recherche d'un indice déterminant pour sa survie, n'aura vraiment rien d'une partie de plaisir.

James le Zozoteur défie l'œil noir des caméras fixées à l'angle du plafond noir de crasse.

Leonard le Négro décortique Aileen des pieds à la tête.

Michael le Français reste suspendu aux lèvres du surveillant.

Terrance le Chétif jette discrètement un regard inquiet autour de lui.

Aileen établit un contact visuel avec moi.

Lynda la Jumelle brille par son absence.

Et moi ? Eh bien, moi, je contemple l'étendue sinistre au-delà du maton obèse.

Les téléspectateurs en ont pour leur argent. Et je ne doute pas un instant des sommes considérables que récoltera la chaîne la plus populaire des États-Unis.

Ils vont assister à la mise à mort d'un de leurs semblables – qu'ils traitent de *monstres* pour les dépersonnaliser – dans le décor maléfique d'un vieux sanatorium hanté par des démons plus puissants que les souvenirs : nous.

Le maton obèse tire un calepin de sa poche de pantalon, avant d'égrener nos noms et de nous attribuer nos chambres. Il appuie sur un interrupteur rouillé. Seules deux lampes s'allument, diffusant une lumière pâle et insuffisante qui révèle deux rangées de portes pourvues de petites fenêtres. J'imagine que, au début du siècle, les infirmières se contentaient de scruter les mourants par ces hublots pour s'assurer qu'ils n'avaient pas succombé à la tuberculose durant la nuit.

— Wallace, chambre 501.

— James, 503.

— John, 504.

J'entre dans la chambre 504.

Le maton poursuit son énumération mécanique.

— Leonard, 505.

— Aileen, 506.

— Terrance, 507.

— Michael, 508.

— Lynda, 509.

Quelqu'un s'écrie :

— Elle est pas là, Lynda, pauvre mec ! D'ailleurs, où elle est, hein ?

Je reconnais la voix de Leonard. Puis j'entends une porte claquer. Mais le maton ne fournit aucune réponse à Leonard. Il se borne à disparaître dans les méandres de Waverly Hills.

Ma chambre est spacieuse. Paradoxalement, l'espace m'étouffe. Je suppose que c'est une réaction normale pour quelqu'un qui a passé la majorité de sa vie dans une cellule de deux mètres sur trois. Le mobilier est ancien et limité au strict minimum. Un lit en acier blanc. Une commode en bois. Une bible y trône à côté d'un pyjama proprement plié. Une table de chevet. Un bureau placé sous une fenêtre dénuée de barreaux. Je me sens libre et prisonnier à la fois. Libre d'observer les éléments se déchaîner au-dehors. Prisonnier de ne pouvoir m'insérer dans leur décor.

Je me dévêts. M'allonge sur la couche. Nu. Le matelas est confortable et les oreillers aussi moelleux que les fesses d'un ange. Une caméra me tient compagnie dans l'angle du plafond, ainsi qu'un haut-parleur.

J'ai bien envie d'aller explorer la cantine à l'étage inférieur, mais je succombe à la fatigue. Je ferme les yeux, sans parvenir à lâcher prise totalement. Un détail me chiffonne. Je sonde les recoins de mon esprit, repasse en boucle la soirée. Je visualise mentalement notre transfert jusqu'à Waverly Hills. Un goût de sang et de fer me chatouille la langue lorsque je repense aux visages extatiques du duo de présentateurs ; je me sens violemment pris à la gorge quand j'aperçois le vieux sanatorium.

Matons. Caméras. Projecteurs.

Les images défilent. La bobine passe en accéléré. Je revois le vaste hall du bâtiment ; je hume l'odeur de peinture mêlée à la puanteur, réminiscence d'un lieu de souffrances.

La Voix de l'Ombre.

L'Épreuve de vérité. Le prétoire. Les longs couloirs sombres. Les gémissements montant du pavillon annexe. L'affolement de Wallace, victime de sa propre stupidité.

Puis se matérialisent l'escalier et ses marches grinçant sous nos semelles en caoutchouc. Le corps félin d'Aileen se déploie devant moi. Une balle rebondit, quelque part.

La Voix de l'Ombre.

Le cinquième étage. Ma chambre porte le numéro 504.

L'Ombre.

Celle qui croit nous manipuler par ses sommations et ses sentences. Qui glisse subtilement des avertissements, comme on place une virgule au milieu d'une phrase pour en déformer le sens.

Mes lèvres se fendent d'un sourire, tandis qu'une immense satisfaction me submerge.

Le détail qui m'avait échappé s'impose désormais comme une évidence.

Interdiction formelle de pénétrer dans la chambre 502.

Notre hôte invisible a parlé. Mais qui, parmi mes concurrents, l'a vraiment écouté ?

Je me délecte en songeant que la nature humaine pousse la majorité d'entre nous à transgresser les interdits, alléchés que nous sommes par la curiosité malsaine, grisés par la peur que procure le danger. Il n'y a qu'à voir le nombre de téléspectateurs réduits à trembler devant un film d'horreur ! Beaucoup partent en chasse d'émotions fortes, dévoilant les plus bas instincts de notre espèce, mais seule une minorité franchit le pas vers une réalité pleine de noirceur.

Lequel d'entre nous cédera le premier à l'impulsivité en pénétrant dans la chambre interdite, alors même que sa vie en dépend ? Qui que soit ce fou, je l'aiderai dans sa quête. Foi de condamné ! À présent, il est temps pour moi de sombrer dans des abîmes de rêves inavouables, là où aucune caméra au monde ne pourra venir s'immiscer.

La nuit m'appartient.

Chapitre 7

1976.

Les larmes ont séché sur ses joues, rigoles sombres engluées dans l'épaisseur du rimmel. Elle plaque un mouchoir sur sa bouche. Son regard m'évite et se perd au fond de l'évier débordant de vaisselle sale.

Papa a claqué la porte après le dîner. Tous les prétextes sont bons pour filer à la taverne d'Eddy James et s'envoyer quelques rasades en compagnie d'une bande de dégénérés. On ne le reverra pas avant l'aube. Comme d'habitude. Maman prétend qu'il traverse une mauvaise période en raison de la crise économique qui frappe la région, mais que tout finira par s'arranger.

Ce n'est pas ce que disent ses sanglots étouffés.

Plus tard dans la soirée, elle s'endort dans le fauteuil du salon aux accoudoirs tout éraflés, mon carnet scolaire ouvert sur ses genoux comme une couverture moelleuse. Je suis un bon élève. Le meilleur de ma classe. Maman dit souvent que je suis promis à un bel avenir, que j'échapperai à la rudesse du milieu rural et que je n'aurai pas à me salir les mains pour nourrir les miens.

Je suis sa fierté.

La chaleur rassurante qui alimente son cœur.

Maman…

J'observe sa poitrine se soulever doucement dans son sommeil et je referme le battant sans bruit. La nuit d'encre m'avale tandis que je me dirige vers l'abattoir. Je jette des regards inquiets autour de moi, comme un criminel en cavale.

Les bêtes ont senti ma présence. Elles s'agitent au fond de leurs enclos, affolées.

J'enfile une paire de bottes. Me remémore chaque étape du processus de mise à mort pratiqué par mon père. Je saisis le moins gras des cochons – proportionnellement, je ne fais cependant pas le poids. Il n'oppose aucune résistance. Je caresse le haut de son crâne lisse et rose. Sa peau se tend lorsque je visse les tenailles à ses oreilles recourbées, telles deux petites langues pendantes. Ses globes oculaires roulent de gauche à droite comme s'il cherchait le moyen d'échapper à la main du lutin collé à son groin.

Un lutin d'allure humaine qui enclenche le courant.

La décharge est trop faible. L'animal vagit sous les effets conjugués de la peur et de la douleur, agite son tas de graisse, refuse de perdre connaissance.

Je le contemple en train de se débattre, hypnotisé par ses tressaillements de souffrance. Une question me taraude : que ferait mon père dans un cas pareil ?

Rien ne se déroule comme prévu.

Les atroces couinements finiront par réveiller maman et alerter tout le voisinage si je ne les fais pas cesser rapidement. J'attrape un couteau à désosser, plaque la lame luisante sous la carotide du porc et la ramène vers moi d'un coup sec. L'entaille, peu profonde, libère un geyser poisseux qui éclabousse ma figure et mon pyjama en coton bleu. Je patauge au milieu d'une flaque nauséabonde, tétanisé par la cacophonie des cris que poussent les bêtes, comme une plainte solidaire pour le massacre que je viens de perpétrer.

Mû par un élan de rage, je plante de nouveau le couteau, plus profondément cette fois, jusqu'à ce que la tête sanguinolente du cochon pende mollement, reliée au poitrail par un collier d'os blancs.

Un hurlement – humain, celui-ci – me détourne du carnage. Maman chancelle à l'entrée du bâtiment, les pans de sa robe de chambre resserrés sur sa poitrine secouée de spasmes.

J'aimerais lui dire que je ferai mieux la prochaine fois, mais ma bouche reste cousue sur l'échec cuisant de ma démonstration. Je lis la terreur et la déception là où, d'ordinaire, ne brillent que douceur et admiration. Le couteau glisse entre mes doigts et disparaît dans la mélasse. Comme s'il n'avait jamais été là.

Maintenant, maman frotte vigoureusement mon pyjama à l'eau bouillante, sans prononcer un mot.

Jusqu'au retour ivre de papa.

— Qu'est-ce qui t'a pris, John ? Bon dieu, qu'est-ce que t'as fait ?

— Je t'avais déconseillé de l'emmener là-bas, lui reproche maman d'un ton sévère que je ne lui connais pas.

Je m'oblige à pleurer pour adoucir le jugement de mon père. Deux perles salines ourlent mes cils. Elles ne contiennent pas une once de remords.

La punition pour le travail mal accompli me coûte une raclée mémorable, assortie d'une semaine d'isolement.

Je reste cloîtré dans ma chambre, comme un paria relégué au fond d'un cachot. Enchaîné à mon lit, les draps souillés de pisse et d'excréments en guise de suprême humiliation.

Derrière la vitre, le monde se déploie en rumeurs solitaires, en couleurs vives et relents familiers.

Durant sept jours, mon esprit s'échauffe aux confins de cette ferme maudite. C'est à ce moment que je prends conscience des facultés extraordinaires dont la vie m'a doté.

Je suis capable de me projeter n'importe où.

Échapper à la musique lancinante d'un requiem qui couvre à peine les bruits provenant de l'abattoir. Renifler l'odeur entêtante de la pluie au point d'occulter la puanteur de mes sécrétions. Traverser les murs qui retiennent mon corps prisonnier et flotter au sommet des forêts épineuses peuplées d'animaux sauvages, flirter avec les rivières écumeuses, caresser les clairières virginales, frôler un engoulevent en me sentant pousser des ailes !

Nul ne peut prétendre à la liberté s'il n'a pas connu la morsure des chaînes.

J'ai pulvérisé les miennes à l'âge de six ans.

Chapitre 8

— Condamnés, levez-vous !

» Vous disposez très exactement de cinq minutes pour vous rendre à la cuisine située à l'étage inférieur. Vous y trouverez les ustensiles et vivres nécessaires à l'élaboration de vos repas.

» Ensuite, vous aurez tout le loisir d'explorer Waverly Hills dans le respect des règles imposées. Pour votre sécurité, le deuxième niveau a été condamné. Jadis, il abritait la morgue. On y empilait les cadavres sur des grilles en acier. De cette époque subsistent encore trois brancards d'origine et deux crochets qui servaient à ramasser les morts. Les spécialistes ont enregistré une activité anormale du champ électromagnétique dans cette zone baptisée « chambre rouge ». Vous en devinez aisément la raison… J'espère que votre première nuit au sein du loft fut agréable.

» Plus que quatre minutes et douze secondes…

» Exécution !

Je réintègre la réalité.

Criminal Loft.

La voix déshumanisée de notre hôte invisible me tire brusquement des profondeurs du passé en m'arrachant un grognement de fureur. Je serre les dents pour ne pas hurler. Aucun sentiment n'est plus redoutable que la frustration. Revivre certains épisodes de ma vie ravive l'excitation qui constitue ma part de ténèbres. Ça ne dure qu'un temps, bien sûr. Les sensations perdent en intensité au fil des jours et, lorsqu'elles ont définitivement disparu, il me faut repartir en chasse, cédant à des pulsions incontrôlables. Je suis ce que les criminologues appellent un *tueur organisé*. Mais rien dans leurs manuels ne saurait décrire avec exactitude ce que je ressens. Le milieu carcéral ne m'a jamais ôté ce besoin de tuer ; seule l'obligation de rester vigilant vingt-quatre heures sur vingt-quatre pour sauver ma peau a permis d'espacer les épisodes psychotiques.

Mais, ici, je ne crains que moi-même.

Je lève les yeux en direction de la caméra. Le voyant rouge clignote. Je suis pris au piège du petit écran. Nu comme un ver. La censure les contraindra à couper cette scène lors de la diffusion de l'émission quotidienne. Quel dommage ! Je suis certain que ces dames auraient apprécié le spectacle...

J'entends une porte claquer. Des pas précipités dans le couloir. Des murmures.

Je saute du lit, enfile ma tenue de prisonnier et me dirige vers la fenêtre.

Combien de minutes se sont écoulées depuis qu'on nous a intimé l'ordre de nous rendre au quatrième étage ? Je crains de perdre la notion du temps, mais je m'autorise un regard vers l'extérieur.

Une lumière pâle nimbe les jardins, que je découvre avec des yeux neufs. Au second plan, les collines poussiéreuses s'étendent à perte de vue. Je distingue le toit bâché du pavillon annexe, mais la hauteur m'empêche de pénétrer visuellement à l'intérieur. Plongé dans l'opacité de la nuit, j'avais éprouvé un attrait inexplicable pour ce bâtiment partiellement délabré, mais ce matin je ne ressens plus rien. Ce n'est plus qu'une structure de bois et de métal sans intérêt.

Je m'arrache au cadre de la fenêtre et me dirige vers la sortie.

Les autres sont apparemment déjà descendus à la cuisine. À cet étage, il n'y a plus âme qui vive.

Les chambres sont disposées en quinconce, si bien que la 502 est mitoyenne à la mienne. Je m'immobilise un instant devant la porte. Je remarque que deux flèches bleues convergent de part et d'autre du chiffre. J'ignore quelle signification cela peut avoir, mais des fourmillements me parcourent les mains. J'éprouve soudain une sensation d'oppression en tentant d'imaginer ce que dissimule cet accès, comme si un énorme rouleau compresseur m'écrasait le sternum. Je suis ébranlé à l'idée que des détecteurs de pensées aient pu être greffés dans ma tête afin que je ne puisse plus laisser libre cours à mes fantasmes – un peu comme dans une vidéo d'anticipation où chacun se verrait implanter une puce électronique capable de prévenir les bouffées de violence ou de vous localiser. Le genre de film qui réduit l'être humain à l'état de machine. Ai-je dit *anticipation* ? Peut-être pas tant que ça… Parce que, à l'évidence, ce que je visualise au-delà du bois fendu n'a rien d'un conte de fées.

Chose plus étrange encore, je ne me souviens pas d'avoir éprouvé un tel trouble de toute ma vie. Pas même quand les portes du pénitencier de Lucasville se sont refermées derrière moi. Je décide donc de ne pas m'attarder davantage devant la chambre 502 pour ne pas céder à la tentation de découvrir le secret qu'elle renferme. Je descends au niveau inférieur, sous l'œil des caméras. Je déteste me sentir observé.

Le quatrième étage est un peu moins lugubre grâce aux réflecteurs de lumière, sortes de ronds argentés, positionnés de manière stratégique. Je suis les rumeurs et l'odeur de café.

Je progresse lentement jusqu'au bout du couloir et pousse les portes battantes de la cuisine.

Ce qu'ils ont nommé ainsi a davantage les dimensions d'un réfectoire. Je me projette immédiatement des décennies plus tôt et visualise parfaitement les silhouettes des patients qui déambulaient au milieu des crachotements et des plaintes douloureuses que devait leur arracher la tuberculose. Ma perception hors norme parvient à les transformer en hologrammes capables de me frôler sans heurt. J'avoue être assez doué à ce jeu-là…

Mais, aujourd'hui, de ce passé aux couleurs surannées ne subsistent que les hautes fenêtres et les murs écaillés, malgré d'évidentes tentatives de ravalement.

L'arôme du café flotte dans l'air et le fumet des œufs au bacon me fait saliver. D'un seul coup d'œil, j'analyse la disposition des lieux. Quatre tables sont dressées au centre de la pièce. À ma gauche, un plan de travail sur lequel reposent des couteaux à manche long, des lames effilées prisonnières d'étuis noirs. Un micro-ondes, un réfrigérateur, deux éviers en inox, quatre placards muraux alignés juste au-dessus.

— Hé, John T. ! scande Leonard en me voyant avancer.

— Salut ! lancé-je à la cantonade.

Wallace le Croque-mort me jette un regard furtif et replonge dans la contemplation de son gobelet fumant. Autour de lui sont attablés Aileen, Lynda la Jumelle, James le Zozoteur et Terrance le Chétif. En passant devant leur petit groupe silencieux, je me fais la réflexion que des alliances se sont déjà formées. Je remarque également que Lynda est aussi pâle qu'une morte. Sa laideur n'en est que décuplée.

Michael le Français est installé à la table voisine et trempe dans son café un muffin enrobé de sucre. Leonard me fait signe de les rejoindre.

— Salut, bredouille Michael tandis que je dévie ma course pour venir m'asseoir avec eux.

— Tiens, dit Leonard en me tendant un mug rempli de ce même or noir. C'est moi qui l'ai préparé, juge-t-il utile de préciser.

— Merci, me contenté-je de répondre, alléché par l'odeur de ce liquide sombre que j'accompagnerais volontiers d'une clope, si seulement le règlement ne l'avait pas interdit !

Il y a des moments dans la vie où le temps semble suspendu. L'espace autour de moi me rend claustrophobe. Le silence, rompu par le tintement des couverts et le bruit répugnant des mastications, me vrille les nerfs. L'ennui s'installe dangereusement dans la partie la plus active de mon cerveau, là où se nichent mes obsessions.

Dans ces moments-là, mon unique exutoire est d'entrer en communion avec mes victimes, de vivre pleinement les massacres que j'ai savamment orchestrés depuis des semaines, voire des mois, et de leur infliger la sentence ultime. Parce que c'est tout ce que ces créatures méritent. Elles ne sont nées que pour me permettre d'assouvir mes pulsions.

Mais ici, à Waverly Hills, ma seule échappatoire est piégée par l'œil des caméras. Les films abjects qui défilent dans ma tête ne suffiront pas longtemps à dompter mon instinct animal.

Je passe en revue chacun des visages ternes qui m'entourent et décide de faire un point sur leurs révélations. Je dois garder le contrôle. Emplir mon esprit d'images d'une extrême cruauté, même si celles-ci ne m'appartiennent pas. Une douleur aussi tranchante qu'un hurlement me scie le ventre. Je me concentre et décompose chacune de leurs paroles.

Leonard le Négro est sorti du ghetto pour se ranger avec une midinette blanche, avant de subir une trahison qui l'a conduit à tuer.

Wallace le Croque-mort, ancien directeur d'une agence de pompes funèbres, a cédé à la tentation d'une belle-fille sans parvenir à maîtriser sa bestialité.

Michael le Français a enduré de nombreux traumatismes dans l'enfance, qui l'ont inévitablement poussé à reproduire des actes odieux. Mais lesquels ?

Lynda la Jumelle a été une cible de choix pour une mère endeuillée, qui l'a rendue coupable du décès de sa sœur, au point de créer de profondes psychoses à la source de son ou de ses crimes.

James le Zozoteur se situe entre le frère incestueux et l'enfant battu à qui l'on a coupé les ailes de la créativité en le rabaissant au rang de larve.

Terrance le Chétif, agent commercial raté, fervent croyant, a été licencié pour faute professionnelle. C'est certainement le déclencheur qui l'a conduit dans le couloir de la mort. Mais ses chers parents l'ont condamné dès son plus jeune âge, quand ils l'ont envoyé consulter un psychiatre. J'avoue que je ne parviens pas à imaginer la nature des crimes qu'un type dans son genre a pu commettre… C'est troublant : d'ordinaire, la fantaisie de mes suppositions me transporte dans un état d'euphorie auquel je n'accède pas avec ce raté. Même en sondant au plus profond de moi-même… Terrance le Chétif, rongé par le remords – ce sont ses propres paroles –, empeste l'innocence. Quelle injure à notre condition !

Je braque mon regard sur Aileen. Je souffle intérieurement. J'ai gardé la meilleure part du gâteau pour la fin.

Aileen, le cliché type de l'enfance violée et des sévices à répétition, a dû nourrir une telle aversion pour le sexe fort (sans mauvais jeu de mots) qu'elle a dissimulé sa haine sous le masque des apparences. Quel meilleur appât qu'une plastique parfaite pour attirer dans ses filets la gent masculine ? Une beauté… fatale ! Aux mains aussi expertes que la lame de mon scalpel…

— Fais gaffe, bordel ! hurle soudain Wallace le Croque-mort à l'attention de James, qui vient de renverser son café brûlant sur la table immaculée.

— Désolé, se contente de répondre *Zames* en déployant sa carcasse pour se diriger vers le plan de travail.

— Méfie-toi, Wallace, intervient Leonard. *Zames* est un habitué de ce genre de maladresse. À Huntsville, il a brûlé un gars au troisième degré en lui balançant une allumette en pleine face… après l'avoir aspergé d'un liquide inflammable, *of course* ! Et tu sais pourquoi, Wallace ? Simplement parce que le type en question s'était permis de prononcer le prénom de sa petite sœur chérie. Il a morflé, pas vrai, James ? ricane Leonard.

Je lève les yeux en direction de James. Il reste de marbre. Immobile, le dos tourné, planté devant le plan de travail comme si la vue d'un rat venait de lui faire perdre tous ses moyens. Puis il revient vers sa table, une éponge à la main.

— Ferme-la, se borne-t-il à dire.

La bouche de Leonard s'orne d'un rictus. Les cicatrices sur son visage s'accentuent, formant de vilaines boursouflures qui me donnent presque la nausée.

Aileen se renverse sur son siège. Je surprends son regard incandescent braqué sur moi. Je pressens une offensive à l'encontre de Leonard. Mais, lorsque ses lèvres se mettent en mouvement, j'entends une voix douce, presque maternelle, s'adresser à sa voisine.

— Qu'est-ce qui s'est passé hier dans le parloir, Lynda ?

— Crise de panique, écourte Lynda la Jumelle.

Terrance croise les bras sur son thorax. Je lis dans ses yeux une compassion feinte qui remet en question mon jugement. Serait-il moins humain que je ne l'imaginais ? Et donc potentiellement plus dangereux ?

— Où t'ont-ils emmenée ? interroge-t-il.

— Je ne sais plus…, bafouille Lynda.

— Tu ne sais plus, répète-t-il.

— Je crois qu'ils m'ont transportée à l'extérieur. Tout est si confus quand je suis…

— Oui ? relance Aileen pour l'inciter à poursuivre.

— Je souffre de phobies qui provoquent ce genre de crises. La plupart du temps, il s'ensuit une perte de la mémoire. Une amnésie partielle, mais irréversible. Je me suis réveillée dans ma chambre, ce matin, et, dès que j'ai entendu les ordres, je suis descendue dans cette pièce.

— Alors t'as loupé le meilleur, Lynda ! s'exclame Leonard. Wallace, ici présent, s'est vu assener une sentence exemplaire par cette foutue Voix de l'Ombre ! Raconte-lui, Wallace !

Le pensionnaire de la 501 étire ses lèvres en un sourire factice. Ses joues exsangues n'ont rien à envier à ses yeux vitreux.

— Vas-y, Wallace ! insiste Leonard. Dis à Lynda ce que la Voix t'oblige à faire !

— Il semblerait que j'ai été trop… bavard, commence Wallace en me jetant un méchant regard. J'ignorais que les caméras fonctionnaient lorsque j'ai évoqué en deux mots le crime dont on m'accuse. Le plus dégueulasse, c'est que je dois être le seul véritable innocent ici !

— Cause toujours…, murmure Leonard pour lui-même.

— La Voix, reprend Wallace, me contraint à subir une épreuve qui fait de vous mes pires ennemis. Je dois trouver un indice, ou je ne sais quoi, en rapport avec l'un d'entre vous. Ce truc est censé être caché quelque part dans le sanatorium et, si je ne le déniche pas dans les six jours qui viennent, je serai dans un sacré merdier ! Nominé d'office la semaine prochaine. Voilà, Lynda. T'as pas loupé grand-chose, en fait.

Wallace ponctue sa tirade d'un rire gras qui sonne affreusement faux. Il a un putain de sang-froid, me dis-je. S'exposer à la folie de sept condamnés à mort en étant devenu la cible de chacun d'entre eux mériterait au moins une médaille. Celle de l'homme le moins chanceux de la planète !

Lynda la Jumelle semble se désintéresser totalement de la situation. Elle se lève pour rincer sa tasse.

Leonard le Négro serre les mâchoires sur son troisième muffin.

James le Zozoteur replonge dans sa transe créative.

Michael le Français quitte la pièce en laissant les restes de son petit déjeuner sur la table.

Terrance le Chétif fixe un point situé à l'angle du plafond.

Aileen me lance un regard pénétrant qui attise mon désir. J'ignore ce qu'elle cherche, mais je finirai bien par le découvrir.

Et moi ? Eh bien, moi, j'ai la certitude que quelqu'un va mourir ce soir.

[illegible]

[illegible] le commencement de la liberté.

Mon [illegible]

[illegible]

Chapitre 9

J'aurais pu baigner dans ma crasse quelques heures de plus, rien que pour échapper à ces longs couloirs labyrinthiques et apprivoiser le monde extérieur empli de ces odeurs si particulières ; errer dans les jardins en laissant l'air caresser mon visage, jusqu'à ce que les clôtures électrifiées m'empêchent d'avancer.

Mais je ne le fais pas, trop heureux de savourer chaque instant de cette autre forme de détention à laquelle je peux mettre un terme à tout moment.

Avoir le choix est le commencement de la liberté.

Mon temps passé derrière les barreaux fut sans doute trop court pour me rendre inapte à la vie en société. Par chance, je ne crains pas de revenir dans le monde, puisque j'en fais partie.

Je reporte donc mon exploration extérieure à plus tard pour me rendre dans les douches communes. J'emprunte les escaliers jusqu'au rez-de-chaussée sans croiser personne. Notre petit groupe éclaté bénéficie de tant d'espace que nous pourrions demeurer ainsi, des semaines durant, sans avoir à nous supporter mutuellement. Je suppose que, si le machiniste caché derrière son brouilleur vocal ne régissait pas nos rassemblements, nous serions tous d'accord sur un point : vivre en communauté implique le respect d'autrui ;

or, un sociopathe est, par définition, le moins enclin à ce genre de prouesse.

La lumière du jour entre par les hautes fenêtres sans parvenir à chasser tout à fait les flaques d'ombre qui s'étirent sur le sol, rampent le long des plinthes et teintent les murs de sombres nuances.

Dehors, j'entr'aperçois Aileen et Lynda s'enfoncer dans les jardins brumeux, en empruntant la direction opposée au pavillon annexe. On croirait assister à une scène de la vie quotidienne, où deux copines flânent en échangeant les derniers potins. Anodin, en apparence, mais lourd de sens dans ce loft criminel…

Les alliances se forment, les dominants prennent l'ascendant sur les dominés et la personnalité d'Aileen la place dans la première catégorie. Manipulatrice, envoûtante, dangereuse.

Rien que d'énumérer ses qualités m'excite au plus haut point…

En revanche, *étouffant* est le mot qui me vient à l'esprit alors que j'avance dans le couloir désert. Les douches communes sont situées juste après les sanitaires. Une porte plus large que les autres en signale l'accès. Une figurine collée en travers indique la nature des lieux. À ma grande stupéfaction, cette pièce est proprement accueillante.

Je découvre huit piles de linge en coton alignées sur une desserte. Mieux encore, notre prénom est brodé sur les peignoirs blancs, les serviettes et les chaussons molletonnés.

Quatre cuvettes surplombées de tablettes garnies de produits de toilette brillent sous les néons pâles. Je m'empare d'une savonnette neuve et me glisse sous la douche, en laissant choir ma combinaison orange sur le carrelage. Les portes coulissantes opaques m'empêchent de voir à l'extérieur, mais elles ont également l'avantage d'éviter l'intrusion des deux caméras braquées sur les lavabos – je prends soin de repérer chacun de ces petits boîtiers noirs dès que j'entre dans une pièce.

Je me délecte du jet d'eau tiède qui ruisselle sur ma peau. Une odeur de lavande emplit mes narines, tandis que j'enduis mon corps de savon. J'ai toujours prêté une grande attention à l'hygiène depuis que je suis gamin. Ma *chère* mère avait une fâcheuse tendance à utiliser un gant de crin lorsqu'elle me baignait, me répétant sans cesse que le respect de l'autre commence par celui de soi. Elle me voulait irréprochable – sans doute pour sauver les apparences de la vie sordide à laquelle nous contraignait mon père. Je crois qu'elle désirait par-dessus tout se persuader qu'elle n'avait pas engendré un clone démoniaque de mon géniteur.

Pauvre mère. Malgré toutes ces heures passées à m'astiquer tout en soliloquant sur l'espoir d'une existence meilleure, elle n'a pas réussi à me soustraire à l'héritage génétique de la violence. Pis encore, je n'ai aucun scrupule à me salir les mains du sang de mes victimes, ni même à exhiber leurs chairs putréfiées.

Quand je vous disais qu'aucun manuel ne saurait décrire ce que je ressens… Comment le pourrait-il, alors que moi-même je n'y parviens pas ?

Tout à coup, une ombre balaie les parois humides de la cabine de douche. Je pivote lentement sur moi-même. Une silhouette se découpe dans l'encadrement de la vitre opaque, aussi immobile et menaçante qu'aurait pu l'être le spectre de mon père. Je prends conscience que seule la porte coulissante sépare ma nudité de cette présence insolite. Je ferme doucement l'arrivée d'eau. La tuyauterie émet un hurlement rauque qui semble se répercuter dans les profondeurs du sanatorium.

Pour la première fois depuis longtemps, je suis en position d'infériorité et cette situation m'est intolérable. Autant s'escrimer à convaincre un prédateur de se transformer en gibier !

Je fais vigoureusement coulisser le vantail.

Un sentiment indéfinissable m'envahit lorsque mon regard se pose sur le taser plaqué contre le ventre du gardien obèse. L'expression réjouie sur son visage tire une sonnette d'alarme à l'intérieur de mon crâne.

Que m'arrive-t-il ?

Je me sens soudain vulnérable comme l'enfant que j'étais autrefois et qui tremblait devant le sourire d'un serpent monté en boucle sur une ceinture en métal argenté.

— Bonjour, John, dit-il en me tendant mon peignoir en coton.

Les mots restent bloqués dans ma gorge, m'étranglent, me contraignent au silence. Trop de souvenirs affluent, que je ne peux maîtriser.

Je m'empare de ma sortie de bain avec empressement, sans même saluer ce gros porc, et l'enfile comme une seconde peau.

— Tu es attendu au parloir, John.

Je le défie du regard.

Le miroir juste derrière lui me renvoie l'expression de haine qui déforme mes traits. Je pourrais l'écorcher vif avec un éclat de verre ou l'étouffer à la seule force de mes bras, exulter devant son sourire évanoui dans un cri d'agonie, mais le voyant rouge de la caméra relègue mes fantasmes de torture dans les recoins obscurs de mon cerveau.

Ma survie dépend de celle du maton obèse.

Injuste réalité.

— Quelque chose ne va pas, John ? Tu as entendu ce que je viens de dire ? demande-t-il en posant ses doigts sur le manche jaune de son taser.

— Tout va bien. Je suis attendu au parloir. Je me posais juste la question : pourquoi moi ?

Ses doigts boudinés relâchent la pression.

— Il faut t'y faire. Je reçois des ordres, je m'exécute, répond-il en insistant allégrement sur chaque syllabe. Ça fait partie du jeu, John. Je crois que la *patronne* souhaite s'entretenir avec toi. En privé. Ne la fais pas trop attendre, conclut-il en me tournant le dos.

Avant de quitter la salle de bains, il piétine ma combinaison orange – mais je ne bronche pas.

Cinq minutes plus tard, j'entre dans le parloir situé à l'autre bout du couloir. Je suis en peignoir et chaussons. Le ridicule ne tue pas, paraît-il. Moi, j'aurais commis un meurtre pour moins que ça.

— Bienvenue, John. Prenez place.

Je me soumets en silence à la volonté de la voix androgyne que le maton obèse a baptisée la *patronne*.

— Comme vous le savez, Wallace s'est vu infliger une sentence exemplaire. Il est actuellement en quête d'un indice prouvant la culpabilité de l'un d'entre vous. Si je vous disais que cette preuve compromet dangereusement votre réhabilitation aux yeux des téléspectateurs, quelle serait votre réaction ?

— Est-ce le cas ?

— Peut-être.

Notre hôte me tend un piège sous l'œil noir des caméras. Le procédé d'intimidation est pathétique, mais je n'ai pas le choix. Je suis dans l'obligation de me prêter au jeu.

— Eh bien… je répondrais que je n'ai jamais clamé mon innocence, contrairement à Wallace ou à James. Je ne plaide même pas la folie passagère à l'instar de Terrance. Je suis bel et bien coupable des meurtres dont on m'accuse. Cet indice n'aurait donc aucun impact en ce qui me concerne. Seul le discernement des téléspectateurs fera la différence.

— Pensez-vous sincèrement bénéficier de la clémence du public, lorsque la nature de vos crimes sera révélée ?

— Oui, je le crois. Il faudra bien sauver l'un d'entre nous, non ? Et je suis prêt à être réhabilité sans représenter un danger pour la société. Ma sincérité envers les spectateurs prouve mon honnêteté. Quand j'entends Wallace prétendre être innocent, j'avoue que ça me fait sourire. Personne aujourd'hui ne se retrouve dans le couloir de la mort sans preuves évidentes de culpabilité. Et ça, j'espère que le public en a parfaitement conscience.

— Merci d'avoir répondu, John. Oh, attendez… Une dernière question. Elle nous est adressée par un téléspectateur de l'État de Virginie. Quel métier exerciez-vous avant d'être incarcéré ?

Le sang afflue en pulsations douloureuses vers mes tempes. Vous n'avez pas idée du combat que je livre en contenant toute la rage qui enfle en moi. L'ombre dissimulée derrière cette voix est l'incarnation même de la manipulation. Elle vient d'ouvrir une brèche sans me laisser la moindre chance d'en réchapper.

— John, je vous ai posé une question…

— Psychiatre. J'étais psychiatre dans l'Ohio.

— Merci, John. À présent, vous pouvez vous rendre au quatrième étage. Sur votre gauche, vous trouverez le dressing. Choisissez la tenue qui vous plaira. Exécution !

Mes mâchoires se crispent tandis que je ressors du parloir pour m'enfoncer dans ce labyrinthe traversé de courants d'air.

Oui, j'étais psychiatre avant d'être incarcéré. Et alors ?

Alors, je sais ce que penseront les téléspectateurs, ces libres-penseurs coupables malgré eux de l'existence des jeux de télé-réalité qui asservissent leurs semblables. Ils considéreront que ma connaissance de l'esprit humain et mon intelligence suffiront à endormir leurs soupçons, à déjouer les caméras par des faux-semblants et une parfaite maîtrise de mes émotions, à contourner leurs foutues questions avec l'aisance d'un gourou.

Ils auront raison.

Mauvais point pour moi.

— Hé, John !

Je fais volte-face.

Terrance me sourit.

— Tu fais quoi ? s'enquiert-il.

— Je monte enfiler des fringues convenables.

Ce que je redoute ne tarde pas à arriver.

— Je viens avec toi. Il faut que tu voies la salle de détente ! C'est juste à côté du dressing. Une partie de poker, ça te tente ?

Terrance le Chétif, agent commercial *addict* aux jeux d'argent et qui prétend avoir assassiné sous l'emprise du Mal. Le genre de type que j'aurais bourré de neuroleptiques, rien que pour lui faire fermer sa grande gueule d'hypocrite.

— Tu ne préfères pas t'aérer plutôt que de rester enfermé devant une partie de cartes ? dis-je d'un ton paternaliste que je maîtrise parfaitement, en dépit du dégoût que m'inspire ce microbe humain en combinaison orange.

Il hésite vaguement avant d'acquiescer :

— OK. Prendre l'air. Oui, c'est une bonne idée, ça !

Il marche dans mes pas jusqu'au quatrième étage.

Brusquement, une sensation indescriptible me soulève l'estomac. Une sorte de tristesse mêlée à un profond mal-être.

Cet état s'accentue au fur et à mesure que m'engloutit le ventre du sanatorium.

Bing… bing…

Une balle rebondit, quelque part, à un autre niveau. J'ai déjà perçu ce bruit hier soir. La même odeur de mort s'engouffre dans mes narines, libérant les particules fantasques de mon insatiable imagination. Un peu comme des électrons libres qui flottent dans une mare de sang…

— Tu entends ? demandé-je à Terrance.

— Quoi ?

— On dirait que quelqu'un s'amuse avec une balle…

Terrance tend l'oreille. Une moue dubitative se dessine sur son visage de cul-bénit. Il secoue lentement la tête.

— Nan… Ça doit provenir des canalisations. Ce sinistre endroit regorge de bruits bizarres. Tiens ! Lynda m'a dit que les pleurs d'une fillette l'avaient tirée de son sommeil. Elle est persuadée que le cinquième étage est hanté ! C'est toujours comme ça avec les vieilles bâtisses. Le bois craque et on croit percevoir des pas ; le sifflement lugubre d'un courant d'air suffit à nous faire sursauter !

Je plante mon regard dans le sien et le sonde jusqu'à la moelle. Ses défenses tombent une à une. Il a la trouille, le salaud !

— Des pleurs d'enfant ? Intéressant.

— Oui, j'ai croisé Lynda en sortant de la cuisine, juste après le petit déjeuner. Je crois qu'elle avait besoin de se confier. Tu sais, avec l'histoire de sa sœur jumelle morte à la naissance… Enfin, bref, on n'a pas eu trop le temps d'approfondir. Aileen l'a prise sous son aile et lui fait respirer l'air…

— Et toi, Terrance, tu ne crois pas aux phénomènes surnaturels à Waverly Hills ? Après tout, les rumeurs à ce sujet durent depuis des décennies. Il me semble même avoir lu qu'une équipe de chercheurs a constaté une importante activité paranormale… Et pas seulement à l'étage de la morgue. Ça date d'il y a trois ou quatre ans, si ma mémoire est bonne.

Ressortir les balivernes qu'a crachées le mec en costard-cravate venu me faire signer le contrat pour participer au loft me paraît tout à fait opportun. Et cela produit l'effet escompté sur Terrance le Chétif.

— Je… je…, bégaie-t-il. S'il y avait la moindre présence maléfique ici, je le sentirais.

— Ah oui ?

— Je ne suis pas sûr que…

— Que quoi ? Oh, c'est vrai… Tu penses qu'il existe des forces très puissantes face auxquelles nous sommes démunis. Ce sont tes propres mots, je crois. Tu n'étais pas toi-même lorsque tu as brandi ton arme. Corrige-moi si je me trompe. Tu connais sur le bout des doigts les phénomènes de possession, et donc tu ressentirais forcément la présence du Mal s'il avait élu domicile dans ces murs…

— Arrête !

Terrance lève les yeux en direction de la caméra fixée juste au-dessus de nos têtes. Il s'approche de moi. Cette proximité me dérange.

— John, reprend-il, je suis persuadé qu'on veut nous faire croire que Waverly Hills est hanté. C'est bon pour l'audimat. À ce propos… je ne pense pas qu'on nous ait choisis par hasard. Trois mille deux cent soixante-trois :

c'est le nombre de candidats au loft. Et, au final, nous ne sommes que huit à avoir été sélectionnés. Sur quels critères se sont-ils fondés, à ton avis ?

Je me retiens d'évoquer l'idée qu'ils se soient d'ailleurs trompés en épluchant son dossier et que sa participation à *Criminal Loft* puisse être une pitoyable erreur de jugement. À lui seul, Terrance est aussi insipide qu'une poignée de marshmallows.

— Je t'écoute, Terrance, dis-je d'un ton las. Apparemment, tu connais la réponse.

— Nos peurs les plus secrètes… nos phobies… nos crimes : tout concourt à faire de nous les proies idéales dans ce genre d'endroit.

— Tu oublies un détail, Terrance. Je ne souffre d'aucune hallucination et je ne me cache pas derrière l'existence de Satan pour justifier mes actes. Et tu sais pourquoi ? Parce que je considère la foi comme le rempart des lâches.

— Peut-être n'en as-tu pas conscience, mais il existe forcément une corde sensible sur laquelle ils vont tirer jusqu'à ce qu'elle craque ! Ce que tu refoules, eux l'ont vu dès les premiers tests psychologiques pour entrer au loft. C'est pour cette raison que tu as été choisi…

J'en ai assez de blablater entre le troisième et le quatrième étage. Terrance commence *vraiment* à m'agacer.

— Terrance, je pense qu'il serait préférable que j'aille prendre l'air en solitaire. Mais tu es dans le vrai : ma corde sensible est ma difficulté à supporter les bavardages ennuyeux et, là, j'ai eu ma dose.

Terrance recule. La bouche arrondie en un « Oh ! » indigné, il hausse les épaules.

— Je me doutais que tu ne voudrais rien entendre. Rappelle-toi ce que je t'ai dit, John T., conclut-il en tapotant son front avec l'index.

Le spécialiste du comportement, ici, c'est moi. Ceux qui tirent les ficelles de ce jeu n'ont pas conscience de la puissance de mon esprit.

La théorie de Terrance est cependant fort intéressante. J'avoue être surpris par sa lucidité, mais jamais je ne m'abaisserai à lui confesser que je partage son opinion. Nous n'avons pas été choisis au hasard. Le congédier est la meilleure manière de le fragiliser en l'abandonnant à ses doutes.

J'atteins enfin le quatrième étage. Je prends le couloir de gauche. Le son d'un téléviseur provient de la pièce adjacente au dressing. Je jette un coup d'œil. Le local est vide. Un grand écran plat diffuse un vieux film en noir et blanc. Je connais cette scène. Les courbes d'une femme se dessinent derrière un rideau de douche. Les notes aiguës de la musique d'ambiance accentuent le suspense, tandis que la lame d'un couteau la transperce de part en part. Le sang gris se répand sur l'inox, éclabousse l'écran, emplit mon esprit d'une douce mélodie. Combien de minutes suis-je resté prostré devant ces images mythiques ? Mon sexe se dresse sous le coton blanc de mon peignoir.

Il n'a fallu que quelques minutes à ces fichues caméras pour emprisonner l'expression extatique de mon visage. J'efface de mes lèvres le sourire qui trahit inévitablement l'embrasement de mes sens. Perdre la notion du temps n'est pas un problème en soi. En revanche, je me dois de contrôler mes pulsions, si je veux sortir vivant de Waverly Hills. Et, à cet instant précis, je viens de commettre une erreur fatale en laissant les émotions prendre le pas sur la raison.

Quel sociopathe sain d'esprit saliverait devant *Psychose* ? Je sais ce que vous allez dire : « Un sociopathe sain d'esprit, ça n'existe pas ! » Détrompez-vous, je le suis. Peut-être pas dans votre monde gouverné par les principes moraux éculés et les valeurs bafouées. Mais si vous osiez pénétrer dans mon univers, alors vous comprendriez probablement qu'être sain d'esprit ne tient pas seulement aux actes, mais aussi à l'harmonie entre le crime et l'absence de remords. Je suis donc un homme équilibré, à ma façon…

Je détache mes yeux de l'écran et entre dans le dressing. Il est temps pour moi de faire peau neuve avant de prendre l'air. Mais, là encore, mes désirs s'évanouissent en fumée…

L'avertissement retentit dans un écho assourdissant, nous invitant à rejoindre la salle de détente.

Bing… bing… Une balle rebondit, quelque part.

Décidément, il y a des jours avec… et des jours *sang*.

Chapitre 10

À l'instant même où je jette ma combinaison orange dans le bac à linge sale, je me fais la promesse de ne plus jamais revêtir le costume avilissant du condamné.

Plus jamais.

Je m'extrais au plus vite de l'espace confiné du dressing, vêtu d'un pantalon en flanelle et d'un pull bleu marine à mailles fines. Une paire de mocassins – pointure 43 – me sied à merveille. J'incarne parfaitement le personnage respectable que je me dois d'interpréter devant les caméras. Ma prestance innée ajoute une touche de véracité à cet homme qui me sourit dans le miroir et que je reconnais à peine.

Aileen et Lynda avancent à grandes enjambées dans ma direction.

La Belle et la Bête.

La *Belle* me déshabille des pieds à la tête, une lueur malicieuse brillant dans son regard abyssal. Tout dans son attitude porte à croire qu'elle est convaincue de s'être attiré ma sympathie. Si seulement elle parvenait à entrer dans ma tête, Aileen prendrait ses jambes à son cou – exquise vision métaphorique, soit dit en passant.

Lynda pénètre la première dans la salle dite de détente, suivie par Aileen. Les autres sont déjà affalés sur les canapés en cuir vert, absorbés par l'écran plat qui diffuse le générique de *Criminal Loft*.

Je suis donc, une fois n'est pas coutume, le dernier à répondre à l'appel. Les sourcils froncés des deux matons ne manquent pas de me le faire remarquer. J'ai l'impression d'observer Laurel et Hardy, dépossédés de tout humour.

— Viens par là, John ! s'exclame Leonard en me faisant signe de le rejoindre.

— Tu t'es fait un nouvel ami, on dirait, murmure Aileen qui s'installe confortablement sur le siège opposé, en tirant sur le bras de Lynda comme si elle manipulait une poupée de chiffon.

— Si tu le connaissais aussi bien que moi, lance James, tu saurais que, des amis, Leonard n'en a zamais eu. Que des cabots dont il se sert pour lui lécher les bottes !

— *Zames*, on t'a pas sonné, grogne Leonard en conservant un semblant de self-control.

Je ne tiens pas compte de leur querelle de codétenus et m'assois à une distance raisonnable de Leonard. Ses grosses lèvres brunes sont retroussées sur un sourire, mais ses yeux me précipitent à l'orée d'une effroyable noirceur.

Je sens soudain une présence, juste derrière moi, et un chuchotement glissé au creux de mon oreille :

— Rendez-vous près du pavillon annexe dès qu'on nous donnera quartier libre. Il faut qu'on parle...

Je reconnais la voix inquiète de Wallace le Croque-mort et me contente de hocher la tête en signe d'assentiment.

— Hé, Wallace, fais-nous profiter de tes messes basses ! Alors, tu l'as trouvé, cet indice ? demande Michael le Français en s'esclaffant bêtement.

Au même instant, tous les regards convergent sur Wallace. Blanc comme un linge, il semble porter tout le poids du monde sur ses épaules en cherchant une échappatoire cohérente à l'invective du jeune Français. L'intervention de notre geôlier de l'ombre le soustrait au supplice.

Les lumières s'éteignent sans sommation. L'obscurité enveloppe chacun d'entre nous. Les lueurs de l'appareil deviennent notre unique repère.

Huit candidats. Un seul survivant.

— Ici, on ne déroge pas à la loi de *Criminal Loft*. Afin de vous guider durant votre séjour et de vous permettre de surmonter les épreuves qui vous attendent, je vous invite à écouter le récit qui va suivre…

» L'écran de télévision diffusera un diaporama illustrant la terrifiante histoire de Waverly Hills. Lorsque je vous y autoriserai, vous aurez la possibilité de vous concerter pour poser une seule et unique question. Attention ! Choisissez celle qui vous paraîtra la plus pertinente ! Et, comme le veut la tradition, je commencerai donc ainsi :

» Il était une fois Waverly Hills. Situé près de Louisville, dans l'État du Kentucky, le sanatorium ouvre ses portes en 1910, afin de traiter les malades souffrant de consomption.

» En 1924, l'établissement s'agrandit sur cinq étages et peut accueillir plus de quatre cents patients. Faute de médicaments efficaces, l'institution se voit dotée d'un équipement de pointe, de salles de soins et d'examens. On y trouve également un salon de coiffure, une boulangerie, un dentiste. Des solariums sont aménagés dans les bâtiments annexes pour favoriser la guérison.

» Mais sur ce lieu de souffrances court rapidement la rumeur de mauvais traitements infligés aux malades. Au plus fort de l'épidémie, soixante-trois mille personnes seraient décédées après avoir subi des expériences médicales telles que la thoracoplastie, qui consistait à scier les côtes pour dilater les poumons.

» Opérations sanglantes, létales à 95 %. Il faut savoir que, une fois internés, les gens n'avaient plus aucune possibilité de quitter Waverly Hills, à cause de la quarantaine à laquelle ils étaient soumis. Le taux anormal de décès obligeait à cacher la vérité aux patients. Ainsi, les cadavres stockés au deuxième étage étaient acheminés de nuit, grâce à un système de chariots s'enfonçant dans un tunnel à cinq cent vingt-cinq pieds sous terre. Les fonctions funestes de cette galerie lui valurent le surnom de *Death Tunnel*.

» Depuis sa fermeture en 1961, toutes sortes de faits mystérieux ont été relatés : ombres, chuchotements, faisceaux lumineux inexpliqués. Ces témoignages émanent notamment des gardiens qui se sont succédé au fil du temps, avant que le sanatorium ne finisse par tomber à l'abandon.

» L'esprit d'un homme habillé de blanc errerait dans l'ancienne cafétéria. Il pourrait s'agir d'un vieil employé ayant contracté cette terrible maladie.

» Le fantôme d'une femme âgée aurait été aperçu dans l'entrée principale, mains et jambes enchaînées. Ceux qui l'ont croisé auraient été encore plus glacés par ses pleurs que par la vision de ses poignets et de ses chevilles ensanglantés.

» Certains parlent d'une petite fille connue sous le nom de Mary, dont le spectre hanterait le troisième étage. Un homme a avoué l'avoir rencontré. Il fut tellement terrifié, notamment par ses orbites vides, qu'il ne retourna plus jamais à l'intérieur du sanatorium et perdit son emploi de gardien.

» Des chants d'enfants, des portes qui claquent, d'inexplicables manifestations spectrales dans les corridors obscurs sont autant de témoignages fantasques. Mais l'une des légendes les plus célèbres concerne le cinquième niveau, et plus particulièrement la chambre 502.

» D'éminents chercheurs ont également contribué à propager la rumeur en publiant des clichés troublants, faisant apparaître des ombres fuyantes et des ersatz de visages humains.

» Mais il y a plus étrange encore : les tentatives avortées de reconversion se multiplient. En 1962, l'établissement rouvre sous le nom de Woodhaven, un hôpital gériatrique qui fermera ses portes en 1981 à la suite de plaintes pour mauvais traitements. Selon une autre version, les lieux auraient secrètement abrité un asile d'aliénés. Deux ans plus tard, le domaine est racheté par un entrepreneur qui souhaite y implanter une prison d'État : un fiasco financier met un terme à cette reconversion. En 1996, le projet d'aménagement d'un riche médecin connaît également un échec. Le chantier est abandonné. Les bâtiments se dégradent au fil du temps et deviennent le repaire de vandales. Un an plus tard, le propriétaire tente de démanteler les constructions pour les revendre à bon prix. Mais une condamnation judiciaire sur demande du National Register of Historic brise net ses intentions.

» Depuis plus de cinquante ans, une troublante malédiction semble peser sur Waverly Hills.

» Les récits de phénomènes paranormaux n'ont cessé d'entretenir la popularité du sanatorium. Mais sont-ils fondés ?

» *Criminal Loft* confirmera-t-il la rumeur tragique qui hante les lieux ?

Silence.

L'écran s'éteint.

Une main invisible rallume les lumières.

L'effet soporifique de ce conte à dormir debout m'arrache un affreux bâillement. Le calme semble vouloir s'éterniser comme un écho sans fin et j'en profite pour rassembler les informations qu'a fournies la Voix. J'intègre les images du documentaire pour les stocker dans un coin de ma mémoire vive. J'enclenche en parallèle ma mémoire visuelle et rembobine mentalement le diaporama polychrome qui nous a montré Waverly Hills au temps de sa *splendeur*.

La notion de vie me paraît déplacée dans un tel lieu. Pourtant, j'y ai vu des femmes d'une autre époque, portant la coiffe d'infirmière maintenue par une simple épingle, sourire devant l'objectif d'un photographe. Un rayon de soleil qui éclipse les affres de la maladie flottant dans l'air du sanatorium.

J'y ai vu un médecin en blouse blanche bomber le torse en posant une main compatissante sur le visage émacié d'un patient en attente de la mort.

J'y ai vu ce qui ressemble à l'actuel pavillon annexe, les jardins, et le *Death Tunnel* qui s'ouvre quelque part dans la végétation ornant cette affreuse bâtisse de cinq étages.

J'y ai vu la splendeur et la misère d'un début de siècle sur le déclin.

— Chers candidats ! J'espère que vous avez apprécié l'histoire de Waverly Hills ! À présent, vous disposez de cinq minutes pour vous concerter et faire le choix de la question que vous me poserez. Le compte à rebours a commencé !

Un nuage de moucherons s'agglutine autour de moi. Sept, pour être exact. Leonard ouvre le conciliabule :

— Conneries ! Pourquoi on nous raconte tout ça ?

— Pour nous foutre la trouille, répond James.

— Je pense qu'il y a une autre raison, avance Aileen. On nous livre des indices.

— Des indices ? Quel genre d'indices ? réplique Michael.

— Eh bien, l'existence du *Death Tunnel*, par exemple. Lequel d'entre nous savait qu'une galerie creusée sous terre débouchait au-delà des clôtures électrifiées ? Indication intéressante, évidemment !

— Pourquoi ? Tu songes à t'évader, Aileen ?

Terrance semble à la fois terrifié et excité par cette perspective.

— Bien sûr que non.

— Alors, à quoi il sert, ton indice ? ose Wallace.

— Je n'en sais rien encore…

— OK. On a quoi d'autre ? s'enquiert James.

— La chambre 502, dis-je. Le mystère s'épaissit autour de cette pièce.

— Aucun intérêt, coupe Aileen. De toute façon, on a interdiction formelle d'y entrer.

— Ben, voilà la question ! rebondit Terrance. Pourquoi nous en interdit-on l'accès ?

— Ze m'en tape ! Et les autres aussi ! vocifère James en se détournant légèrement de nous.

— D'accord avec James, acquiesce Michael.

— Je propose qu'on demande si on peut nous livrer des cartouches de clopes !

Un point pour Leonard. J'aurais vendu mon âme pour une taffe de cigare cubain.

— Et si on leur demandait pourquoi ils ont choisi Waverly Hills pour tourner *Criminal Loft* ?

— Terrance a une théorie intéressante à ce sujet… n'est-ce pas, Terrance ?

Mon intervention ne retient l'attention de personne, hormis celle de Terrance le Chétif qui secoue vivement la tête avec des yeux affolés.

— Je… suggère qu'on pose une question en rapport avec… la sentence de Wallace. Ça l'aiderait peut-être à trouver… ce mystérieux indice ?

— Tu joues à quoi, Lynda ? s'insurge Leonard. Ils t'ont grillé le cerveau, cette nuit ?

Le teint livide de Lynda la Jumelle laisse présager une nouvelle crise d'angoisse. Son élocution mécanique semble vouloir masquer l'évidente inquiétude qui humidifie ses lèvres d'une fine pellicule de salive. Son trouble est presque palpable, plus dense depuis que la Voix a évoqué les phénomènes prétendument survenus entre ces murs centenaires.

La conversation que j'ai eue avec Terrance le Chétif, un peu plus tôt, me revient en mémoire. D'après lui, Lynda aurait perçu la présence d'une petite fille en pleurs. Sans doute croit-elle avoir mis un prénom sur cette évanescence identifiée comme étant l'apparition d'une fillette appelée Mary. Accentuer les névroses ferait-il partie du grand plan orchestré par les concepteurs de ce jeu-réalité ? Nous ne sommes que des pions sur l'échiquier du diable, manipulés par un marionnettiste invisible au dessein bien trop prévisible : forcer les portes de notre conscience sadique. En extraire la fange. L'étaler devant des milliers de téléspectateurs fascinés par la mort et l'horreur qu'engendre l'art d'ôter la vie.

— Écoutez, reprend Lynda, il est évident qu'ils tenteront de nous monter les uns contre les autres. Ils ont déjà commencé en infligeant à Wallace la sentence de trouver un indice prouvant la culpabilité de l'un d'entre nous. Si nous l'y aidions, ça bouleverserait leur stratégie !

— Lynda, ici, c'est chacun pour soi, éructe Leonard.

— Z'en ai marre, va falloir se mettre d'accord, bordel !

— Perso, vous pouvez poser la question que vous voulez, la seule réponse qui m'intéresse est le goût qu'a le minou d'Aileen ! ricane Leonard avec une franche avidité qui me déplaît.

— Pauvre mec…, se contente de répondre la *Belle*.

— Conciliabule clos. Reprenez vos places. Et posez votre question.

Échanges de regards ponctués d'interrogations. Nous n'avons pas statué. Ici, la notion de temps n'existe plus. Je m'apprête à briser le silence, mais Michael me devance :

— Nous demandons : que signifie « souffrir de consomption » ?

Je le foudroie d'un coup d'œil furibond. J'ai envie de hacher ses traits caucasiens en menus morceaux. Pas un instant, nous n'avons débattu sur un dérisoire problème de sémantique auquel j'aurais pu répondre sans l'assistance de personne.

— Non, attendez, ce n'est pas…

Les protestations de Lynda s'évanouissent entre les grésillements des haut-parleurs et l'intervention gutturale de cette foutue voix métallique.

— La consomption est un terme utilisé pour nommer la tuberculose. Celle-ci est une maladie infectieuse transmissible et non immunisante, avec des signes cliniques variables. Autrefois soignée dans les sanatoriums par des cures de soleil et de plein air, elle a été réduite par les antibiotiques dans les années 1950. Mais elle connaît un regain dû à l'apparition de souches multirésistantes, et elle tue encore près de deux millions de personnes chaque année dans le monde. La tuberculose pulmonaire – phtisie – est de loin la plus fréquente et la plus répandue, mais il existe des atteintes osseuses – mal de Pott, tumeur blanche du genou –, rénales, intestinales, génitales, méningées, surrénaliennes, cutanées.

» J'espère que ces informations vous seront utiles pour la suite de l'aventure. Rendez-vous ce soir pour la quotidienne ! En attendant, je vous conseille de profiter pleinement de votre liberté…

*

Notre hôte est un démon puissant. Il nous manipule à sa guise en se gaussant de notre condition. J'en viens à m'interroger sur cet engouement collectif à vouloir prendre part à ce jeu stupide qui n'a servi qu'à nous ridiculiser. Au fond, la question que nous avions formulée avait peu d'importance. Seule comptait l'influence que cette mascarade avait eue sur notre comportement. Diviser pour mieux régner…

— Qu'est-ce qui t'a pris, Michael ? On s'était mis d'accord, non ?

— Pas du tout, Lynda. On n'avait rien défini. Et puis, quelle différence ça fait ?

— Tu mériterais qu'on t'enferme dans la chambre 502, menace Leonard en enfonçant son index dans le plexus du Français. Tu pourrais peut-être nous raconter ce qu'elle renferme, hein, Michael ?

Le maton obèse déplace sa carcasse avec une vélocité inattendue et referme sa main boudinée sur l'épaule de Leonard en le tirant vers l'arrière. Son collègue se tient légèrement en retrait, prêt à intervenir en cas de rébellion. Moi, je reste accroché à la vision du taser…

— Ça suffit, les gars ! On se calme ! Vous devriez plutôt profiter de votre liberté. N'oubliez pas ce que vous êtes. Des détenus promis à rejoindre le Père éternel !

Ce gros porc a raison. C'en est doublement écœurant. Ce matin-là, nous n'avons pas percé le mystère de la chambre 502.

Mieux aurait valu ne jamais le découvrir.

*

Je traverse les corridors du sanatorium jusqu'au hall principal. Aucun fantôme de femme enchaînée ne m'apparaît, excepté ceux que mes souvenirs font remonter à la surface.

Des dizaines de corps disséqués glissent sur ma rétine. Mes pensées n'appartiennent qu'à moi. Elles sont mes seuls trophées.

La vaste entrée est truffée de caméras. Deux d'entre elles sont braquées sur la chaise à haut dossier à côté de laquelle trône un téléphone. Je suppose que nous serons tous contraints de poser notre séant sur ce morceau de bois équipé de lanières en cuir dont j'ignore l'utilité, si ce n'est de lui conférer une pâle ressemblance avec l'engin électrique qui nous attend au bout du couloir de la mort.

La poignée froide de la porte se dérobe sous ma paume. Mes mains moites se rejoignent pour obtenir une meilleure prise. Voilà encore un détail qui m'échappe : je sue comme sous l'emprise de la peur, alors que rien n'est venu perturber ma quiétude intérieure.

J'ai juste besoin de m'aérer. Quand la clenche cède enfin, je suis assailli par le parfum de la terre. Un ruban de brume éclipse le soleil tandis que l'horizon se pare d'un cortège de nuages plus menaçants. Je hume l'air avec avidité, bloque ma respiration aux frontières de l'asphyxie, puis expire dans un souffle maîtrisé. Je déploie mes bras à l'horizontale en grognant de plaisir.

Mon corps est une arme. Je l'entretiens en le purgeant des toxines qui enraieraient sa mécanique meurtrière.

Alors que je traverse une parcelle de pelouse fraîchement tondue, mes sens sont absorbés par le sifflement de la brise, les fragrances mêlées de terre et de sable, les couleurs qui éclatent comme autant d'artifices narguant la grisaille du ciel.

Je progresse, confiant, vers le pavillon annexe et contourne sa structure partiellement délabrée. Une fenêtre brisée s'ouvre sur l'arrière ; les bâches fouettent le squelette de la toiture qui a subi un siècle de méfaits. Comme une œuvre inachevée.

— Pssst !

Je fais volte-face. Wallace a surgi des hautes herbes par l'arrière du bâtiment. Ses yeux roulent comme des billes d'un côté, puis de l'autre. Quand enfin il s'est assuré que nous sommes seuls, il avance vers moi.

— Merci d'être venu, John, murmure-t-il comme une pucelle dévorée par la peur.

— Je t'écoute. Qu'avais-tu de si important à me dire ?

Je le sens hésitant, à l'affût d'un œil invisible susceptible de capter notre conversation.

— Je… tu dois m'aider, John. Je crois avoir trouvé l'indice que la Voix me contraint à dévoiler.

Je sonde ses prunelles grises à la recherche d'une trace, même infime, d'une quelconque supercherie, mais je n'y décèle aucune lueur mensongère. Ainsi, Wallace détient le secret qui lui sauvera la mise. Momentanément, du moins…

— Eh bien, c'est parfait ! répliqué-je en faisant mine de tourner les talons.

— Non, reste ! J'ai… besoin de ton aide, John. Je t'en prie…

— Pourquoi devrais-je offrir mon appui au plus mal barré de mes adversaires ? Tu as accompli ta mission, n'est-ce pas ? Je ne vois pas ce que tu attends de moi.

— Je m'adresse à toi… car tout le monde te craint, ici. Je ne sais pas exactement qui tu es, John T., ni même quels crimes tu as commis, mais il semblerait que tu inspires le respect au sein du loft… Sous ta protection, je ne risque rien.

— Tu n'espères tout de même pas que je tombe dans le panneau des révélations, Wallace ? Tu es fou à lier…

— Non, au contraire ! Après tout, c'est toi qui m'as foutu dans ce merdier ! Si je ne t'avais pas révélé ce dont on m'accuse, jamais je ne me serais vu infliger cette sentence ! Tu me dois bien ça…

Le ciel s'obscurcit, créant une étrange résonance avec la fureur qui se déverse soudain en moi.

— Je ne te dois rien, Wallace. Tu as toi-même creusé ta tombe, Croque-mort.

— John, insiste-t-il follement, l'indice concerne Aileen. Tu ne voudrais pas qu'elle soit éliminée dès la première semaine ? Je me trompe ?

Le temps tourne à l'orage.

Le tonnerre gronde au loin. Les collines se couvrent d'un linceul lugubre. De fines larmes de pluie ruissellent sur mes joues.

— Écoute-moi bien, morveux ! J'ignore quelle idée stupide t'a traversé le crâne pour oser t'adresser à moi de la sorte, mais tu vas vite comprendre l'erreur monumentale que tu viens de commettre…

Une main puissante étreint brutalement la gorge de Wallace. La mienne.

— Jo... hn ! J'ai besoin de ta protection, crache-t-il tandis que je relâche la pression. Je serai en danger tant que je resterai en possession de cet indice. Ce matin, j'ai découvert un mot glissé sous la porte de ma chambre. Regarde...

Wallace tire un morceau de papier chiffonné de la poche de sa combinaison et me le tend en tremblant. J'observe sa gestuelle maladroite, l'effroi qui déforme son visage, le cri muet niché au creux de sa voix éraillée, et je me décide à saisir la feuille en question. Non par charité, ni même par pitié, mais uniquement parce que ce malotru vient de piquer ma curiosité.

« *You're dead.* »

Simple, concis, explicite.

L'auteur de la missive manque singulièrement d'imagination.

Je me plaque contre le mur extérieur du pavillon annexe afin d'éviter que la pluie ne réduise à néant ce petit chef-d'œuvre de pathétique. Les lettres sont tracées grossièrement à l'encre rouge. Un détail attire cependant mon attention : la couleur vire au brun et des sillons apparaissent à la base de l'Y, comme si un index avait laissé une empreinte sanglante sur le papier.

— C'est écrit avec du sang, Wallace.

— Je t'avais bien dit que j'étais en danger ! aboie-t-il sans se préoccuper du déluge qui cingle à présent son visage.

— Tu es encore plus stupide que tu n'en as l'air... Celui qui a écrit ce mot ne cherche qu'à t'intimider. Crois-moi, Wallace, si tu étais passé de vie à trépas, nous le saurions !

— Je ne plaisante pas, John. Ça ressemble à... une menace.

— Personne, ici, n'a intérêt à prendre un tel risque. Je te rappelle que nous sommes filmés vingt-quatre heures sur vingt-quatre. Si quelqu'un décidait de t'assassiner, le monde entier en serait témoin.

— Mais… certains angles morts échappent à la vigilance des caméras. Comme cet endroit, par exemple, dit-il en balayant l'espace autour de lui d'un revers de main.

— À ce propos, pourquoi penses-tu que ce n'est pas moi qui ai glissé ce mot sous ta porte ?

— Est-ce toi ?

Je hausse les épaules et les laisse retomber mollement. Ce petit jeu de dupes est distrayant, tout compte fait.

— Non, poursuit-il, ça ne te ressemble pas, John. Si tu souhaitais me tuer, tu ne m'aurais pas averti. Tu es un sanguinaire, à ce qu'on m'a dit. Un calculateur, aussi. Mais tu es plus… créatif que cela.

— J'aimerais connaître tes sources ! Ce *on* semble fort bien renseigné !

— Peu importe… Acceptes-tu de m'aider ?

— Que veux-tu que je fasse exactement, Wallace ?

— Que tu caches l'indice que j'ai trouvé là où personne ne se risquerait à venir le chercher. Ça garantirait ma… survie. Au moins jusqu'à la soirée des éliminations…

— Tu penses à un endroit particulier ?

— Ta chambre, John.

— Et si je refuse ?

— Alors je n'attendrai pas vendredi pour livrer mes informations et Aileen retournera croupir dans le couloir de la mort avant que tu aies eu le temps de lui faire sa fête !

— Écoute-moi, Croque-mort, je te défends d'insinuer…

— Ça crève les yeux, John ! Tu n'aimerais pas qu'elle quitte le loft. Pour le moment, en tout cas. C'est une adversaire de choix. Sais-tu le surnom que lui ont donné les médias pendant son procès ? La *Mante religieuse* !

Wallace marque une pause, attendant manifestement une réaction de ma part. Devant mon mutisme, il reprend sa plaidoirie.

— Le règlement interdit de révéler ses propres crimes, mais pas ceux des autres... Aileen est une femme diabolique ! J'ai suivi de près son affaire. À l'époque, la presse en a fait ses choux gras. Et puis, coïncidence troublante, j'ai dû effectuer des remplacements dans plusieurs États et je me suis retrouvé chargé d'embaumer un client bien particulier. Il s'agissait de la troisième victime d'Aileen. C'était une telle boucherie que je ne suis jamais parvenu à lui redonner une apparence humaine !

Un flux d'énergie salvatrice se répand dans mes veines. Des visions d'une extrême violence provoquent une sorte d'altération de mes sens. Au tintement de la pluie se substitue soudain le crissement d'une lame effilée s'acharnant à démembrer ; au parfum de la terre humide et froide, l'odeur des fluides corporels.

L'excitation déclenche en moi ce genre de dérèglement sensoriel, que je dois maîtriser sous peine de céder aux pulsions les plus barbares.

— Tu oublies une chose, Wallace. Si cet indice incrimine Aileen et que le public en tienne compte, il y a une forte probabilité pour qu'elle soit éliminée de toute façon.

— Non, pas si on décide de détériorer son contenu.

On.

Il n'y aura jamais de on, *Wallace*, pensé-je avant de répondre :

— De quoi parle-t-on au juste ? Et où l'as-tu découvert ?

— La tâche a été facile. Presque trop. La preuve était glissée sous mon matelas. Il s'agit d'un DVD. Je l'ai trouvé, hier soir, en défaisant mon lit. Ne me demande pas quand on l'a mis là, je n'en ai aucune idée ! Il s'est écoulé à peine une heure entre ma sentence et le moment où nous avons rejoint nos chambres. Je suppose qu'on l'a placé pendant ce laps de temps. Alors, tu acceptes, John ?

— Une dernière question : comment sais-tu que l'indice concerne Aileen ?

— Je… je l'ai visionné pendant la nuit, quand tout le monde dormait. Je suis descendu au quatrième étage, en salle de détente. Tu avais vu qu'il y avait un lecteur DVD ? Et une chaîne hi-fi aussi. Bref, je n'ai pas eu besoin de regarder longtemps. Les premières images sont… éloquentes, crois-moi.

— Te croire ? Si tu essaies de me jouer un sale tour, Wallace, tu finiras en si menus morceaux que même le plus doué de tes confrères ne pourra te redonner forme humaine. Me suis-je bien fait comprendre ?

Wallace acquiesce et me tend, d'une main hésitante, l'enveloppe blanche renforcée avec le DVD dedans.

— Merci, John, se borne-t-il à dire avant de battre en retraite.

Je contemple sa silhouette détrempée qui s'enfonce dans un écran de pluie ; je perçois le chuintement de ses pas dans la terre molle, et je me surprends à imaginer qu'un garde pointe une arme dans sa direction depuis un mirador insoupçonnable. Le sanatorium compte tant de fenêtres obscures qu'il serait aisé d'installer un poste d'observation.

Curieusement, un flot de souvenirs me submerge et me renvoie dans la cour du pénitencier de Lucasville. Là-bas, j'étais sans doute le détenu le plus craint ; une sorte de prince régnant sur un royaume sordide et promis à une exécution certaine, dans les règles de l'art dictées par la Constitution des États-Unis. Aucun homme ne pouvait ignorer la nature particulièrement cruelle de mes crimes. Mon mode opératoire a fait couler beaucoup de sang… On devait évoquer mes exploits en cachette, à voix basse et en évitant soigneusement de croiser mon regard. Même les matons se méfiaient de ce détenu exemplaire surnommé John T.

Le plus troublant, dans cette histoire, est l'étonnante influence de Waverly Hills sur mon psychisme. Un sentiment d'oppression et une intense délectation s'entremêlent et concourent à la perte de mes repères. Comme celui de maîtriser, sans faillir, le besoin féroce de sentir la vie quitter le corps de ma proie, d'affermir mon pouvoir par la domination suprême qu'exerce le bourreau sur sa victime.

Wallace a raison sur un point : Aileen éveille en moi des mondes encore inexplorés, et je ne souhaite rien tant que la posséder.

Corps et âme.

Je froisse le message sanglant que m'a remis Wallace et laisse la pluie torrentielle le réduire en lambeaux.

Mes capacités de discernement seraient-elles altérées ? Et si Wallace avait lui-même tracé ces lettres à seule fin de me convaincre de lui apporter mon aide ? L'aurais-je sous-estimé, sous ses vrais airs de faux coupable, ou y a-t-il réellement un candidat prêt à mettre sa menace à exécution ?

Un fracas assourdissant s'abat soudain sur Waverly Hills. Le toit bâché lutte contre les rafales ; les éléments se déchaînent ; le ciel hurlant crache son venin comme s'il annonçait l'heure du Jugement dernier.

Et moi, je suis le témoin privilégié de la colère de ce Dieu qui tolère l'existence d'individus à mon image, bien que ceux-ci s'emploient à détruire le fruit de Sa création. Je reste un long moment à découvert, le visage offert au déluge, pressant contre mon abdomen la précieuse enveloppe contenant sans doute d'insoutenables visions.

Aileen...

Lorsque je me décide enfin à rejoindre le bâtiment principal, je n'ai d'humain que ma faculté à tenir sur mes deux jambes. Le reste en moi n'est que pure sauvagerie. Un champ de ruines dévasté par l'insatiable appétit de tuer.

Mais, à cet instant précis, le monde l'ignore encore...

Chapitre 11

1986.

Extrait du Bangor Daily News *– édition du 18 juin :*

« La petite ville d'Auburn a été témoin d'un drame sans précédent. Le tragique accident survenu dans la soirée du 16 juin a coûté la vie à Rebecca Smith, quinze ans, originaire de Bangor. Selon l'examen médico-légal, l'adolescente, heurtée de plein fouet sur la route 36, aurait succombé aux multiples fractures causées par l'impact. Selon les dépositions des quatre adolescents mis en examen pour conduite en état d'ivresse et homicide involontaire, Rebecca Smith aurait surgi des bois et se serait ruée sur la chaussée glissante, ne laissant au conducteur aucune possibilité de l'éviter. Version corroborée par la trajectoire du véhicule. Un voile d'ombre persiste cependant quant aux raisons de la présence de la jeune fille sur cette route de campagne isolée. Faute d'éléments, les autorités sont actuellement dans l'incapacité de déterminer l'emploi du temps qui a précédé sa mort. »

L'automne est précoce.

Les pluies diluviennes noient les récoltes, assombrissent le visage du monde. Les campagnes glissent lentement vers l'hiver tandis que je sors progressivement de l'hibernation qui m'a tenu éloigné de mes démons durant dix longues années.

Elle s'engage dans une venelle obscure. Je lui emboîte le pas. Le claquement de ses talons sur les pavés fait écho à de savoureux fantasmes.

Elle s'arrête brusquement.

Se retourne.

Et me sourit.

Une flaque de lumière nimbe sa silhouette d'une aura cristalline. Ses paupières outrageusement maquillées papillonnent en une invitation sans équivoque. Ses longs cheveux bruns ondulent sur ses épaules comme une cascade de promesses.

Je ne l'ai croisée que deux fois au cours du dernier trimestre. Et j'ai su…

Le petit garçon qui a égorgé un porc dans un vieil abattoir n'existe plus. Quelqu'un d'autre a pris sa place… Néanmoins, c'est là-bas que je l'emmène pour notre première étreinte.

Je l'observe s'allonger sur un matelas de foin et dévoiler ses cuisses blanches et potelées, telle une offrande.

La proximité des enclos n'altère en rien sa fougue. Ni l'odeur omniprésente de la mort qui éclipse pourtant le parfum subtil de sa peau.

Mais, à moi, il manque la musique. Une fausse note dans la symphonie animale des cris.

Je m'étends à ses côtés. Elle me chevauche ; je la renverse, appose maladroitement mes lèvres contre les siennes.

Il paraît qu'on n'oublie jamais son premier baiser. Je n'en garde cependant qu'un souvenir insipide.

J'accentue la pression, enfourne ma langue dans sa bouche pour y chercher ce qui demeure absent : le plaisir. Elle me repousse timidement, me reproche ma brutalité, tente de se dérober. Je maintiens fermement ses poignets d'une main et sa gorge de l'autre. Ses lèvres expulsent un râle d'agonie. Ses yeux injectés de sang me supplient d'arrêter. Je frôle enfin l'orgasme et défais ma braguette pour libérer ce qui s'y trouve à l'étroit, mais elle se met à hurler sous moi comme une truie hilare.

Les porcs s'agitent et s'excitent de conserve devant cette étrange tentative d'accouplement.

Mes doigts relâchent sa trachée, fourragent sous sa jupe d'écolière, écartent sans précaution les bords de sa petite culotte, mais la garce connaît un regain de force insoupçonné. Je la sens me filer entre les doigts, se soustraire à mon emprise en poussant des cris de bête. Je rampe dans la paille pour saisir sa cheville, mais elle me décoche un violent coup de pied dans le flanc, un autre sous le menton qui m'envoie valser au milieu d'une pluie d'étoiles.

Quand je reprends connaissance, Rebecca Smith est déjà loin.

La suite appartient dorénavant à l'histoire.

Une épouvantable nuit me guette.

J'entends les sirènes hurler au loin. Chaque minute me rapproche du moment où des officiers viendront tambouriner à la porte pour m'embarquer.

Cette garce doit déjà pleurer dans les jupons de sa mère tandis qu'un flic enregistre sa déposition. Si elle porte plainte, je pourrai toujours plaider un terrible malentendu, mais je doute que ma version reçoive l'agrément de la majorité.

La nuit file jusqu'à l'aube.

Personne ne cogne à la porte. Aucun mégaphone ne m'enjoint de sortir les mains bien en vue.

Alors j'effectue mon rituel quotidien. Enfile une tenue propre. Attrape ma sacoche et grimpe dans le bus scolaire. Ma mâchoire me fait un mal de chien. Les stigmates d'une soirée torride que je dissimule en relevant le col de ma veste.

Des bribes de conversation indignées enflent dans les couloirs de l'école.

— C'est atroce, ce qui est arrivé…

— Paraît qu'on l'a retrouvée décapitée…

— On dit qu'un flic a vomi ses tripes en découvrant le cadavre…

— Mon frère prétend qu'elle s'est suicidée…

Un élève abandonne l'édition du Bangor Daily News *sur un banc avant de filer en classe.*

Rebecca Smith fait la une du journal local.

Je tremble à l'idée de lire mon nom au milieu de cet étalage voyeuriste. Mais non : rien à mon sujet. Et pour cause, ma dulcinée a joué de malchance en s'enfuyant.

J'en suis convaincu, à présent. Le destin l'a fauchée prématurément à seule fin d'encourager l'accomplissement d'une formidable épopée meurtrière.

Les circonstances prodigieuses qui m'ont épargné une fâcheuse condamnation résonnent comme une bénédiction. Ce jour-là, je comprends que la providence est désormais ma plus précieuse alliée.

Ma voie est tracée depuis longtemps.

Depuis mon premier cri.

Chapitre 12

Souviens-toi de la haine que tu éprouves, décuple-la, ajoute un zeste de cruauté et tu sentiras naître en toi l'embryon d'un tueur… Le perçois-tu ?

Telle est la recette que j'aimais transmettre à mes victimes, quand je jouissais de leurs corps. Elles m'imploraient sans chercher à comprendre le sens véritable de mes paroles. Je crois que la souffrance annihilait toute forme de pensée raisonnable et je regrette qu'elles n'aient pas vécu assez longtemps pour en tester la véracité.

Seule Aileen dispose des qualités requises pour cet exercice. Son profil psychologique est à la hauteur de mes espérances. Son visage harmonieux m'apparaît comme dans un songe alors que je grelotte sur mon lit, recroquevillé en chien de fusil. Mes yeux grand ouverts fouillent le ciel funeste au-delà de la fenêtre, sans rien distinguer d'autre qu'un vide uniforme. J'ai dû m'endormir un bon moment, parce que la pièce est à présent plongée dans une rassurante pénombre.

Je repense à l'enveloppe que j'ai discrètement glissée sous mon oreiller, en évitant consciencieusement l'œil de la caméra. J'enrage de ne pouvoir prendre connaissance de son contenu sans être dénoncé par ces petits boîtiers noirs.

On frappe à la porte de ma chambre. Quatre coups secs, suivis d'un raclement de gorge.

Je devine de l'impatience, de la détermination, mais aussi de l'appréhension.

J'élimine d'office les deux femelles – au sens figuré, bien sûr... Leonard le Négro aurait déjà usé de sa voix caverneuse pour s'annoncer (je le soupçonne d'ailleurs de s'en servir pour masquer un défaut d'assurance).

Michael le Français ne se risquerait pas à une telle proximité sans être accompagné d'un escadron de témoins.

Wallace le Croque-mort n'aurait aucun intérêt à éveiller les soupçons quant à une quelconque alliance avec moi.

La liste se réduit donc à Terrance le Chétif et James le Zozoteur.

Je penche pour la boule de nerfs *addict* aux jeux et fervent croyant : Terrance.

— Entre, Terrance !

Je roule sur moi-même pour faire face à la porte.

Bingo !

— Comment as-tu su... ?

— Qu'est-ce que tu veux, Terrance ?

— Ça ne va pas ? Tu as l'air... fiévreux.

Je m'abstiens de répondre. J'observe son gosier se soulever et s'abaisser au rythme de ses déglutitions.

Nouveau raclement de gorge.

Quelque chose dans mon attitude a dû le persuader de ne pas insister.

— Je... on ne t'a pas vu de toute la journée. Pas même au déjeuner. Alors on se demandait..., commence-t-il sans parvenir à formuler sa question.

— Oui ?

— Ben... je voulais juste vérifier que tout allait bien pour toi.

— Te voilà rassuré. Terrance ? Ferme bien la porte derrière toi. Elle a tendance à coincer un peu.

L'expression de son visage devient grave. Les ampoules suspendues dans le couloir nimbent sa frêle silhouette d'un halo virginal.

— John, je crois que tu ferais mieux de venir avec moi…

Je m'efforce de refréner l'accès de fureur qui monte en moi. Ce petit morveux m'intime-t-il réellement l'ordre de le suivre ?

— Tu n'as pas entendu, n'est-ce pas ? ajoute-t-il.

— De quoi tu parles, Terrance ?

— C'est bien ce que je pensais… Ton haut-parleur est certainement défaillant. L'orage, sans doute… Mais c'est pas ta faute…

Je bondis, mû par une force incontrôlable, et me rue vers la porte.

Terrance sursaute et manque de trébucher dans un mouvement de recul, à l'instar d'un animal traqué.

— Tu vas m'expliquer ce qui se passe, Terrance ?

— La… la Voix a appelé au rassemblement. Pour le tournage de l'émission quotidienne. Vingt minutes de direct sur Channel 9. Faut y aller, John… maintenant.

Je jette un dernier coup d'œil à mon lit défait, puis à la caméra dont le voyant rouge clignote dans l'obscurité.

Ma chambre semble respirer sous les pulsations d'un cœur écarlate.

*

Je n'ai d'autre choix que de suivre Terrance jusqu'au quatrième étage.

Malgré la cadence de nos pas, je suis submergé, l'espace de quelques secondes, par un sentiment de mal-être qui déferle au plus profond de moi pour forcer les barrages de ma conscience. Je me fais cependant la promesse de ne pas succomber à la manipulation mentale que tentent d'exercer les concepteurs du jeu. Leurs histoires de revenants n'ont aucune prise sur moi.

Je suis simplement fatigué.

Fiévreux.

Les conséquences de ma douche froide sous le ciel orageux.

Je plisse les yeux, tant la lumière des projecteurs m'éblouit.

Je surprends une vague lueur d'étonnement dans le regard d'Aileen, lorsque j'entre précipitamment dans la salle de détente. Mon apparence de chien mouillé est certainement la cause de l'insistance avec laquelle les candidats me dévisagent. Même les deux matons plantés au fond de la pièce donnent l'impression d'être confrontés à une apparition cadavérique.

Contrairement à l'atmosphère glauque qui régnait ce matin, je découvre un endroit accueillant, pourvu d'une table basse garnie de pancakes, de beurre de cacahuète et de jus de fruits. Des bouquets de fleurs égaient le rebord de la fenêtre, comme un ornement sur une stèle funéraire. En plus des caméras, des perches sont tendues, pointant des micros dans notre direction.

À en juger par l'emplacement des candidats affalés sur les canapés, chacun semble avoir trouvé ses marques en reprenant la même place que lors de la dernière émission. Je n'ai d'autre alternative que de m'asseoir non loin de Leonard.

— T'es en retard, chuchote celui-ci. T'as pas l'air dans ton assiette, dis donc. Tu couves pas un truc, mec ?

Je me fais l'effet d'être en équilibre précaire entre raison et folie. Une remarque de plus, et je bascule du mauvais côté de la rampe.

Nous sommes filmés.

En direct.

Je n'ai pas le droit de faillir.

Pas maintenant…

— J'ai dû choper un coup de froid, marmonné-je, les dents serrées.

Je remarque que James le Zozoteur est absorbé par la page d'un cahier, qu'il malmène à grands coups de crayon. Où s'est-il procuré son matériel ? Aurait-il reçu les faveurs d'un des matons ? Autant de questions que je garde en mémoire pour leur apporter des réponses qui me permettront peut-être d'acquérir un ou deux paquets de clopes – parce que le scalpel ne figure sûrement pas sur la liste des objets autorisés…

Sa main cesse de s'agiter lorsque le jingle de *Criminal Loft* retentit, le tirant brutalement de sa transe créative. Les mouvements spasmodiques de ses yeux témoignent d'une évidente difficulté à réintégrer la réalité. Pendant une fraction de seconde, je lis la détresse de celui qui s'endort quelque part pour se réveiller dans un lieu inconnu – détresse qui cède aussitôt la place à la douce consolation de jouir d'un espace de liberté.

Le duo de présentateurs vedettes s'affiche à l'écran. La blondasse prépubère est encore plus fardée que la dernière fois. Ses lèvres épaisses ont la couleur du sang. Son acolyte arachnéen n'a pas encore ouvert la bouche, mais sa voix haut perchée m'horripile déjà.

Les acclamations assourdissantes du public résonnent en fond sonore. Le plateau télé est soumis à l'effervescence d'une horde de spectateurs en quête d'émotions malsaines et je n'ai aucun mal à croire que ce jeu-réalité devienne le rendez-vous quotidien le plus prisé de milliers de familles américaines.

*

— Ils sont huit ! Six hommes. Deux femmes. Tous accusés de meurtres. Tous victimes du système pénal qui les a condamnés pour des actes que certains prétendent ne pas avoir commis. Huit individus reconnus coupables par la justice américaine et enfermés dans le couloir de la mort.

» Oui, mesdames et messieurs !

» Huit candidats sélectionnés pour participer au reality show le plus brûlant qui ait jamais existé ! Retrouvons-les en duplex de Waverly Hills pour l'émission quotidienne !

(Applaudissements.)

» Une émission dont vous seuls, téléspectateurs, serez juges !

(Acclamations.)

» Chaque semaine, vos votes désigneront l'un d'eux afin qu'il quitte le loft et retourne dans le couloir de la mort. Ils étaient trois mille deux cent soixante-trois au départ. Huit ont été choisis. Un seul recouvrera sa liberté !

» Chacun des participants devra vous convaincre qu'il mérite de vivre et, pour être réhabilités, ils sont prêts à tout ! Même au pire ?

(Hurlements.)

» Aileen ! John ! Terrance ! Michael ! James ! Leonard ! Wallace ! Lynda ! Lequel d'entre eux vos votes désigneront-ils lors de la soirée des éliminations ? Le suspense reste entier, mais il semblerait que le standard explose déjà sous le nombre d'appels ! Rien n'est encore joué, alors décrochez votre téléphone et composez le numéro qui s'affiche en bas de votre écran.

» Et maintenant, retrouvons nos candidats en direct live !

(Applaudissements.)

» Bonsoir à tous ! Tout va comme vous voulez au loft ?

Le présentateur ajuste son oreillette. Son homologue féminin frappe des mains pour encourager les acclamations du public. On se croirait à la *Star Academy* version *Star Anatomy*… Je perçois quelques murmures autour de moi. Leonard brandit son pouce en direction de l'écran, pour assurer que tout se déroule à merveille.

Ma tentative avortée d'esquisser un sourire apparaît en gros plan. Sous cet angle, j'ai l'air d'un mort ! Je balaie la mèche collée à mon front. Je ressemble à un bouffon à deux doigts du trépas intellectuel.

— Parfait ! Et comment va notre public ?

(Hurlements.)

» Il règne une ambiance de folie sur le plateau ! Vous êtes également de plus en plus nombreux à réagir sur les réseaux sociaux ! Maintenant, passons aux choses sérieuses… Vous avez fait leur connaissance en direct, lors du prime time ! Voyons à présent ce que leur a réservé leur première journée au loft. Mais, avant cela, voici une rétrospective de leurs confessions…

La suite n'est qu'une succession d'images retraçant nos faits et gestes les plus marquants depuis notre entrée au loft. Des confessions tronquées pour isoler des bribes de phrases qui, sorties de leur contexte, se révèlent plus percutantes ; l'évacuation de Lynda lorsque le système a complètement disjoncté ; un zoom obscène sur son visage déformé par les spasmes – un procédé efficace destiné à procurer des sensations fortes au public.

Mais ensuite viennent les images inédites. Celles qu'ont filmées les caméras à notre insu. Et je sens la tension monter d'un cran autour de moi, comme si chacun redoutait de voir exposer au grand jour un terrible secret ou une action susceptible de lui nuire.

— Ils ont fait le tri, ces salauds, marmonne Terrance le Chétif en se frayant une place à côté de moi. Ils ont coupé le moment où j'exprime le remords qui me ronge, jour après jour… ! Comme si… comme si ça n'avait aucune importance ! À croire qu'ils désirent vraiment qu'on nous prenne pour des monstres !

Je réponds, d'un ton las :

— Mais c'est ce que nous sommes, Terrance. Des monstres. En tout cas, aux yeux du reste du monde. Ils se contentent d'utiliser les moyens à leur disposition pour faire grimper l'audimat.

— Ouais, coupe Leonard, s'ils veulent vraiment des sensations fortes, j'vais leur en donner, moi !

— Tu n'auras pas besoin de faire quoi que ce soit, dis-je. Je suis certain qu'ils ont déjà tout prévu, sans que nous ayons à fournir le moindre effort pour aggraver notre cas.

— Chut ! Vous devriez regarder. On parle de vous, les gars, lance Aileen sans quitter la télévision des yeux.

Effectivement, il nous reste beaucoup à apprendre des scènes suivantes. Ainsi, je découvre que pendant mon immersion sous la pluie battante, puis ma sieste prolongée, Terrance le Chétif a entraîné Aileen, Michael et James dans sa frénésie du jeu. Nous les voyons à l'écran tels que la caméra les a filmés quelques heures plus tôt, disputant une partie de poker dans l'une des chambres du cinquième étage. Je suppose qu'il s'agit de la 507. Celle de Terrance. J'aperçois Aileen, en virtuose des cartes, mettre en application ses années d'expérience de croupière. Elle les manipule avec un doigté qui n'échappe pas à l'œil expert de Terrance. Excepté quelques jurons de mauvaise fortune, le divertissement se déroule dans le plus grand calme.

— Hé, Aileen ! lâche Leonard, quelle dextérité dans les doigts… Tu voudrais pas tripoter autre chose, poupée ?

Aileen détourne son attention de l'écran et la reporte sur Leonard. Un courant électrique me traverse lorsque je surprends un échange de regards qui trahit une excitation réciproque.

— J'ignorais que tu connaissais le sens du mot « dextérité ». T'es pourtant pas allé à l'école, hein, Leonard ? C'est une chance qu'on n'a pas, quand on naît noir et qu'on grandit dans le Bronx. C'est la garce blanche que t'as épousée qui t'a appris à bien parler ?

Leonard serre les poings avec une telle force que j'entends craquer ses phalanges. Je parie que, si nous n'étions pas sous la surveillance des appareils et des matons, il aurait réduit Aileen en miettes avec ses seules mains.

— John ! C'est toi, là, non ? interroge Terrance en pointant l'index vers l'écran.

Je me désintéresse soudain d'Aileen et de Leonard. J'apparais effectivement dans le champ de la caméra.

Un vent de panique souffle instantanément sous mon crâne.

Chapitre 13

Je me dirige vers le prétoire, seulement vêtu de mon peignoir et déterminé à affronter la caméra.

Ce que j'ai retenu de ce moment est la question relative à ma profession de psychiatre, mais le montage effectué par les réalisateurs de l'émission met l'accent sur une autre révélation. Un point que j'avais occulté jusqu'à ce que mes propres mots l'expriment à travers l'écran de télévision.

Flash-back.

— Pensez-vous sincèrement bénéficier de la clémence du public, lorsque la nature de vos crimes sera révélée ?

— Oui, je le crois. Il faudra bien sauver l'un d'entre nous, non ? Et je suis prêt à être réhabilité sans représenter un danger pour la société. Ma sincérité envers les spectateurs prouve mon honnêteté. Quand j'entends Wallace prétendre être innocent, j'avoue que ça me fait sourire. Personne aujourd'hui ne se retrouve dans le couloir de la mort sans preuves évidentes de culpabilité. Et ça, j'espère que le public en a parfaitement conscience.

Leonard siffle bruyamment avant de dévorer un pancake. J'entre en contact visuel avec Wallace. Il n'a pas l'air de me tenir rigueur de l'avoir acculé. La terreur dans ses yeux est seulement plus profonde, comme si je venais de sceller sa tombe alors même qu'il espérait de moi que je le protégerais.

C'était avant qu'il ne me confie le DVD. Avant qu'il ne prenne connaissance de la menace écrite qu'il avait reçue.

Le show continue en sa défaveur. Les producteurs s'acharnent à le crucifier en faisant de lui une cible idéale.

Wallace recule lentement vers le fond de la pièce, tandis que l'écran révèle la découverte du DVD sous son matelas et son escapade nocturne pour le visionner. L'angle de tournage ne nous permet pas de voir le film qui accapare l'attention de Wallace.

Une voix off conclut par une accroche dangereuse :

— *Wallace aurait-il honoré sa sentence en découvrant l'indice qui incrimine formellement l'un de nos lofteurs ? Nous le saurons le soir des éliminations !*

— Tu l'as trouvé ? demande Lynda en se tournant vers Wallace. C'est vrai ? Et alors, lequel d'entre nous ça concerne, hein ?

— Tu ne crois quand même pas qu'il va te le dire, Lynda ? intervient James en restant suspendu aux lèvres de Wallace.

— On t'a coupé la langue, Wallace ? insiste Leonard.

— Arrêtez ! Vous voyez pas qu'il est mort de trouille ? scande Michael.

— On t'a pas sonné, le Français ! répond Leonard sur un ton sans réplique.

Aileen demeure muette. Elle fixe l'écran, où le plateau télé a repris ses droits sous la houlette du duo de présentateurs.

— Ne manquez pas la suite de l'aventure ! Rendez-vous demain soir sur Channel 9, pour de nouvelles révélations. En attendant, n'oubliez pas… vous seuls serez juges de qui doit vivre… ou mourir !

L'émission quotidienne s'achève sur le générique de *Criminal Loft*. Un mélange de heavy metal et de musique classique, savamment imbriqués pour susciter l'angoisse.

Le maton obèse nous ordonne de quitter la pièce. Nous nous exécutons les uns après les autres, avant de nous disperser dans les couloirs froids du sanatorium.

Alors que je m'apprête à entrer dans le réfectoire – mon estomac crie famine –, le surveillant s'interpose, me bloquant le passage avec sa carcasse suante. Je ne l'ai même pas entendu approcher, mais j'aurais dû le sentir : il empeste !

— John, ça n'a pas l'air d'aller fort. Tu as de la fièvre ?

— Non. Il faut seulement que je grignote un truc.

Sa voix paternaliste n'augure rien de bon. Je doute qu'il éprouve la moindre sympathie à mon égard, et *vice versa*. J'en profite cependant pour lui poser une question qui me brûle les lèvres.

— Au fait… j'ai vu que James était en possession d'un nécessaire pour dessiner. Or nous sommes arrivés ici sans effets personnels. C'était contraire au règlement, il me semble. Alors, je me demandais…

— Comment il se l'est procuré ?

— Oui.

— Pourquoi, John ? Tu as besoin de quelque chose ?

— Je me disais qu'une cartouche de cigarettes m'aiderait à faire passer le temps. Y a pas grand-chose à faire dans cet endroit… Et, pendant que j'y suis, mon haut-parleur ne fonctionne plus. Il faudrait peut-être en référer aux techniciens. Cette panne pourrait m'être très… préjudiciable.

— J'enverrai quelqu'un vérifier ça. Pour les clopes, je suis désolé, mais je crains que le règlement n'encourage pas la consommation de produits nocifs, conclut-il en faisant un pas de côté pour me laisser le champ libre. Bon appétit, John.

Je m'abstiens de lui répondre que la vue de ses bourrelets couperosés m'a précisément coupé l'appétit. J'entre malgré tout dans le réfectoire pour échapper à l'insistance de son regard porcin.

Je grignote un reste de hamburger que je fais descendre avec une gorgée de Coca-Cola. La saveur du ketchup titille mon palais. J'avais oublié à quel point l'insipide peut paraître délicieux.

Après ce « festin », je remonte dans mon antre.

J'entends des murmures s'élever d'une pièce voisine, mais je ne suis pas en état d'espionner qui que ce soit. J'ôte mes vêtements et me glisse dans les draps. Mon front est brûlant et j'ai du mal à respirer. Je suis incapable d'exercer le moindre contrôle sur mes paupières qui s'abaissent malgré moi.

Avant de plonger dans le coma de la nuit, un ultime accès de lucidité me pousse à m'assurer que le DVD est bien à sa place. Je passe une main fébrile sous mon oreiller.

L'enveloppe s'y trouve toujours.

Je cesse alors de lutter et me laisse aspirer par le néant.

*

J'essaie de m'agripper à sa jupe, mais elle se soustrait à la pression de mes doigts. Mes ongles déchirent le tissu de soie sans parvenir à l'attirer à moi. Le sang inonde ses jambes, éclabousse mon visage de sa chaleur vitale. Je suis proche de l'orgasme, et pourtant ma proie m'échappe…

Des pas précipités.

Un hurlement.

Une bousculade qui fait trembler ma porte.

Je prends soudain conscience que ce tumulte n'a pas la consistance d'un rêve. Ma première victime s'évapore définitivement.

J'ouvre les yeux, à l'affût d'une menace immédiate, tandis que l'agitation enfle comme un bourdonnement dans le couloir.

— Il est mort ?

— Qui a fait ça ?

— Et merde ! C'est dégueulasse !

— Il s'est suicidé ?

— Qui a fait ça ?

— Tout ce sang…

— On fait quoi ?

Ils geignent devant ma chambre, à tel point que j'ai l'impression qu'ils détaillent mon propre cadavre. J'enfile mes vêtements encore poisseux. L'humidité suinte des murs de brique.

— C'est quoi, ce bordel ? dis-je en empoignant la clenche grippée de la porte.

Ils sont tous là – ou presque –, m'ouvrant un passage afin que je puisse jouir moi-même du spectacle. Je n'ai qu'un pas à faire pour saisir la raison de leur épouvante.

La chambre 502 a été profanée.

La lumière blafarde d'un croissant de lune éclaire suffisamment les lieux pour que chaque détail s'imprime sur ma rétine.

Une forte odeur d'urine et de viscères m'assaille alors que je découvre, au centre de la pièce, le cadavre de Wallace, pendu à un câble électrique. De profondes lacérations entament la chair boursouflée de sa gorge. Ses yeux exorbités sont injectés de sang et sa langue gonflée s'échappe de manière obscène sur ses lèvres exsangues.

Mon regard descend d'un cran.

Une plaie béante exhibe ses intestins déroulés le long de ses jambes ballantes, pendant qu'une mare sombre se répand sous lui. Je suis irrésistiblement attiré par l'amas brillant et pourpre de ses organes exposés à notre vue. L'incision est précise, quasi chirurgicale. C'est une pratique que je maîtrise suffisamment pour reconnaître l'œuvre d'un artiste méticuleux, perfectionniste.

Wallace le Croque-mort s'est littéralement vidé de son sang sans que personne entende la moindre plainte, le moindre gémissement. Seul son assassin a pu se délecter des cris muets de terreur de sa victime avant de mettre sa menace à exécution.

— Merde, je le crois pas… On fait quoi, là ? Où sont les matons ? Pourquoi ils viennent pas ?

Je remarque que, curieusement, l'effroi a aboli le zozotement de James.

— Wallace s'est suicidé, hein ?

— Tu sais, Lynda, il existe des moyens moins… douloureux de mettre fin à ses jours, dis-je d'un ton calme. Et puis, il ne s'est pas pendu tout seul et je ne vois aucun support renversé qui lui aurait permis de se hisser et de passer le câble autour de son cou. De même, tu observeras que l'arme qui a servi à cette boucherie a également disparu. Son bourreau a pris soin d'enlever les preuves… à défaut de nettoyer sa scène de crime.

— Mais qui aurait… ?

— Les caméras ! Nous saurons vite qui a fait ça…

— Regarde autour de toi, Leonard. Cette chambre ne possède aucun boîtier.

— Celles du couloir auront forcément filmé le meurtrier ! Il a bien fallu qu'il entre !

— Pourquoi a-t-on fait ça ? insiste Lynda.

— Nous sommes tous potentiellement aptes à commettre de tels actes, dis-je. C'est pour cette raison que nous avons été condamnés à mort, non ? Voilà ce qui arrive lorsqu'on enferme des prédateurs dans la même cage.

— Je crois que je vais vomir, articule Terrance en courant vers sa chambre, une main plaquée contre sa bouche.

Effectivement, il n'a pas l'air en forme.

Moi, en revanche, ces quelques heures de sommeil m'ont requinqué.

L'excitation atteint des sommets devant la toile de maître que représente l'éviscération de Wallace. J'inspire profondément pour m'imprégner de l'odeur de mort qui enveloppe son cadavre, avant que la putréfaction ne la rende définitivement jouissive.

— Dégagez ! Tous contre le mur ! Vous m'entendez ! Reculez !

Ils en ont mis du temps à intervenir, ces deux-là, pensé-je en rejoignant sagement les autres.

Le maton obèse a brandi son arme vers nous.

La simple vue du taser me paralyse.

— Il en manque un, constate-t-il. Va le chercher.

— Oh, merde ! jure son auxiliaire en découvrant le corps de Wallace. Merde !

— T'as entendu ? Je t'ai dit de trouver Terrance ! aboie le gardien.

Son collègue l'ignore et porte son talkie-walkie à ses lèvres.

— Code rouge ! Code rouge ! On a un macchabée !

Un bip, suivi d'une voix couverte de parasites.

— Mettez-les en isolement et attendez nos instructions.

— Reçu.

— Maintenant, ramène-moi ce putain de psychopathe !

Laurel opine du chef et se dirige vers la chambre de Terrance.

— C'est bon. Je suis là ! Du calme ! lance Terrance en venant vers nous.

Laurel murmure quelque chose à l'oreille de *Hardy.* Le goitre tremble sous son menton alors qu'il nous enjoint de former une file indienne.

— Suivez-moi. Et pas de gestes inconsidérés ! précise-t-il en affermissant sa prise sur le taser.

Je regrette de ne pouvoir jeter un dernier coup d'œil à la dépouille macabre de Wallace, mais je ne m'opposerai pas à l'autorité du maton obèse.

Pour le moment du moins.

J'ignore dans quel endroit lugubre du sanatorium on a prévu de nous parquer, mais je crains que le meurtre de Wallace n'ait pour conséquence de stopper définitivement le tournage de ce jeu-réalité, balayant du même coup toute chance de réhabilitation.

La fin de *Criminal Loft* signerait notre arrêt de mort à tous.

Bing… bing…

Une balle rebondit, quelque part.

Je lève les yeux en direction de l'étage supérieur, fouillant l'obscurité qui se referme comme une chape sur notre procession. Les autres ne manifestent aucune réaction. Bon Dieu ! Suis-je le seul à entendre cette fichue balle ?

Un sentiment de malaise m'étreint de nouveau, bloquant ma respiration, comme si une force invisible comprimait ma trachée. Et si Wallace avait été tué pour avoir découvert l'indice compromettant l'un d'entre nous ? Alors, cela impliquerait que je suis moi aussi potentiellement en danger… Personne ne doit jamais savoir que je suis en possession de ce DVD dont j'ignore le contenu. Celui qui voudrait m'inscrire sur la liste de ses victimes n'est pas encore né.

Pourtant, l'un des candidats possède une personnalité plus complexe que je ne l'imaginais, un don de transparence qui lui permet de se fondre parmi nous sans éveiller les soupçons. Je croyais être le seul à exceller dans l'art de la dissimulation, mais à l'évidence la meute cache un ennemi redoutable.

— Stop ! hurle le maton obèse. Nous sommes arrivés à destination. Voici vos quartiers temporaires…

Nous échangeons des regards d'incompréhension quand il nous indique, de son index boudiné, un couloir obscur situé au troisième niveau du sanatorium.

Un étage que nous pensions interdit.

Bing… bing…, fait la balle.

Cette fois, le claquement est si proche que je sursaute et me heurte à Michael le Français.

— Tu as entendu, n'est-ce pas ?

— De quoi tu parles ? chuchote-t-il.

— La balle ! Tu l'as entendue rebondir, non ?

L'expression de son visage montre clairement qu'il hésite sur la conduite à tenir, face à un cinglé potentiel.

— Laisse tomber, Michael. Je ne suis pas dingue.

— J'ai jamais dit ça ! Mais j'ai entendu aucun bruit…

— Ouais, ouais…

Je reste dubitatif tandis que nous nous enfonçons dans l'artère envahie par la moisissure.

Le maton obèse s'immobilise et déverrouille l'une des nombreuses portes fermées que compte l'étage.

— Bienvenue dans votre enfer, ricane-t-il.

Quelque part dans le [illegible] autour du [illegible] l'ombre [illegible] le [illegible] chemin de [illegible] [illegible] couleur le long de son assemblage et [illegible] s'égouttant [illegible] les [illegible].

[illegible] capitaine [illegible] fut [illegible] manœuvres [illegible] du feu.

D'[illegible] cinquante [illegible] la mangeoire [illegible] d'un monde [illegible] L'Ouest [illegible] un [illegible] concordance [illegible] qu'on pensait [illegible] existence.

L'Ours [illegible] un [illegible] régulièrement [illegible] du destin [illegible] belle [illegible] avait [illegible] certaine paisible [illegible] en [illegible] de l'Eagle Lake. Faire face à [illegible] éventuel [illegible] gens [illegible] installer [illegible] provoquer un nouveau [illegible] qui [illegible] déclenchement [illegible] l'affaire Parker.

Chapitre 14

Quelque part dans le ventre noueux du sanatorium, l'Ombre porta à ses lèvres le verre de scotch qu'elle venait de se servir. Le liquide ambré diffusa une douce chaleur le long de son œsophage et repoussa l'humidité s'égouttant derrière les murs.

Une rangée de consoles l'acculait au fond d'une pièce capitonnée et parfaitement insonorisée, un comptoir de manettes et d'écrans surveillant l'activité aux quatre coins du loft.

D'ordinaire, on enterrait les secrets derrière des façades clinquantes, laissant la fange se répandre dans les fondations d'un monde illusoire. L'Ombre, elle, préférait œuvrer depuis un mirador pourvu d'un confort minimal, une tour de contrôle inviolable dont personne ne soupçonnait l'existence.

L'Ombre était un habile marionnettiste, tirant les ficelles du destin avec une aisance déconcertante. Mais laisser la part belle aux imprévus pimentait le spectacle pour lequel elle avait sacrifié une retraite paisible dans un charmant chalet en rondins au bord de l'Eagle Lake. Faire face à toutes les éventualités s'intégrait parfaitement au concept du jeu. Il lui fallait donc improviser un nouveau scénario qui excluait définitivement Wallace Parker.

Comme elle le prévoyait, le téléphone sonna. Personne ne l'entendrait. Le voyant rouge de la ligne sécurisée se mit à clignoter.

L'Ombre reposa son verre sur la desserte et balaya les écrans d'un regard admiratif.

— Allô ?

— Vous êtes au courant, je suppose, répondit son interlocuteur.

— Oui.

— Quelles sont vos instructions ?

— Nous ne pouvons nous permettre de modifier nos plans.

— Mais..., contra l'autre.

— Faites enlever et examiner le corps par un expert médico-légal, afin qu'il établisse les causes exactes de la mort. Agissez avec discrétion, rien ne doit transpirer à l'écran.

— Ne faudrait-il pas dépêcher un enquêteur sur place ?

— Hors de question, vous avez entendu ? Vous vous chargerez vous-même d'identifier le coupable.

— Mais je ne suis pas formé pour...

— Sauf erreur de ma part, votre CV mentionne que vous avez suivi des cours de criminologie. Et aussi que vous avez effectué des stages au département des sciences du comportement de Quantico. Servez-vous de votre expérience. Je vous rappelle que je vous ai choisi pour cette mission. Ne me décevez pas.

— Et si...

— Et si les choses dégénéraient davantage ? Ne vous en faites pas, cela n'arrivera pas. Depuis l'annonce de la mort de Wallace Parker, *Criminal Loft* bat tous les records d'audience. Les connexions au site abondent des quatre coins des États-Unis ! Nous avons déjà les abolitionnistes sur le dos, et même le NCAPD[1], mais j'en fais mon affaire. Contentez-vous de suivre mes directives et ne craignez pas pour votre propre sécurité. Je me charge de mettre en œuvre tous les moyens nécessaires à votre protection.

— Oui.

— Avez-vous bien saisi mes instructions ?

— Tout à fait. *Criminal Loft* continue.

L'Ombre reposa doucement le combiné.

En d'autres circonstances, peut-être aurait-elle su préserver le peu d'intégrité morale que son vieil âge lui concédait.

Elle se renversa sur son siège, un sourire extatique aux lèvres.

— À Waverly Hills, voilà ce qui arrive, quand on décide d'éteindre les lumières…

---

1. National Coalition to Abolish the Death Penalty : Coalition nationale contre la peine de mort.

Chapitre 15

La lourde porte blindée se referme, nous privant de la lumière naturelle au profit d'une ampoule nue qui tombe du plafond contaminé par les moisissures.

Nous sommes prisonniers de quatre pans de brique rouge dépourvus de fenêtre.

Je me demande à quoi pouvait bien servir cette pièce à l'époque où le sanatorium était encore en activité. Y enfermait-on les sujets violents ? Y pratiquait-on des expériences interdites qui nécessitaient une rupture totale avec l'extérieur ?

L'isolement aurait été plus doux que cette promiscuité étouffante. J'en arrive presque à regretter l'obscurité crasseuse du mitard. Je me laisse glisser le long du mur froid et reste accroupi dans un coin, à les observer comme s'ils ne pouvaient pas me voir.

Leonard émet un sifflement plaintif en tournant comme un fauve en cage.

— Quand je sortirai d'ici, les gars, j'vous jure que je me paierai une nuit à la belle étoile !

— Ouais, et avec un peu de bol tu serviras de dîner aux charognards, raille Aileen.

Lorsqu'elle s'assoit à mes côtés, son contact inopiné provoque en moi un déferlement de frissons. Sa chevelure brune flotte sur ses épaules comme les vagues d'un océan tempétueux échouant sur le rivage. Elle exerce une attraction incontrôlable sur mon système nerveux. Ses prunelles sombres me fouillent et cherchent à pénétrer mon psychisme.

— Alors, John, qu'as-tu ressenti en constatant les blessures infligées à Wallace ? Cette plaie ouverte… et tout ce sang projeté sur les murs… Il était encore en vie lorsqu'on l'a soumis à cette horrible torture, non ?

À l'évocation du caractère effroyablement violent de ce crime, les flammes de l'enfer auraient pu briller dans les yeux d'Aileen, je ne l'aurais pas remarqué.

Des flashes submergent subitement ma perception sensorielle. Réminiscence d'un temps éloigné où ma main maniait la lame pour trancher, découper, inciser, fouiller les chairs vives de proies faciles, dont les hurlements faisaient écho à ma propre jouissance.

— Je suis tout autant bouleversée que toi, ajoute Aileen à voix basse en esquissant un sourire entendu. Lorsque j'ai vu ce qu'on avait fait à ce pauvre Wallace, ça m'a fait penser à la pratique chirurgicale utilisée ici pour soigner la tuberculose. La… thoracoplastie, c'est ça ? Tu sais, cette méthode qui consistait à scier les côtes afin que les poumons se dilatent.

— Ah oui ? Moi, ça m'a rappelé l'arrière-boutique de mon boucher, là où il entassait ses carcasses, réponds-je ironiquement.

— Un boucher particulièrement enragé, alors, dit-elle dans un éclat de rire.

Je surprends soudain le regard appuyé de Terrance le Chétif. Aileen prend pourtant soin de s'exprimer à voix basse, mais j'ai la sensation qu'il cherche à décrypter notre conversation en lisant sur nos lèvres. Il détourne les yeux et murmure quelque chose à l'oreille de Michael.

Celui-ci hausse les épaules sans interrompre sa contemplation intérieure qui lui donne l'air absent.

James le Zozoteur s'est assis en face de nous et gribouille son carnet à grands coups de crayon noir. J'imagine que c'est ainsi qu'il entre en communion incestueuse avec sa tendre petite sœur.

Leonard soliloque comme un aliéné. Il me donne le vertige, à force de gesticuler en proférant d'inutiles accusations contre nous, en échafaudant toutes sortes d'hypothèses farfelues que personne n'écoute.

Lynda a posé son menton sur ses genoux repliés qu'elle enserre de ses bras. Ses paupières fermées tressautent de manière inquiétante. Sa mâchoire crispée retient beaucoup trop d'émotions. Tout ce qu'elle garde enfoui en elle finira par imploser ; ce n'est qu'une question de temps.

— John ? reprend Aileen, s'apercevant que je ne suis plus attentif.

— Quoi ?

— Tu disais que ça te faisait penser à ton boucher ? C'est drôle : moi, ça me rappelle la signature d'un tueur en série qui cherche aujourd'hui à être réhabilité…

— C'est hilarant, en effet.

— Que tu es sarcastique ! Mais je sais pourquoi on te surnomme John T.

— Sans doute parce qu'il s'agit de mon nom.

Aileen balaie ma réponse d'un claquement de langue.

— Tu es né John Natas. Pourquoi les médias t'auraient-ils affublé d'un T ? Pourquoi pas John N. ?

— À toi de me le dire, Aileen, plus connue sous le sobriquet de *Mante religieuse.*

Ses lèvres sont deux pétales rouges qui s'étirent sur un sourire amer.

— J'ai mes sources, se contente-t-elle de répondre.

Wallace aussi avait des informateurs, pensé-je. La curiosité est un terrain dangereux sur lequel mieux vaut éviter de s'aventurer.

— Ce n'est un secret pour personne, Aileen.

— Tu te trompes. La plupart des gens ignorent la signification de ce T. Il est ta signature, John. Tes victimes ont toutes été retrouvées incisées du pubis à la trachée, et la gorge tranchée. Un T parfait ! s'exclame-t-elle, amusée.

Leurs yeux terrifiés et leurs cris inhumains se superposent dans mon esprit pour produire le kaléidoscope de l'horreur. J'aimais le contact métallique de mon scalpel, comme si sa lame effilée était devenue le prolongement de moi-même. Sans lui, je me sens amputé, à l'instar d'un écrivain privé de sa plume.

— Où veux-tu en venir, Aileen ? Tu penses que j'ai assassiné Wallace ?

— Non. Bien sûr que non. Mais quelqu'un cherche assurément à orienter les soupçons vers toi. Tu as de la prestance ; tu es intelligent ; tu contrôles admirablement tes pulsions ; tu séduis probablement le public parce qu'il ne voit en toi que le charme d'un homme d'apparence respectable. Dès lors, tu deviens une menace pour nous tous.

— Alors, pourquoi ne pas s'en être pris à moi directement ?

— Tu veux rire, John ! s'esclaffe-t-elle. Qui oserait se frotter au plus dangereux d'entre nous ? Même si ça déplaît fortement à Leonard, tu es indéniablement le meneur, la vedette de ce jeu-réalité…

— Et toi, Aileen ? Qui es-tu ?

Une ombre froisse soudain les traits lisses de son visage. Malgré tous les efforts qu'elle fournit pour paraître sociable, cette garce est totalement dépourvue d'empathie ; aussi froide et insensible que la Grande Faucheuse.

— Tu n'espères tout de même pas que je vais tomber dans un piège aussi grossier ? reprend-elle. Voyons, John...

— Tu ne risques rien. Il n'y a visiblement ni boîtier ni micro dans cette pièce. Je te parie même qu'elle est insonorisée.

— Peut-être..., admet-elle. Même si je doute qu'on nous laisse sans surveillance. De toute façon, je ne crains pas les caméras, mais l'analyste...

Je tente de masquer ma surprise.

Salope.

— Ne le prends pas mal, John. Tout finit par se savoir. J'avoue ne pas avoir une grande estime pour les psys, mais tu n'es pas comme les autres. N'est-ce pas, John ?

— Méfie-toi, Aileen. Je n'éprouve aucune sympathie pour les pétasses arrogantes. Ça aussi, tu devrais le savoir.

— C'est une menace ?

— Non ! Voyons, Aileen, quel plaisir aurais-je à te posséder, puisque ton *cher papa* s'en est déjà chargé ?

La métamorphose n'aura duré qu'une fraction de seconde, mais j'aurais juré entrevoir le sourire du diable se confondre avec la beauté d'Aileen.

— Au fait, j'aimerais bien savoir ce qu'est devenu l'indice qu'avait trouvé Wallace. Pas toi ? me demande-t-elle d'un ton badin qui tranche avec l'intensité malveillante de son regard.

Avant que j'aie le temps de réagir, une ombre géante s'abat sur nous.

— Hé ! qu'est-ce que vous complotez, tous les deux ? s'exclame Leonard. On peut se joindre à vous, peut-être ? Hein, les gars ? Ça vous tente pas de flirter un peu avec la brunette ?

— Leonard, tu ferais mieux de te calmer, dis-je.

— Quoi ? Tu veux pas partager, c'est ça ?

— John a raison, intervient Terrance. Je ne pense pas que nous ayons intérêt à envenimer la situation.

Leonard s'éloigne en gratifiiant Aileen d'un clin d'œil pour lui signifier qu'il est loin d'en avoir terminé avec elle. Puis il clame à la ronde :

— Ouais… Et combien de temps ils vont nous laisser pourrir dans ce trou, hein ? C'est un jeu, bordel ! Un putain de jeu-réalité !

— Pourquoi tu t'agites comme ça, Leonard ? demande Michael.

— Il… il est clau… claustrophobe, éructe James.

— De quoi tu te mêles, *Zames* ? Tu veux pas plutôt qu'on parle de ta petite sœur ? Qu'est-ce que tu lui as fait, James, hein ? Regarder son p'tit cul blanc se dandiner dans les champs a dû sacrément t'exciter… Y a pas que sur le papier que tu l'as couchée, pas vrai ?

— Ferme-la, Leonard. Ze… Ze…

— Arrêtez ! aboie Terrance. On est tous à cran. Vous ne voyez pas que c'est exactement ce qu'ils cherchent ? Si on s'entre-tue, on n'a aucune chance de sortir d'ici.

Un cri déchirant explose soudain dans la gorge de Lynda. Sa tête oscille dans tous les sens, comme celle d'un pantin désarticulé ; ses mains sont désespérément plaquées contre ses oreilles. Il semblerait que ses propres hurlements essaient de couvrir un bruit insoutenable qu'elle ne parvient pas à extraire de son esprit. Sa bouche suppliante n'est plus qu'une affreuse grimace déformée par la terreur.

— Faites-la taire ! rugit-elle. Je vous en prie, faites-la taire !

— Qu'est-ce qu'il lui prend ? interroge Michael.

— Crise d'angoisse, répond Terrance.

— J'appellerais plutôt ça de l'hystérie, enchérit Aileen.

— Appelez ça comme vous voudrez, mais si on ne fait rien, elle va nous claquer dans les doigts, dis-je.

Ses cris stridents remplissent la pièce et l'incohérence de ses propos me conforte dans mon diagnostic. Cette pauvre fille souffre de délire paranoïaque entraînant de graves hallucinations.

— Vous ne l'entendez pas ? crache-t-elle. La berceuse, vous ne l'entendez pas ?

Lynda se met à fredonner doucement en se balançant d'avant en arrière :

— *Rock-a-bye Baby / On the tree top / When the wind blows / The cradle will rock / When the bough breaks / The cradle will fall / And down will come baby / Cradle and all.*

— Plutôt morbide pour une berceuse, murmure Aileen.

— Je la connais… Ma tante me la chantait souvent dans sa langue maternelle, confie Michael. *Balance mon bébé / Dans l'arbre tout en haut / Si le vent souffle / Balance le berceau / Si la branche casse / Le berceau tombera / Et en bas iront le bébé / Le berceau et tout ça.*

— Pas étonnant que ça rende maboul ! S'endormir tous les soirs avec l'image d'un bébé mort ! commente Terrance.

— Je ne suis pas dingue.

Au ton résigné qu'il emploie, Michael le Français tente manifestement de s'en persuader.

Moi, j'ai la sensation que cet endroit influe sur notre comportement et s'acharne à vouloir lui donner tort.

Lynda rembobine et fredonne de nouveau. Une voix enfantine s'échappe de sa poitrine. Une voix qui ne lui appartient pas.

C'est assez fréquent dans les cas de dissociation de personnalité et, vu les circonstances, je pense que Lynda croit réellement être habitée par l'esprit de cette gamine.

— Toutes ces histoires de revenants ont dû déclencher un choc post-traumatique lié au décès prématuré de sa sœur jumelle, dis-je. Je serais curieux de connaître le crime qui l'a conduite dans le couloir de la mort…

— Lynda a aperçu le fantôme d'une petite fille, ce matin, près de la cafétéria, précise Terrance. Elle en parlait comme d'une forme éthérée traversée par une lueur bleutée. Elle m'a affirmé que cette chose versait des larmes de sang…

— Tu crois aux revenants, Terrance ? Alors, Wallace reviendra peut-être botter le cul de celui qui l'a massacré ! lance Leonard.

— Taisez-vous ! asséné-je. Vous ne voyez pas qu'on essaie de nous effrayer ? Ils jouent la carte de la déstabilisation, parce que Waverly Hills est réputé pour ses phénomènes inexpliqués. Personne n'a songé qu'il pouvait s'agir d'effets spéciaux ou de trucages destinés à nous mettre à l'épreuve ?

Le silence semble soudain s'éterniser.

— John, personne d'autre que Lynda ne s'est plaint de faits étranges, rétorque Aileen en interrogeant les autres du regard.

Moi, si, pensé-je.

Bing… bing…, fait la balle.

— Lynda est malade. Elle souffre probablement d'hallucinations. Il lui faut un traitement adapté à sa patho…

Lynda se redresse lentement en émettant un affreux grognement qui me rappelle un cas de possession dont l'un de mes patients croyait être victime.

— Vous ne l'entendez pas ? hurle-t-elle. Pauvres ignorants… Vous foulez le sol de l'enfer et vous n'en avez même pas conscience ! Cet endroit est maudit ! Maudit !

Lynda bondit sur ses jambes et s'élance droit dans le mur. Sa tête heurte les briques dans un bruit mat. Mais, au lieu de s'effondrer, elle cogne et cogne encore son front ensanglanté en vagissant comme une forcenée.

— Hé ! Ouvrez-nous ! On a besoin d'aide ! Ouvrez ! s'époumone James le Zozoteur.

— Maîtrisez-la avant qu'elle se fasse exploser le crâne ! braille Aileen.

Une pensée fugace s'immisce en moi.

Et si nous la laissions faire, plutôt.

La regarder s'encastrer dans la paroi jusqu'à ce que sa face éclate comme une pastèque et répande sa liqueur de sang, si savoureuse au palais.

La fureur de Lynda est telle que les efforts de Leonard et de Terrance réunis ne suffisent pas à la dompter. L'atmosphère est saturée par ses hurlements rauques. J'ai la sensation que les murs se resserrent autour de nous… Dans cette pièce close, la promiscuité devient intolérable. J'étouffe. Je tente, en vain, de recourir à cette faculté mentale qui me permet habituellement de me transporter en d'autres lieux, là où l'air est respirable. Mais je reste prisonnier de ces cloisons crasseuses, contraint de supporter leurs délires paranoïaques.

— Hé ! ho ! Y a quelqu'un dehors ? Il nous faut un médecin ! Vite ! insiste Michael.

— Elle saigne, ze rêve pas ! constate James, apparemment horrifié.

— Tu peux pas la fermer et venir nous aider ! beugle Leonard.

James enroule son mètre quatre-vingt-dix en position fœtale. Il serre son carnet de croquis contre sa poitrine, comme si le simple fait de le lâcher risquait de le tuer.

— Tout doux. C'est ça… calme-toi. Moi, je te crois, intervient Aileen en glissant ses doigts longs et fins dans la chevelure hirsute de Lynda.

La délicatesse de ses gestes semble avoir un effet apaisant sur Lynda. Son souffle redevient régulier, les spasmes s'estompent progressivement, jusqu'à ce que tout son corps se relâche enfin. Étendue sur le flanc, le visage maculé de larmes et de sang, Lynda demeure prostrée sous les caresses d'Aileen. Ses yeux arrondis sont braqués sur moi.

Je ne ressens rien.

Absolument rien.

À part peut-être du dégoût pour cette créature psychotique indéniablement laide.

— Et on fait quoi, maintenant ? On attend sagement la prochaine crise ? interroge Michael en s'adressant à moi.

— L'état de Lynda nécessite des soins, ajoute Aileen.

— Tant qu'ils ne viennent pas nous chercher, on ne peut rien faire. S'égosiller ne sert à rien. Ils ne nous entendent pas.

— Ils ne vont pas nous laisser crever dans ce trou, hein ?

— Ne t'affole pas pour ça, Leonard. Ils ont besoin de nous, autant que nous avons besoin d'eux. N'oublie pas que nous sommes les acteurs principaux du *reality show le plus brûlant qui ait jamais existé* ! Je suis certain qu'ils ne tarderont plus. Ils doivent être en train de fouiller nos chambres pour trouver des preuves qui permettront d'identifier l'assassin de Wallace.

— C'est forcément l'un d'entre nous qui a mizoté ce coup, n'est-ce pas ? suppute James.

Je m'accroupis pour me mettre à sa portée :

— Je ne vois pas de meilleurs suspects qu'une bande de criminels psychopathes. À moins que les fantômes de Waverly Hills ne s'en soient chargés ! dis-je en sentant soudain une vague de froid déferler en moi.

J'ignore combien d'heures se sont écoulées avant que le cliquetis de la porte blindée nous libère de cette pièce infâme. Ici, la notion de temps n'existe pas. Mon seul repère tient à la berceuse lancinante que fredonne Lynda entre ses lèvres molles. Cette nuit-là, *Rock-a-bye Baby* tourna en boucle trois cent quatre-vingt-onze fois.

Pas une de plus.

Chapitre 16

Un éclat inhabituel brille dans les yeux du maton obèse lorsqu'il ouvre la porte de notre enfer. Son collègue se tient légèrement en retrait.

— Eh bien, c'est pas trop tôt ! souffle Terrance. Lynda a besoin de soins. Il lui faut un médecin.

— Nous sommes venus la chercher. Vous deux, dit-il en désignant Leonard et Terrance, transportez-la doucement jusqu'à nous. Nous allons *très bien* nous occuper d'elle.

Quelque chose cloche dans l'intonation de sa voix, mélange de perversion et d'ironie, comme la promesse d'un supplice infiniment plus vicieux que celui de se retrouver coincé entre ces quatre murs.

— Et nous ? Z'hallucine ! Vous ne nous laissez pas sortir ? s'étonne James.

Le maton obèse claque la porte à nos revendications, en emmenant Lynda.

— Qu'est-ce qu'ils vont lui faire, à votre avis ? interroge Terrance.

— Lui filer des calmants, suppose Aileen.

— Ou l'enfiler bien profond, va savoir !

— Boucle-la, Leonard.

Une plainte désespérée s'échappe de la bouche de Michael. Le Français est pâle comme un linge. À mille lieues du sort réservé à Lynda.

— J'veux sortir…, murmure-t-il en suivant la progression lente d'une araignée sur le mur opposé.

— On a peur de la p'tite bête ? nargue le Négro en recueillant au creux de ses mains huit pattes velues rattachées à un abdomen étonnamment gonflé.

— Éloigne ce truc ! hurle le Français. Vous comprenez pas ? Je suis allergique ! Une seule morsure, et je crève !

— Faudra trouver un autre argument pour m'empêcher de te forcer à l'avaler…

Terrance s'interpose entre eux, repousse violemment la main de Leonard. L'araignée valdingue contre le mur avant de s'écraser au sol. Un liquide jaunâtre s'agglutine à la semelle de Terrance lorsqu'il l'écrase.

— Tu viens de commettre une terrible erreur, menace Leonard.

À cet instant, la porte s'entrebâille de nouveau.

— À ton tour, Terrance. Tu peux dégager.

— Oh ! c'est quoi, ce bor…

— Leonard, je te conseille de rester bien sage ! menace *Hardy*.

Terrance avance maladroitement, les membres encore ankylosés par des heures d'inactivité.

Ils ont pris la décision de nous libérer un par un, me dis-je.

La torture psychologique est une pratique courante pour imposer son autorité et fragiliser les sujets les plus récalcitrants. Et c'est exactement ce qu'ils expérimentent sur nous. Nous ne sommes pas de simples candidats représentant la lie de l'humanité, nous sommes avant tout les cobayes d'une société décadente. Je n'en prends réellement conscience que lorsque mon regard s'attarde sur la posture animale d'Aileen, assise à même le sol, le buste légèrement penché en avant, les mains posées à plat comme un fauve prêt à bondir.

Quand c'est mon tour d'être libéré, la porte se referme sur l'interminable couloir éteint, qui exhale une odeur âcre et me rappelle celle d'une vieille maison à l'abandon où je séquestrais parfois mes victimes pour les torturer à loisir.

— Suis-moi, ordonne le maton obèse sans plus de précisions sur notre destination.

Je remarque qu'il est venu seul, cette fois. Il m'entraîne dans son sillage sans même se retourner. Soumis de longues heures à l'éclairage agressif de la chambre d'isolement, mes yeux peinent à s'habituer à l'opacité dans laquelle je m'enfonce. Mon unique repère est la silhouette difforme du gardien. Je reste à distance respectable pour échapper aux remugles de sueur qu'il dégage.

Tandis que j'avance à tâtons, un courant d'air froid siffle et s'engouffre soudain à l'intérieur de moi, me pénétrant au niveau des membres inférieurs et remontant le long de mon échine jusqu'à glacer ma nuque. Secoué de frissons incontrôlables, je suis dans l'incapacité de faire un pas de plus. Comme si une force mystérieuse me clouait au sol.

La paralysie n'affecte cependant pas mon cerveau. Je suis à l'affût de signaux auditifs imminents, comme celui d'une porte qui claque, mais le silence semble réfuter l'existence extérieure de ce phénomène qui m'agresse intérieurement.

— Qu'est-ce que tu fous, John ? Je t'ai dit de me suivre. Pourquoi tu restes planté là ?

J'aimerais sincèrement répondre à sa question, mais je n'ai moi-même aucune explication à ce qui m'arrive. Mes lèvres sont cousues de fil invisible, mon corps s'est transformé en un bloc de pierre sur lequel je n'exerce plus aucun contrôle. Le surveillant s'approche de moi. Sa démarche est anormalement lente. Ma perception de l'espace et du temps est altérée, rendant flous les contours. Subitement, mon regard accroche une lumière évanescente filant au fond du couloir. Je tente de me convaincre que cette vision n'est due qu'à mon état physique.

Si j'avais pu remuer la langue, j'aurais sans doute pu empêcher le maton obèse de me défier à l'aide de son taser.

Les souvenirs se substituent brutalement à la réalité. Le visage du gardien s'affine et se modifie jusqu'à prendre les traits de mon géniteur. Je reste pétrifié, car je sais exactement ce qui va se produire. Je l'ai vécu tant de fois qu'aucun détail n'échappe à mes réminiscences.

Mon père me surplombe. Son haleine empeste l'alcool. Sa boucle de ceinture luit dans la nébuleuse qui enveloppe ma conscience. Il la défait. Le serpent s'enroule autour de sa main noueuse. J'entends les supplications de ma mère, puis ses cris lorsque le métal atteint son visage pour la faire taire. Je suis projeté contre le mur avant d'assister au pire...

Mes terreurs ressurgissent et me poignardent. Mes yeux sont embués de larmes que je ne peux retenir. Je suis en état de régression infantile. Vaincu par cette arme électrique pointée sur moi.

— John, on a juste quelques questions à te poser. Suis-moi sans faire d'histoire et tout se passera bien.

La voix du maton perce l'écran de fumée qui emplit mon crâne. Je sens cette *chose* inexplicable s'extraire de moi, aussi subitement qu'elle y est entrée. Et, si improbable que cela puisse paraître, je me surprends à esquisser un sourire de complaisance au cerbère enrobé de graisse qui nous sert de gardien.

J'ignore ce qui est réellement arrivé dans ce couloir, ce jour-là. Aurais-je pu imaginer cette lueur fantomatique également décrite par Lynda ? Comment expliquer la sensation vertigineuse d'être possédé par un corps étranger ? Il n'y a aucune réponse rationnelle à ces questions et mon esprit cartésien préfère rejeter les pensées folles qui m'assaillent.

Ma seule certitude est que ce choc émotionnel d'une violence inouïe risque de déclencher un déferlement de fantasmes que je serais incapable d'endiguer. Un fantasme de mort sur lequel je n'aurais plus aucun contrôle.

Comme si Waverly Hills souhaitait réveiller le monstre qui sommeille en moi.

*

— Assieds-toi, John.

Je m'attarde un instant avant de prendre place sur la chaise en bois qu'il m'indique.

Les projecteurs éteints confèrent un aspect théâtral au grand hall du sanatorium. Je suis le seul acteur sur scène, offert à l'attention d'un public invisible dans un simulacre d'exécution. La lumière du jour s'engouffre par l'une des hautes fenêtres, jouant avec les zones d'ombre par un subtil effet de contraste.

J'inspire profondément pour évacuer la tension qui bande mes muscles, pendant que le maton enserre mes poignets dans des bracelets de cuir reliés aux accoudoirs.

— Redresse-toi, aboie-t-il en désignant la sangle destinée à maintenir ma nuque plaquée contre le dossier.

Je suis harnaché des pieds à la tête, greffé à cette chaise, sans autre moyen de défense que de fermer les yeux pour me préserver de l'atmosphère malsaine qui accompagne cette mise en scène.

— Hé ! dis-je en m'apercevant qu'il s'apprête à quitter le hall. Pourquoi tu t'en vas, *Hardy* ! C'est quoi, ces conneries ? Détache-moi !

Le gardien marque un temps d'arrêt avant de se dérober.

Cette fois, je suis tout à fait seul.

Je m'agite sur mon siège, mais les fermoirs en acier sont solidement fixés et je ne parviens qu'à meurtrir mes poignets sous la brûlure des sangles en cuir. Ma mâchoire craque sous la pression que je lui impose pour ne pas hurler, tant la fureur qui m'anime devient insoutenable.

Je scrute la porte d'entrée qui me fait face.

Et si…

Non !

Et s'ils avaient décidé de nous infliger une sentence exemplaire pour le meurtre de Wallace ?

Non… pas lui…

Plutôt crever que de me retrouver enchaîné face à cette ordure qui m'a servi de père !

Je tente d'apaiser ce feu incandescent qui ravage mes entrailles en constatant l'état d'impuissance auquel je suis réduit.

Soudain, une plainte lugubre déchire le silence du hall désert.

Je mets quelques secondes à me rendre compte que ce cri émane de ma poitrine. Je suis seul. Je hurle en me battant contre des démons qui n'existent que dans mes souvenirs.

— Bonjour, John.

La Voix.

Je me fige, mes yeux balaient l'espace qui m'entoure.

— Inutile de vous formaliser pour cet interrogatoire, qui ne durera qu'un court instant. Vous admettrez que le meurtre de Wallace entraîne des mesures de sécurité.

Dans l'angle du plafond, je distingue le voyant rouge d'une caméra. L'œil du diable, pensé-je, tout en réfutant mentalement son existence.

— Qu'est-ce que vous voulez, hein ? On est toujours dans ce foutu reality show ou vous avez décidé de passer à autre chose ?

— Calmez-vous, John. Je vous sens nerveux… Nous comprenons votre désarroi quant au massacre de votre ami. Croyez bien que nous ferons le nécessaire pour punir le ou les coupables. Mais, en dépit de cette tragédie, le jeu doit continuer.

— Wallace, mon ami ? m'écrié-je. Ce mec n'était qu'un parasite incapable d'assumer ses actes ! Une lopette qui se servait des autres pour assurer sa propre survie !

— Il semblerait que cela n'ait pas suffi…, ironise le maître incontesté des lieux. Devons-nous comprendre que sa mort vous laisse indifférent ?

Un sinistre pressentiment me contraint à bousculer ma nature perverse et à mettre mon mépris en sourdine.

— Je n'ai jamais dit cela.

— C'est exact. Mais votre réaction est pour le moins surprenante… Avez-vous bien saisi ce que je vous ai indiqué ? *Criminal Loft* continue ! Vous devriez vous en réjouir. Au lieu de cela, votre comportement agressif montre que vous vous focalisez sur une erreur d'appréciation quant à vos relations avec la victime. Auriez-vous oublié que votre réhabilitation dépend de l'issue de ce jeu ?

— Non, je n'oublie rien. Et me soupçonner du meurtre de Wallace relève d'une accusation sans fondements ni preuves.

— Personne ne vous tient pour responsable, John. Nous nous demandions juste si Wallace vous avait fait part d'une menace portée à son encontre.

— Pourquoi l'aurait-il fait ? réponds-je du tac au tac.

— Peut-être parce que nous avons récupéré l'indice qu'il avait trouvé, John, et qu'il était dissimulé dans votre chambre.

Je suis pris de nausée.

Ces salopards ont pris le DVD.

Ils sont partout.

— Il me l'a confié, c'est vrai. Mais j'en ignore le contenu.

— Et nous ne le connaîtrons jamais. Le DVD dont il s'agit a subi des détériorations importantes. John, voici ma question : si vous deviez soupçonner l'un des six candidats en lice, lequel pointeriez-vous du doigt ?

J'ai l'impression d'être englué dans le piège filandreux que tisse une voix d'outre-tombe. Quelle que soit ma réponse, mes chances de survie ici s'amenuisent sensiblement.

— Je n'ai aucune idée de l'identité du boucher qui a éventré Wallace. À quoi servent vos foutues vidéos ? Le cinquième étage est truffé de caméras braquées sur nous vingt-quatre heures sur vingt-quatre !

— Justement. Il semblerait que la foudre ait endommagé une partie des circuits électriques. Le dispositif de surveillance ne fonctionnait pas la nuit dernière. Je réitère donc ma question : qui, selon vous…

— Je n'en sais foutre rien ! coupé-je.

— Nous vous croyons, John. À présent, vous êtes libre de reprendre vos activités. Oh ! j'allais oublier : le haut-parleur qui se trouve dans votre chambre a été remis en état. Quelqu'un s'est vraisemblablement amusé à saboter l'un des câbles. Bonne journée, John.

Une série de parasites brouille soudain la connexion. Un silence inquiétant lui succède.

Le maton obèse réapparaît et me détache sans prononcer un mot.

— Ça t'excite d'incarner le bourreau, hein ? lui dis-je à voix basse. T'as pris ton pied en voyant le cadavre de Wallace, pas vrai ?

C'est à peine s'il ose lever les yeux vers moi, comme s'il pouvait ressentir les pulsions morbides qui hantent mon esprit.

— John, tu devrais peut-être avaler un calmant. Tu as de plus en plus de mal à te maîtriser.

— Je prends note. À ce propos, comment va Lynda ?

La malveillance suinte par tous les pores de sa peau, pensé-je tandis qu'il défait mes derniers liens.

— Elle a été transférée dans le pavillon annexe. C'est là que se trouve le matériel médical d'urgence. Tu peux lui rendre visite, si ça te chante, dit-il en affichant un affreux sourire railleur. Personnellement, j'en ai ma claque de l'entendre fredonner sa satanée berceuse.

Hardy pose une main sur son ventre proéminent avant d'ajouter :

— J'ai une petite faim, moi ! Si tu me cherches, je suis à la cafétéria. À plus tard, John, lance-t-il en tapotant son inséparable taser.

Ce gros lard m'écœure et son départ m'insuffle une bouffée d'oxygène.

J'examine mes poignets.

Des hématomes circulaires virent au pourpre, là où les bracelets en cuir ont entamé ma chair. La douleur physique est supportable, mais les tourments de l'esprit ouvrent des blessures intolérables.

Je repense aux insinuations concernant le sabotage de mon haut-parleur. Je reste dubitatif, mais n'exclus pas la possibilité que quelqu'un ait sciemment cherché à me nuire en m'empêchant d'assister à l'émission quotidienne, dans l'espoir sans doute qu'on m'assène une sanction susceptible d'attirer l'attention du public sur moi… et contre moi.

La détérioration du DVD, quant à elle, demeure un mystère. Je me souviens parfaitement de l'avoir placé sous mon oreiller. En un seul morceau. Qui aurait eu intérêt à le détruire, si ce n'est la personne que ce DVD discréditait ?

Aileen…

J'ai toujours joué cavalier seul, jouissant égoïstement des sévices infligés à mes victimes. Les partager aurait engendré une rupture de ma psyché. Même la plus pure des folies ne saurait m'unir à quiconque.

Waverly Hills me met à l'épreuve. Quels que soient les secrets emprisonnés entre ces murs, aucun adversaire n'est à la hauteur de mes ambitions.

Rien ni personne ne peut plus m'arrêter dans l'escalade meurtrière qu'est ma vie.

CHAPITRE 17

Je me fonds dans le décor factice des jardins fleuris, entachés ici et là de mauvaises herbes. Une brise légère balaie les collines sablonneuses qui s'étendent au-delà des clôtures électrifiées. J'inspire profondément. Mes narines frémissent au contact de l'air. Mon corps évolue en harmonie avec la nature, malgré la désagréable sensation de baigner dans ma crasse. J'aurais pu profiter des bienfaits d'une douche, mais je ne l'ai pas fait. J'aurais pu remonter dans ma chambre, voir dans quel état l'avaient laissée leurs investigations, mais je ne l'ai pas fait.

Ici, les options sont à la fois restreintes et innombrables.

Je choisis de me rendre au chevet de Lynda. Non point pour m'enquérir de son état de santé, dont je n'ai que faire, mais parce que le pavillon annexe m'attire irrésistiblement et que j'ai enfin un prétexte valable pour m'y aventurer.

Les bâches claquent au vent, dévoilant l'ossature du toit délabré. Les hautes herbes envahissent l'arrière du bâtiment, et de ces épais taillis s'échappe un bruissement de feuilles inquiétant.

C'est là que Wallace m'avait donné rendez-vous. Je le revois me tendre l'enveloppe contenant le DVD avant de disparaître sous un écran de pluie. Le meilleur souvenir que je garderai de lui demeurera à jamais enfermé dans la chambre 502…

Je me déplace silencieusement et contourne le pavillon. Un auvent soutenu par quatre piliers de pierre abrite une terrasse jonchée de feuilles mortes. La porte d'entrée est entrouverte.

Je devine un bruit de vêtements froissés, puis des halètements étouffés, des paroles murmurées entre deux grognements.

— Ouvre la bouche… Vas-y, astique-la… Ouais, c'est ça…

Je me contente d'exercer une légère pression du bout des doigts. Un grincement sinistre trahit aussitôt ma présence. La pièce dans laquelle je pénètre est imprégnée d'une forte odeur d'éther, mais elle est totalement vide. Les seules habitantes du lieu ont tissé leurs toiles entre les poutrelles de bois rongées par l'humidité. Les courants d'air s'engouffrent sous les bâches, produisant des sifflements lugubres. L'atmosphère est digne d'un film d'horreur. La moiteur m'oppresse au point que j'ai du mal à respirer.

Je me laisse avaler par la pénombre de ce cloaque. J'avance vers l'autre porte visible. Chacun de mes pas soulève un nuage de poussière. Je perçois les tristes notes de *Rock-a-bye Baby*.

Lynda…

J'entre sans frapper.

Un mouvement brusque à la périphérie de mon angle de vue déclenche en moi un réflexe d'autodéfense : un coup de poing fendant l'air.

— Hé ! tu m'as foutu la trouille, John ! explose Michael en refermant précipitamment sa braguette.

J'observe tour à tour son visage lisse et celui, blafard, de Lynda. Elle est allongée sur un lit de fortune qui se révèle être un vieux brancard accolé à une fenêtre donnant sur un carré de fleurs. Lynda la Jumelle ne semble pas remarquer mon intrusion. La même litanie s'échappe continuellement de ses lèvres pâles barbouillées de sperme. Une perfusion court le long de son avant-bras. Un pansement rudimentaire masque l'entaille à son front.

— Salut, Michael. Qu'est-ce que tu fais là ? demandé-je innocemment tout en fouillant discrètement les angles de la pièce à la recherche d'une caméra.

— C'est ton tour. J'te la laisse, mec.

— Dis-moi, le Français, ça valait la peine, au moins ? Parce que tu viens de signer ton arrêt de mort, dis-je en avisant un petit boîtier noir dont l'œil rouge clignote.

— Elle était consentante. Pas vrai, Lynda ?

— Regarde-la, Michael. Aussi fraîche et vive qu'un légume... Qui croira que cette petite chose inoffensive a accepté que tu la lui fourres dans la bouche ? (Tout en parlant, je caresse le front moite de Lynda comme on apaise un animal promis à l'abattoir.) Leonard exerce une très mauvaise influence sur toi. Assieds-toi, tu veux ?

Il tire une chaise vers lui dans un raclement de métal. Notre intérêt commun pour Lynda se limite à espérer qu'elle rejoigne prochainement le couloir de la mort, et pourtant le comportement bestial de Michael m'interpelle.

— Alors ?

— Alors quoi ? dit-il en haussant les sourcils.

— Eh bien, comment va-t-elle ?

— Ça ne se voit pas ? Elle délire et tient des propos incohérents. J'ai trouvé un moyen de la faire taire... Pas vrai, Lynda ?

— Quel genre de propos ?

— Elle fredonne sans discontinuer et, quand il lui arrive de s'arrêter, c'est pour évoquer la présence d'une petite fille qui n'existe pas. Enfin… qui n'existe plus, selon elle. Lynda affirme que son prénom est Mary et qu'elle tente d'entrer en contact avec elle pour l'avertir de quelque chose.

— Oui, fais-je. Mary est un fantôme très réputé dans la légende du sanatorium.

— Comment peut-on péter un plomb du jour au lendemain ? demande-t-il en posant un regard insane sur Lynda.

— Question intéressante, Michael. Tout dépend de ce que tu entends par *péter un plomb*. Tu as bien précisé que ta tante te chantait cette berceuse en français, n'est-ce pas ?

Michael acquiesce. Il glisse ses mains jointes entre ses genoux serrés, comme un enfant pris en faute.

— C'était une gentille femme ?

— Oui, très !

— Cela doit remuer de sacrés souvenirs de l'entendre de nouveau. Surtout dans ce contexte.

Je tire une chaise et m'assois face à Michael.

— Tante Leonna a pris soin de moi. Elle et mon oncle m'ont sauvé des mauvais traitements de mon beau-père. Ce sont de braves gens, qui continuent à se battre pour que j'obtienne la nationalité française. Ils m'ont pardonné.

— Crois-tu qu'ils seraient fiers de ce que tu viens de faire ? Abuser d'une femme sans défense…

— Je te répète qu'elle était d'accord !

— Bien, bien ! Tu t'es déjà rendu en France, Michael ?

Ce changement abrupt de sujet semble le déstabiliser. Michael secoue négativement la tête.

Un comble ! me dis-je.

La Cour suprême devra statuer sur le cas de cet avorton américain adopté par un parent français installé aux États-Unis. Une porte de sortie efficace, mais sans garantie. S'il s'en sort, c'est à croire qu'il n'y a vraiment pas de justice dans ce monde !

— Bon, je vais te laisser avec..., commence-t-il.

— Non, attends ! On peut discuter un peu, tous les deux. Nous n'avons guère eu l'occasion de faire connaissance.

Michael le Français paraît soudain terrifié à cette idée. Ça ne m'enchante pas non plus, surtout en restant à proximité de la cinglée qui chantonne juste à côté, mais certains jeux peuvent se révéler très instructifs.

Et j'ai très envie de jouer.

— Je suis si effrayant, Michael ?

— De quoi veux-tu qu'on parle ?

— C'est étrange, tu ne trouves pas ? Malgré tous les systèmes sophistiqués qui sont censés épier nos moindres faits et gestes, l'un d'entre nous est parvenu à déjouer les caméras et à infliger une mort atroce à ce pauvre Wallace. Apparemment, son assassin a saisi l'opportunité d'une coupure de courant pour passer à l'acte. Mais il y a quand même une petite chose qui me chagrine...

Je fais mine de m'absorber dans une intense méditation, le temps que Michael digère mon discours. À mon grand étonnement, il ne manifeste aucune réaction. Pas même un froncement de sourcils.

— En fait, c'est beaucoup plus qu'un détail, ajouté-je. Comment, selon toi, le meurtrier s'y est-il pris pour convaincre Wallace de le suivre, en pleine nuit, dans la chambre 502, malgré l'interdiction formelle d'y pénétrer ?

Michael fixe la fenêtre comme un oiseau prisonnier rêvant de liberté. Il ne parvient pas à me regarder en face, comme s'il craignait que je lise dans ses pensées.

— Je l'ignore, John. Je ne vois rien qui puisse justifier un tel acte de cruauté.

— Oh… moi, je devine des dizaines d'explications… Bref. Quand même, il y a quelque chose qui cloche… vu la manière dont Wallace a été éventré et la quantité de sang sur le sol. Celui qui a fait ça devait avoir les vêtements souillés et probablement le visage éclaboussé par les projections d'hémoglobine. Je suppose qu'il a dissimulé les habits quelque part dans le sanatorium, tout comme l'arme du crime. Mais il a bien fallu qu'il se lave de toutes ces saletés… et ça laisse des traces. Tu n'es pas d'accord, Michael ?

En entendant son prénom, le Français paraît surpris, comme s'il s'apercevait seulement maintenant de ma présence.

— Ça tient la route, approuve-t-il. Je ne suis pas expert en la matière. Par contre, c'est drôle… toi, tu as l'air de t'y connaître. Tu ferais un excellent enquêteur, John. Et tu veux vraiment que je te dise ce que je pense ? Les meilleurs profileurs sont aussi les criminels les plus doués pour rouler la police, parce qu'ils savent justement déjouer tous les pièges.

Je ne peux m'empêcher d'éclater de rire, malgré un puissant désir d'effacer cette petite expression satisfaite qui flotte sur son visage de chérubin.

— Tu me suspectes, Michael ? Je devrais sans doute me sentir flatté, mais je ne peux pas être l'auteur de ce carnage.

— Ah oui ? Pourtant, tu as toi-même dit que nous étions tous susceptibles d'avoir commis cet acte.

— Tous, à une exception près… Wallace n'était vraiment pas mon style de femme !

— À ce propos, rétorque Michael, méfie-toi d'Aileen. Je crois que tu es tout à fait son style d'homme…

Je serre les dents sur un sourire inamical en découvrant une nouvelle facette de la personnalité de Michael. J'ai la certitude qu'il ne me dit pas tout, comme s'il s'amusait à distiller un poison au goutte-à-goutte.

— Au fait, lâché-je, j'ai aperçu Terrance te glisser un mot à l'oreille, tout à l'heure, en salle de détention. Ça avait l'air important.

— Terrance me faisait part de ses soupçons. Il pense qu'Aileen a tué Wallace.

— Et sur quoi se fonde-t-il ?

— Elle est la dernière personne à l'avoir vu vivant. Juste après l'émission quotidienne, Terrance les a surpris alors qu'ils entraient dans la chambre d'Aileen. Ils ont eu une discussion plutôt houleuse, paraît-il.

Ma mémoire s'active.

J'entends des murmures s'élever d'une pièce voisine, mais je ne suis pas en état d'espionner qui que ce soit.

C'était juste avant que je ne plonge dans un profond sommeil.

— Et toi, Michael, tu étais où, pendant ce temps ?

Il hésite avant de répondre. Ses mains tremblent entre ses jambes.

— Je suis allé prendre une douche. Tu peux vérifier auprès de James, il était avec moi.

— Des sodomites ? À Waverly Hills ? Fourrer des chattes ne te suffit pas ?

— Ferme-la, John !

— Faut pas avoir honte, Michael. On a tous nos petits penchants inavouables…

— C'est pas ce que tu crois ! hurle-t-il en bondissant de son siège.

— Pourquoi tu t'énerves ? Je plaisantais ! Attends !

Michael se précipite vers la porte et sort en trombe en la claquant comme s'il avait le diable aux trousses.

Je me retiens pour ne pas sourire à la caméra qui me défie toujours à l'angle du plafond. Celui – ou celle – qui actionne les manettes a dû se rincer l'œil en matant son écran.

Alors que je m'apprête à quitter la pièce à mon tour, je perçois un changement d'ambiance. Le silence plane soudain sur moi, comme un vautour sur sa proie.

Lynda a cessé son fredonnement mortifère. Depuis combien de temps ? Je l'ignore.

Je pivote d'un quart de tour vers le brancard. Deux yeux exorbités, déformés par l'épouvante, me dévisagent avec une intensité dérangeante. Ses lèvres blêmes remuent et s'étirent sur un cri muet. Lynda a le bras levé, un index accusateur pointé dans ma direction. Elle s'efforce de parler, mais sa respiration sifflante l'empêche d'articuler.

Au milieu des borborygmes qui s'échappent de sa gorge serrée, je ne parviens à saisir qu'un seul mot.

Mary.

Chapitre 18

Mary…

Je fais volte-face, mû par la curiosité, mais mon excitation s'évanouit en constatant que je suis désespérément seul avec Lynda.

Le mec en costard-cravate qui s'était déplacé jusqu'au pénitencier de Lucasville pour me faire signer le contrat de participation à *Criminal Loft* avait pris un malin plaisir à me raconter la légende de Waverly Hills. Mary faisait partie du mythe. Il l'avait décrite telle que Lynda avait cru l'apercevoir – forme éthérée versant des larmes de sang. Selon lui, la môme aurait été hospitalisée au début des années 1930. Privée de la présence de ses parents et maternée par des patients qui frôlaient la démence, elle aurait succombé, après une longue agonie, à de terribles expérimentations sur le corps humain.

Je ne connais pas la peur. Et pourtant, quel nom donne-t-on au sentiment qui m'a paralysé au milieu d'un couloir à la vue de ce spectre lumineux ? Je peux concevoir que Lynda perde, elle aussi, la faculté de discernement qui nous garde ancrés à la réalité.

Je m'approche d'elle.

La terreur peinte sur son visage n'est pas feinte. Son imagination a recréé le fantôme de Mary et il existe forcément un déclencheur émotionnel à la base de ses hallucinations.

Rien à voir, cependant, avec les exactions du Français.

— Mary…, murmure Lynda avant de retomber en position allongée, reprenant l'air de *Rock-a-bye Baby*.

Ce corps offert aux sévices que développe ma psyché suscite en moi une poussée d'adrénaline. Ma créativité en matière de cruauté ne cesse de croître. Des scènes de violence défilent en déclenchant, comme chaque fois, un bouleversement chimique de mon organisme.

Ma vue se brouille pour laisser place au fantasme ; l'excitation fait bouillir mon sang jusqu'à provoquer fièvre et tremblements ; mes muscles tendus me confèrent une puissance qui participe à l'assouvissement de mon appétit sexuel.

Ma seule échappatoire à ces pulsions est de considérer l'état catatonique du sujet qui se trouve allongé devant moi. Son incapacité à ressentir pleinement ce que je lui infligerais n'engendrerait que frustration. Quel plaisir tirerais-je à m'attaquer à une proie lymphatique, obnubilée par le fantôme d'une gamine, qui n'opposerait aucune résistance à mes assauts ?

Outre le fait que Lynda la Jumelle n'éveille en moi qu'un profond dégoût, j'ai parfaitement conscience – contrairement à Michael – que l'œil de la caméra ne m'épargnerait pas.

Je m'éloigne à reculons. La poitrine de Lynda se soulève au rythme de sa respiration régulière. Son visage est tourné vers la fenêtre, si bien que je ne peux voir ses yeux, mais je devine qu'ils ont la couleur des abîmes dans lesquels ses névroses l'entraînent.

Je quitte le pavillon annexe, habité par un sentiment d'inachevé qui me rend très nerveux.

Ma perception de l'environnement est décuplée. Le hurlement des coyotes au-delà des collines. Le battement d'ailes d'un oiseau qui froisse l'air et vient se poser sur une branche d'arbre. J'observe l'oiseau sans bouger. Ses piaillements cessent. Il est si fragile, tellement innocent…

La vision de ce petit volatile m'obsède. J'ai envie de lui ôter sa liberté, de l'emprisonner au creux de mes mains, de le regarder se débattre. J'aimerais le cueillir sur son abri et le sentir se vider comme un fruit trop mûr.

J'entends soudain des bruits de pas précipités.

L'oiseau s'envole, m'abandonnant à mes désirs inassouvis.

La carcasse imposante de Leonard se profile dans les jardins, le long du bâtiment principal. Une silhouette plus fluette sillonne la terre fraîche en le suivant péniblement. Lorsqu'ils arrivent à ma hauteur, ma première réaction est de m'écarter. Ces énergumènes viennent d'empiéter sur mon espace vital et je ne suis pas dans l'état requis pour les recevoir.

— John, Michael nous a dit qu'on te trouverait ici, halète Terrance le Chétif.

Son haleine empeste l'ail.

— On a découvert quelque chose, continue Leonard.

— Et de quoi s'agit-il ? m'enquiers-je.

— Suis-nous, on va te montrer.

Ils font aussitôt demi-tour. Je leur emboîte le pas, malgré un mauvais pressentiment, et je me retrouve embringué au milieu des jardins, puis dans un épais sous-bois dont j'ignorais l'existence.

Les terres qui s'étendent autour du sanatorium sont bien plus vastes que je ne l'aurais cru. Le bâtiment principal paraît rétrécir à vue d'œil au fur et à mesure que nous nous en éloignons. Terrance s'immobilise pour reprendre son souffle. La peau d'ébène de Leonard se pare d'un voile de sueur qui brille sous un rai de soleil, nimbant les fourrés d'une étrange luminosité. De fines particules flottent dans l'air, empreint du parfum des feuillages encore imprégnés de pluie. Nos chaussures s'enlisent dans le sol boueux, mais je continue à avancer en apercevant une ouverture creusée au milieu de la végétation.

— Le *Death Tunnel*! clame Terrance dans mon dos.

Je progresse prudemment. La galerie en béton s'enfonce sous terre, mais les ténèbres qui y règnent m'empêchent de discerner quoi que ce soit à plus de cinq mètres.

— Je suppose qu'il s'agit du fameux tunnel qui servait à acheminer les cadavres des patients, non ? Lequel d'entre vous a vu l'entrée ?

— C'est moi, avoue James en surgissant de l'obscurité. Et z'ai aussi trouvé ça…

La surprise me fait reculer d'un pas. Je plisse les yeux pour identifier ce qu'il me tend : des vêtements tachés de sang sur lesquels repose un couteau à lame courte.

— James est venu m'avertir. Il était paniqué, ajoute Terrance. Nous avons croisé Leonard et il nous a conseillé de te prévenir.

— Pourquoi moi, les gars ?

— À toi de juger.

James déplie le peignoir ensanglanté qu'il avait roulé en boule. Sous une croûte séchée, on devine un prénom cousu de fil d'or.

Le mien.

— Pourquoi me regardez-vous comme ça ? demandé-je. Vous pensez vraiment que le sang sur ce vêtement est celui de Wallace et que le simple fait que mon nom figure dessus me désigne comme coupable ? Vous n'êtes qu'une bande d'imbéciles… N'importe qui aurait pu subtiliser mon peignoir. Je l'avais oublié dans le dressing, le matin même.

Au fait, Terrance, tu leur as raconté que tu soupçonnais Aileen ?

— J'ai juste dit à Michael qu'elle s'était fritée avec Wallace quelques heures avant sa mort.

— N'empêche que c'est ton peignoir, John ! Pas celui d'Aileen !

— Justement. Si j'avais voulu tuer le Croque-mort, je me serais abstenu d'utiliser le mien. Quelqu'un essaie de me faire porter le chapeau ! C'est tellement flagrant que je m'étonne que même vos cervelles de moineau n'y aient vu que du feu ! James, c'est bien toi qui l'as trouvé ?

James acquiesce.

— Il t'a fallu t'aventurer loin pour découvrir l'entrée du tunnel, dis-je. C'est une drôle de coïncidence que tu aies déniché si vite l'endroit où le tueur a dissimulé les preuves… Mais peut-être savais-tu où chercher, tout simplement parce que c'est toi qui les avais déposées ?

James bute sur les mots, signe évident de nervosité.

— Ze… ze… non !

— Ben ouais, James… John marque un point, ça sent le coup monté, mon vieux, assène Leonard.

— OK, coupe Terrance. Je propose qu'on remette nous-mêmes ces trophées aux matons. Ils les feront certainement analyser et…

— Pas question ! proteste Leonard. Ils risquent de nous inculper tous les quatre… La soirée des éliminations a lieu demain soir. J'ai pas l'intention de bousiller mes chances de continuer l'aventure. Faites comme vous voulez, les gars, mais moi, je marche pas.

— Pourquoi tu penses que ça nous porterait préjudice ? On a juste découvert des preuves qui ont sûrement trait au meurtre de Wallace… On n'a pas le droit de la boucler.

— Leonard a raison, dis-je. Nous deviendrons les cibles du public. Ils croiront à une conspiration. De toute façon, je doute que le véritable coupable ait laissé la moindre empreinte ou trace ADN. Il a tout prémédité.

— Ça t'arranze bien, Zohn ! s'écrie James. C'est ton nom qu'est cousu ! C'est toi qu'ils vont lyncher derrière leur petit écran ! On s'en fout de savoir qui est l'assassin. Ze te fiche mon billet que, quand ils verront ça, ils voteront contre toi !

Je plante mon regard dans le sien. Je le dépasse suffisamment pour affirmer mon emprise.

— Je suis prêt à parier que les téléspectateurs partageront mon raisonnement. N'oublie pas qu'ils sont friands de séries policières, de documentaires sur les enquêtes criminelles, de romans gothiques, sans compter les faits divers dont on les abreuve dans la presse ou sur Internet. Certains finissent même par se croire incollables en médecine légale ou en profilage, simplement parce qu'on leur farcit le crâne d'informations liées au crime. Tout ce qui est trop évident devient suspect. Et si c'est le cas, ta théorie tombe à l'eau, James, et l'attention du public se retournera contre vous. À toi de juger si tu es disposé à prendre ce risque.

Un long silence succède à mon exposé. Je ne suis pas peu fier d'avoir semé le doute. J'ai l'intime conviction que celui qui essaie de me faire plonger est l'un des trois types qui m'encerclent.

Pourtant, quel intérêt aurait-il eu à m'attirer jusqu'à ce tunnel ? Pourquoi ne pas avoir remis le peignoir griffé à mon nom, ainsi que le couteau, directement aux matons ?

Parce qu'il voulait tester mes réactions et s'entourer de témoins ; inclure dans la boucle d'autres suspects pour détourner de lui les soupçons, tout en s'assurant qu'on trouverait ces preuves.

Si j'avais éprouvé la moindre satisfaction à revendiquer un crime commis par un autre, peut-être me serais-je même dénoncé, malgré mon innocence. Mais je réponds parfaitement à la définition du tueur organisé : gonflé d'un ego surdimensionné, dénué d'empathie, sadique sexuel, fétichiste et doté d'un mode opératoire très élaboré. Je n'ai nul besoin d'endosser les forfaits d'autrui pour exister. Cette farce qui consiste à semer des indices, comme si nous participions à une chasse au trésor, commence à me taper sur les nerfs.

La chasse est mon terrain de jeu.

Et il ne peut y avoir qu'un seul prédateur.

—Alors, on fait quoi ? interroge Terrance. On les remet à leur place comme si de rien n'était ?

—Il y a une autre solution…

Une branche craque juste derrière nous, faisant s'envoler des dizaines d'oiseaux dans une cacophonie de croassements et de battements d'ailes. Nous nous retournons brusquement. Les deux matons sont fermement campés à quelques mètres de nous et nous observent comme s'ils traquaient des chiens errants.

—…et cette solution, c'est de nous donner calmement ces pièces à conviction, déclare le gardien obèse. James, avance de trois pas vers moi, très lentement. Les autres, pas de gestes inconsidérés, ou vous découvrirez les dommages que peuvent causer cinquante mille volts traversant un corps humain. J'en ai vu déféquer dans leur froc dès la première décharge !

James s'exécute.

Je sens tous leurs regards peser sur moi. Comment les surveillants ont-ils su que nous étions là ? pensé-je. Et, presque aussitôt, ma tête s'incline en arrière, les yeux levés vers les cimes où se nichent des dizaines de caméras. Des câbles s'entortillent comme du lierre autour des branches.

Le second maton s'empare du petit tas que lui tend James et le glisse dans un sac plastique.

— Transmets-les pour analyse, lui ordonne son collègue. En attendant, dit-il en se tournant vers nous, vous resterez consignés dans vos chambres jusqu'à demain soir. Estimez-vous honorés : votre humble serviteur vous livrera vos repas à domicile ! Votre escorte est prête, messieurs ! Soyez dociles et tout se passera bien…

— Et les autres ? s'insurge Leonard. Aileen, Michael et Lynda ? On les laisse en liberté, eux ?

— Que veux-tu, Leonard, c'est le jeu ! Certains ont le don d'être au mauvais endroit, au mauvais moment. Faut croire qu'ils sont chanceux.

À bien y réfléchir, je me demande si notre sort n'est pas plus enviable que le leur. Wallace – et tant d'autres avant lui – ne me contredirait pas, quand j'affirme qu'errer dans les couloirs de Waverly Hills peut être fatal.

J'étais loin de soupçonner la vérité…

CHAPITRE 19

Quatre murs aveugles et l'atmosphère étouffante d'une cellule capitonnée au fond d'un asile, où l'aliéné n'est pas celui qui porte une camisole, mais une créature libre qui observe le comportement de sept pensionnaires triés sur le volet, tout en dégustant du scotch dans un verre en cristal de Baccarat.

Sans toutefois en retirer la moindre satisfaction, l'Ombre assista sans broncher au viol de Lynda. La décence aurait voulu qu'elle mette un terme à cette scène abjecte. Dans d'autres lieux, d'autres circonstances, peut-être... Pour l'heure, lâcher une procession de pervers à ses trousses sublimait sa rédemption. Elle avait sous-estimé l'incroyable potentiel que représente l'enfermement de huit fauves en cage. Son rôle consistait cependant à veiller à ce qu'ils ne sabotent pas *sa* volonté en s'entre-tuant. Son programme reposait sur un fondement essentiel : la survie. Tandis qu'une main tremblante transcrivait ses observations, le voyant rouge du téléphone se mit à clignoter.

— On a trouvé les pièces à conviction.

— Parfait. Vous savez donc comment procéder.

— Les esprits s'échauffent, ici...

— C'est ennuyeux, je l'admets. J'ai même dû couper certaines séquences au montage. À ce propos, faites en sorte que Michael s'assagisse. Son attitude est, comment dire ? inappropriée.

— Pourquoi ne prononcez-vous pas une sentence à son encontre ? C'est la règle…

— Un peu de jugeote, voyons ! Il m'est impossible de sanctionner *publiquement* un acte censuré à l'écran. Les téléspectateurs se sentiraient encore floués d'en avoir été privés. Les internautes affichent sans ambages leur boulimie sordide, mais la pérennité du jeu exige de modérer cet appétit. L'avantage, mon cher ami, quand on édicte les règles, c'est la liberté dont on dispose pour les contourner.

— Oui, bien sûr.

L'Ombre raccrocha doucement le combiné. Son index, parfaitement manucuré, décrivit des arabesques sur l'un des écrans alors que la rage la dévorait de l'intérieur.

Il était temps d'inaugurer l'épreuve suivante.

Semaine 2

L'Épreuve du miroir

« On ne gagne pas parce qu'on est meilleur,
mais parce qu'on est pire. »

Anonyme

Chapitre 20

Chambre 504.

Je tourne comme un lion en cage, depuis que le maton obèse a verrouillé la porte de ma chambre. Jusqu'ici, j'avais su apprivoiser mon nouvel espace de liberté et, malgré toutes ces années passées dans une cellule de six mètres carrés, j'étouffais à l'idée même de rester cloîtré dans cette pièce qui en comptait le double.

« S'adapter, c'est dominer » : voilà le seul enseignement que m'a laissé mon bref passage dans l'armée, avant que je sois réformé pour comportement à caractère violent à l'encontre du chef d'unité. Je l'avais pourtant prévenu qu'il boufferait sa langue s'il s'évertuait à me parler comme à son clébard.

La vie est une succession de matricules. On naît avec un matricule, on vous en attribue un autre lorsque vous enfilez l'uniforme, et encore un autre quand vous entrez dans le couloir de la mort.

« S'adapter, c'est dominer. » Je m'accroche à ce précepte tandis que j'observe le jour décliner, flamboyant au sommet des collines.

Être seul avec soi-même est la pire expérience que je connaisse, parce qu'elle nous invite à développer des fantasmes auxquels nous devons parfois renoncer. Un auteur français a écrit : « L'enfer, c'est les autres. » Vu de ma fenêtre, l'enfer est un état très personnel. Les autres ne sont que des éléments dont je dispose pour apaiser le brasier qui ravage mes sens.

Le silence est un terrain fertile à l'introspection et, depuis de longues heures, je lutte pour ne pas plonger dans la délicieuse noirceur de mes pensées.

Et je tourne, sous l'œil froid de la caméra, jusqu'à ce que la providence me sourie enfin. J'entends le roulis du chariot en acier. On vient me livrer mon dîner.

La porte s'ouvre.

Je tente de masquer ma surprise en découvrant la silhouette fluette de *Laurel*, alors que je m'attendais à celle du maton obèse.

— Ton repas est là, John. Au programme, ce soir : épi de maïs, bacon en tranches, pancake et sirop d'érable. J'ai pensé qu'un verre de soda agrémenterait parfaitement le tout. Régale-toi !

J'inspecte le plateau avant de répondre sèchement :

— Il manque les couverts.

Laurel se raidit.

— Non. Le menu a été élaboré pour que tu n'aies pas à t'en servir. Après ce qui est arrivé à Wallace, nous avons suspendu momentanément l'usage de tout objet susceptible d'être utilisé comme une arme.

— Ah oui ? Pourtant, vous m'obligez à manger avec les doigts, n'est-ce pas ? Crois-moi, on peut tuer à mains nues… Vous comptez aussi me les trancher ?

— Question intéressante. Je la soumettrai à mon supérieur…

— Ton supérieur ? Tu parles du maton obèse qui te traite comme son esclave ? Fais ceci, fais cela. Ce doit être infernal de toujours se plier à la volonté de ce gros lard.

Le masque terreux qu'affiche *Laurel* se pare d'un sourire crispé.

— Ne me dis pas que tu n'as jamais rêvé de lui faire la peau ! m'exclamé-je. Rassure-toi, c'est une réaction saine que de vouloir conserver sa dignité. Ce type-là n'a aucun respect pour le travail que tu accomplis. Je suis certain qu'il te rabaisse sans arrêt en t'affublant de surnoms grotesques…

— John, coupe-t-il, tu ferais mieux de manger. Ton bacon va refroidir.

Je bois une gorgée de soda et m'assois sur le rebord du lit, sans prêter attention à la nourriture posée devant moi. Puis je reprends mon lavage de cerveau en l'abordant différemment :

— Heureusement pour toi, la situation n'est que temporaire. Et puis, je suppose que tu t'es fait des potes parmi le staff. Oh, ils sont discrets, toujours dans l'ombre, mais je présume qu'ils sont nombreux pour que la boutique tourne. Techniciens, cameramen, infirmiers…

— Le staff ? réplique-t-il d'un ton nerveux. Y en a plus depuis la mort de Wallace. Ils ont tous été congédiés pour leur propre sécurité. Ils ne se sont pas fait prier. Ils occupaient les chambres au premier étage et stockaient leur matériel au troisième. C'est pour cette raison que l'accès vous était interdit.

Je jubile intérieurement. Cet avorton se livre à moi aussi facilement qu'une fillette. Il vient de confirmer les doutes que je nourrissais depuis qu'ils avaient transporté eux-mêmes Lynda jusqu'au pavillon annexe, alors qu'un infirmier s'était déplacé lors de son premier malaise dans le parloir.

— Mais toi, ils t'ont demandé de rester, dis-je. Et maintenant, tu es sous l'emprise de l'autre maton. Tu aimerais fuir, mais tu ne peux pas. Alors, tu apportes leurs repas aux candidats pour te soustraire à l'omniprésence de ce porc. C'est compréhensible... Cependant, si le staff a été dissous, qui s'occupe de filmer et de retransmettre les images ? Je suis néophyte en matière de show télévisé, mais je suppose qu'il faut bien quelqu'un aux manettes ?

Laurel fait tinter le trousseau de clés au creux de sa paume et recule d'un pas, comme s'il s'apprêtait à quitter la pièce. Son regard croise celui de la caméra, mais je m'aperçois que sa manœuvre est destinée à sortir de son champ visuel.

— J'aurais jamais dû te parler de tout ça... Tu dois manger, maintenant, John. J'ai déjà passé trop de temps avec toi.

— OK ! Je ne voudrais pas que tu aies des problèmes à cause de moi. Je suis juste curieux d'apprendre comment tous ces trucs sophistiqués fonctionnent, dis-je en brassant l'air.

Laurel hésite avant de répondre.

— Un ordinateur central a pris le relais. Il est relié directement aux autorités ainsi qu'à la chaîne qui diffuse l'émission. Mon supérieur et moi assurons uniquement la maintenance courante. C'est tout ce que je sais.

J'opine du chef. L'ère des machines envahit le monde des hommes au point de les rendre inutiles. Dangereux constat.

— Merci pour ta franchise, *Laurel*.

— Tu veux me faire plaisir, John ? Arrête de m'appeler *Laurel*.

Je lui réponds par un sourire au bacon qui ne semble pas l'amuser. Il fronce les sourcils avec une moue écœurée en fixant le morceau de viande coincé entre mes dents.

— Je repasserai récupérer le plateau demain matin, lâche-t-il avant de refermer la porte derrière lui.

*

Avant demain matin… il y a la nuit, susurre une voix intérieure tandis que je somnole sur mon lit, attendant d'être aspiré dans le tourbillon de mes rêves.

Je sombre peu à peu dans une pénible torpeur. Je grelotte, me glisse dans les draps en constatant les signes avant-coureurs d'une mauvaise fièvre. Mes muscles endoloris ont perdu leur tonicité et la sueur perle sur mon front en déposant un goût de sel sur mes lèvres. J'ai dû choper une saloperie de virus. L'humidité transforme le sanatorium en infâme vivier où se nichent toutes sortes de bactéries.

J'essaie de fermer les yeux, mais un bruit familier me tient éveillé. Je ne parviens plus à dissocier la fiction de la réalité. J'exècre cet état transitoire qui précède l'endormissement, comme si un fil tendu s'acharnait à maintenir mon subconscient à la surface.

Je n'ai qu'une seule envie : m'immerger dans le rêve pour y assouvir mes fantasmes, mais un son m'empêche de lâcher prise.

Bing… bing…

Cette fois, je lutte pour repérer la source. Ma chambre est plongée dans l'obscurité et je ne distingue plus que le voyant rouge de la caméra qui clignote… clignote… comme un cœur qui bat.

Bing… bing…

Le bruit se rapproche, amplifié par le silence de la nuit.

Quelqu'un s'amuse à faire rebondir cette balle sans relâche, mais je suis incapable de me mouvoir. Même le contact du drap sur ma peau provoque une douleur insoutenable.

Je suis si… fatigué.

Que m'arrive-t-il ?

Progressivement, l'évidence crève l'écran de brume qui enveloppe mon esprit. Il n'y a pire torture psychologique que de maintenir un homme éveillé durant des heures. L'histoire s'est chargée de démontrer que ce supplice conduit inévitablement à la folie.

Les créateurs de ce jeu seraient-ils encore plus pervers que nous-mêmes ? Jusqu'où iraient-ils pour satisfaire l'appétence malsaine du public ?

Bing… bing…

Peu à peu, je glisse… me désagrège… et sombre enfin dans le néant.

CHAPITRE 21

1996.

Il y a des semaines que je l'épie. Je connais ses habitudes. Anita vit seule dans un appartement miteux dont le loyer est trop élevé. L'unique fenêtre, côté rue, révèle un intérieur étroit. Tous les efforts qu'elle fera pour le rendre vivable seront vains. Comme ces bibelots achetés au rabais, ces lampes qu'elle confectionne pendant ses jours de congé et ces tentures bariolées censées cacher les traces d'humidité qui imprègnent les murs.

À 7 h 30 précises, elle quitte son immeuble pour emprunter la 52e Rue, s'arrête pour boire un café avant de rejoindre l'agence immobilière où elle travaille. Ce matin, elle porte une robe courte évasée qui flotte sur ses hanches. Ses escarpins la font souffrir ; je le remarque à sa démarche hésitante. Son visage est triste, comme si elle avait deviné que ce jour serait le pire de sa misérable existence. Je patiente dans le square qui donne sur la devanture de la succursale. Le soleil se reflète sur les annonces où s'exhibent de luxueuses baraques qu'elle ne pourra jamais s'offrir. Je la vois déambuler et sourire aux potentiels clients, qui ne prêtent qu'une attention toute relative au baratin mille fois rabâché.

Parfois, lorsque l'agence est vide, elle pleure sur un coin de bureau, tire un mouchoir de son sac pour s'essuyer les yeux et reprend le cours de sa vie.

À midi, elle quitte les lieux et vient s'asseoir dans le square. Elle ouvre la cellophane qui entoure son sandwich et fixe un instant ce dernier avant de mordre dedans. Son regard est absent. Rivé à un point invisible.

Peut-être à l'illusion d'un avenir meilleur ? Au souvenir d'un amant fougueux ? Où que ses pensées l'embarquent, elles finiront par me revenir.

En attendant, je m'abreuve de sa tristesse. Savoure l'extase que me procurent ses larmes. Puis elle se lève, jette le repas à peine entamé dans la même poubelle, chaque jour, et déplie un journal qu'elle lit en commençant par la fin. Sans doute s'attache-t-elle davantage aux prévisions astrologiques qu'à l'actualité. Une aubaine ! Il aurait été dommage qu'elle s'attarde sur les faits divers. La rubrique du jour évoque le viol et le meurtre d'une jeune femme de race blanche retrouvée dans un état de décomposition avancée, sur le parking d'un motel à quelques rues du square. Une méfiance accrue aurait compliqué ma tâche.

Elle l'ignore, mais je lui ferai également l'honneur de se voir consacrer un entrefilet. Et peut-être même un article complet ?

Pour le moment, elle regagne l'agence et n'en ressort qu'à 18 heures.

Je suis là.

Je l'ai attendue patiemment, élaborant mon plan d'action avec minutie, savourant prématurément les sévices que j'allais lui infliger.

Elle reprend la 52e Rue en direction de son domicile. Elle boite. Ne s'arrête pas au café dont l'enseigne clignote déjà en projetant une lumière blafarde sur le trottoir. Les effluves de son parfum flottent dans l'air que je respire. Je marche dans ses pas, comme une ombre accrochée à la sienne. Elle s'engouffre dans son immeuble en faisant tinter un jeu de clefs entre ses doigts.

Sans le savoir, elle manipule une arme redoutable. L'acier me crèverait un œil si elle décidait de s'en servir pour répliquer…

J'entre à mon tour et me faufile sans bruit derrière elle.

La terreur dans ses yeux me galvanise lorsque je plaque une main sur sa bouche, mon scalpel dansant dans l'autre. Ses pupilles hypertrophiées suivent frénétiquement l'éclat de la lame. Sa mâchoire craque sous la pression de ma paume. Ses narines se dilatent en cherchant désespérément un filet d'air. Ses muscles se tendent à se rompre sous le manque d'oxygène.

Je l'oblige à déverrouiller la porte de son appartement et l'entraîne à l'intérieur. Un liquide chaud s'écoule entre ses jambes.

— Quelle petite fille négligée tu fais, murmuré-je à son oreille.

La menace d'un scalpel facilite considérablement les préliminaires… J'obstrue sa bouche de ruban adhésif et la précipite sur le carrelage.

Elle est à point. La nuit m'appartient…

Soudain, l'improbable se produit. Une alarme se déclenche dans ma tête. Je maintiens fermement ma prise. Mes pulsations cardiaques s'accélèrent. Le bruit s'intensifie. Un cri strident me vrille les oreilles. La matière se liquéfie entre mes doigts. Elle s'évapore… Non, rendez-la-moi !

Une voix résonne brusquement dans ce décor surréaliste où tout bascule, se délite, disparaît…

Chapitre 22

Une lumière aveuglante éclabousse mon visage. Mes paupières se soulèvent péniblement et se referment aussitôt, réflexe conditionné en réponse à une agression visuelle.

— Hé, John ! Tu sais l'heure qu'il est ? Faut se préparer pour l'émission, mon vieux ! C'est le jour des éliminations, tu te souviens ?

— Ferme-la, Terrance, dis-je en rabattant le drap sur ma tête. On a jusqu'à ce soir…

— Mais on y est ! Sinon, je serais pas là à essayer de te tirer de ton lit ! J'ai été consigné jusqu'aux éliminations, tu te rappelles ? Ils viennent juste de me libérer.

— Tu te fous de moi ? Il fait plein jour !

— Oh, toi, t'as pris un coup de lune… C'est pas le soleil qui t'éblouit. T'as fait le tour du cadran, mon pote !

— Je ne suis pas ton pote, Terrance. Lâche-moi, tu veux ?

J'entends la porte qui se referme et des chuchotements en provenance du couloir. Je pose un pied à terre. Puis l'autre. J'ai la sensation d'évoluer dans le brouillard et une douleur lancinante joue du marteau-piqueur dans ma cervelle.

Lorsque j'ouvre enfin les yeux, la stupéfaction m'arrache un hoquet de surprise. La fenêtre encadre une fresque sombre percée d'un halo phosphorescent. La lune me nargue avec sa clarté virginale.

J'ai dormi vingt-quatre heures d'affilée.

Je repasse mentalement la chronologie des événements.

Le pavillon annexe où Michael abuse de Lynda. L'oisillon perché sur sa branche. Le Death Tunnel. *Le peignoir ensanglanté. L'isolement. Puis un trou noir ouvert sur un abîme de rêves…*

À ma connaissance, il n'existe qu'une seule cause capable de déclencher hallucinations, paralysie et amnésies partielles : l'absorption de psychotropes.

Comment ?

Je sonde chaque recoin de la pièce. Ma chambre m'apparaît soudain beaucoup moins accueillante avec ces traces de moisissure qui dévorent un angle du plafond et ce curieux spécimen de rongeur à longue queue qui cavale pour se planquer sous mon lit.

Subitement, mon estomac se rétracte dans un horrible spasme. Mon buste se renverse, poignardé par la nausée qui remonte dans ma gorge et libère un jet trouble et poisseux. Je fixe la flaque de vomi, puis relève le menton pour aspirer une goulée d'air.

Les murs tanguent autour de moi.

Ne pas lâcher prise.

Je focalise mon attention sur la bouteille de soda.

La réponse est sous mon nez, depuis le début.

Depuis mon premier repas…

Les concepteurs de ce jeu n'ont jamais eu l'intention de nous laisser vivre.

Nous étions perdus avant même d'entrer à Waverly Hills…

Chapitre 23

— Mesdames, mesdemoiselles, messieurs, bonsoir ! Bienvenue sur le plateau de *Criminal Loft* !

(Applaudissements.)

» Vous êtes des millions de téléspectateurs à suivre l'aventure de nos lofteurs ! Nous comptabilisons déjà plus de deux cent trente mille commentaires postés sur Twitter ! Ce soir, vos votes désigneront l'un d'entre eux afin qu'il quitte le loft et retourne dans le couloir de la mort !

(Acclamations.)

» Comme vous le savez, un homicide a bouleversé le cours des événements. Wallace Parker, condamné à la peine de mort pour avoir violé et assassiné sa belle-fille, a lui-même été victime d'un crime atroce ! On me prévient, à l'instant, que des pièces à conviction ont été saisies et transmises pour analyses afin de déterminer le coupable de cet acte odieux... Ce terrible drame changera-t-il vos votes ? Nous le découvrirons dans un peu moins de deux heures. En attendant, retrouvons nos lofteurs, en direct de Waverly Hills !

(Hurlements.)

» L'ambiance est électrique, ce soir ! Le show le plus brûlant qui ait jamais existé vous réserve encore bien des surprises ! Au programme : vous découvrirez qui était réellement Wallace Parker !

(Applaudissements.)

» Nous vous ferons partager les témoignages des enquêteurs qui ont procédé à l'arrestation de ce dangereux criminel !

» Bien sûr, nous vous tiendrons informés du moindre rebondissement concernant la vie au sein du loft !

» Je vous réserve également une petite surprise... Alors, restez avec nous sur Channel 9 !

(Applaudissements.)

» Et n'oubliez pas, vous seuls serez juges de qui doit vivre ou... mourir !

» À présent, retrouvons Aileen, John, Lynda, Michael, Terrance, James et Leonard, en direct de... *Criminal Loft* !

Ils nous ont rassemblés dans le grand vestibule, comme ils l'ont fait le soir de notre arrivée.

En rejoignant la file, je m'attendais à ce que les matons nous escortent jusqu'à la salle de détente où sont habituellement filmées les émissions quotidiennes. Mais, apparemment, le show hebdomadaire déroge à la règle.

Je crois que l'aspect singulier du hall sied davantage à l'effet spectaculaire que veulent produire les créateurs de ce jeu-réalité.

Ma récente prise de conscience m'incite à éviter tout contact visuel avec les autres candidats, et plus encore avec les surveillants.

Je me concentre pour ne pas flancher et accepter mon état physique des plus déplorables. J'ai retrouvé la mobilité de mes jambes et de mes bras, mais une désagréable sensation de flottement ne me quitte pas. Les bourdonnements dans ma tête finiront par s'estomper et je pourrai reprendre le contrôle de mes émotions.

Pour y parvenir, je dois cesser de m'alimenter. Je n'ai pas l'intention de faire part de ma découverte à quiconque, afin de devenir spectateur de leur déchéance, lente et douloureuse.

Ils utilisent la nourriture, notre seul moyen de survie, pour administrer leur poison, nous contraindre à ingérer des substances hallucinogènes qui déclenchent la violence et provoquent accès de démence et crises psychotiques. C'est la seule explication qui justifie un tel changement comportemental. Il n'y a que Lynda et moi-même qui semblons être affectés. Pourtant, je suis prêt à parier que tous les participants se taisent, mais subissent le même sort. Les symptômes varient d'un individu à l'autre. L'absorption de psychotropes, ajoutée à la légende macabre du sanatorium, conduirait à la folie le plus sain d'entre nous.

Laurel, cet avorton, le savait ! Je comprends mieux son insistance à me regarder manger et boire, comme un animal qu'on gave avant la mise à mort.

Les matons nous ont invités à prendre place devant l'écran high-tech qui sonne faux dans le décor. Tout concourt à préserver l'atmosphère sinistre, comme cette chaise dont les bracelets en cuir ont laissé leur empreinte dans ma chair ; ou ce téléphone qui ne sonne jamais, posé juste à côté ; et jusqu'à l'éclairage insuffisant qui tapisse les murs de zones d'ombre.

Ni projecteurs, ni micros.

Seul un machiniste invisible, dissimulé derrière l'œil des caméras miniatures qui nous observent et nous traquent.

Je remarque que Lynda a réintégré notre groupe. Elle donne l'impression d'être à mille lieues de là. Elle s'isole et repousse la tentative d'approche d'Aileen, qui se rabat sur la compagnie de James le Zozoteur.

Je m'interroge sur les agissements de chacun durant ces douze dernières heures. Je suppose que les alliances se sont renforcées, que des secrets ont été confessés sous couvert du mensonge, que les langues se sont déliées en conciliabules d'alcôve. Wallace a dû faire couler beaucoup de venin…

Éviter tout contact visuel ne m'empêche pas de voir ni de sentir leurs regards glisser sur moi.

Petit détail que j'ai omis de signaler : aucun siège n'a été prévu, si bien que les matons nous donnent le choix entre rester debout et nous asseoir à même le sol, comme on dresse une meute de chiens…

Malgré mon état de fatigue, je ne m'abaisserai pas à subir cette humiliation.

Le jingle de *Criminal Loft* résonne outrageusement, ravivant mes migraines.

Le duo grotesque des présentateurs accapare l'écran. Zoom sur la blonde prépubère qui reprend le flambeau de l'émission de sa voix haut perchée.

Je m'accroche à ses lèvres sanguines jusqu'au moment fatidique de l'annonce du résultat des votes.

— Qui était Wallace Parker ?

» Né en Géorgie le 16 août 1967, Wallace grandit au sein d'une famille aisée, mais désunie. À vingt et un ans, il succède à son père et hérite de l'entreprise familiale de pompes funèbres.

» Après un mariage raté qui n'aura duré qu'un an, Wallace fait la connaissance de Jos, qu'il épousera en secondes noces au printemps 2000. Il prendra sous son aile la fille de celle-ci, Cathy, alors âgée de dix ans.

» Comment ce père de famille, décrit par son entourage comme un homme charmant, équilibré et attentionné, a-t-il basculé dans l'horreur ?

» La nuit du 20 août 2005, le corps de Cathy est découvert par un sans-abri dans un entrepôt désaffecté à cinquante kilomètres du domicile des Parker.

» Le rapport préliminaire précise que la victime présentait des traces de morsures sur les parties génitales et des ecchymoses sur le cou. L'autopsie révélera de nombreuses lésions vaginales et anales, infligées *ante* et *post mortem*. La cause du décès est l'asphyxie par strangulation.

» Le premier policier dépêché sur les lieux se souvient : « J'allais quitter mon service quand j'ai reçu l'appel. Mon coéquipier et moi-même n'étions qu'à un pâté de maisons de l'entrepôt. En arrivant, nous avons suivi les instructions du sans-abri. Le corps présentait de multiples ecchymoses ainsi que des traces de morsures. Sa position laissait envisager que la victime avait été agressée sexuellement avant d'être abandonnée sur place. Elle portait une robe bleue remontée sur ses jambes et déchirée sur toute la longueur. Les écorchures sur ses pieds nus prouvaient qu'on l'avait traînée de force. Cette gamine devait avoir l'âge de ma fille. Son regard entrouvert sur l'horreur ne cessera jamais de me hanter. »

» La famille de Cathy est interrogée à de nombreuses reprises. Très vite, les soupçons se dirigent vers le beau-père de l'adolescente, Wallace Parker, dont le comportement étrange et l'absence d'émotions intriguent l'enquêteur chargé de l'affaire. Faute de preuves, les charges sont abandonnées. Wallace Parker se montre conciliant et propose même son aide à la police, tandis que la santé mentale de son épouse, Jos, se détériore au fil des jours.

» Lors du procès, celle-ci avouera avoir soupçonné son mari d'entretenir des relations intimes avec sa fille : « Wallace n'était jamais rassasié sur le plan sexuel. Parfois, il me faisait peur. Son appétit était sans limites, il ne savait pas s'arrêter. Il voulait toujours essayer *de nouvelles choses* pour assouvir ses fantasmes. Un jour, c'est allé trop loin. J'ai refusé d'alimenter ses délires pervers quand il a tenté de m'étrangler pendant l'acte, en m'assurant que la souffrance décuplait le plaisir et permettait d'atteindre l'orgasme. Je me suis débattue. Il m'insultait comme s'il s'adressait à une prostituée. Je n'étais plus sa femme. J'étais devenue l'objet de ses fantasmes. Je ne peux m'empêcher de penser que, si j'avais accepté de me soumettre, Cathy serait peut-être encore en vie... »

» Alors que l'enquête piétine depuis des mois, un rebondissement inattendu vient sceller le destin de Wallace Parker.

» Un matin pluvieux de décembre, le service d'investigation chargé du dossier reçoit une lettre anonyme dirigeant les recherches vers l'entreprise de pompes funèbres. Une perquisition en règle met en lumière de nouveaux éléments troublants. Le bureau du suspect est passé au peigne fin. Outre une panoplie sado-masochiste comprenant menottes, foulards, substituts phalliques et autres objets à usage sexuel, les enquêteurs découvrent un DVD à caractère pornographique sur lequel sont identifiées les plaintes réitérées de la victime et exhibées certaines parties de son corps meurtri.

» Après une analyse approfondie, la voix de Cathy est formellement reconnue et ses refus répétés démontrent que les tortures qu'elle subit sont infligées contre sa volonté.

» Les policiers interrogent les employés de Wallace Parker et finissent par démasquer l'auteur de la lettre. La femme, âgée d'une trentaine d'années, avoue avoir surpris son patron, à plusieurs reprises, en train de visionner le DVD. Elle précise qu'« il émettait des grognements de bête et réajustait hâtivement son pantalon comme s'il se masturbait devant ces horreurs ».

» Le 20 décembre, Wallace Parker est appréhendé à son domicile. Jusqu'à la fin de son procès, il proteste en affirmant qu'il entretenait une relation amoureuse avec Cathy, mais que leurs ébats avaient mal tourné. Pris de panique, il avait traîné et abandonné son corps avant de rentrer chez lui. Il ajoute : « Si Cathy était encore vivante, elle vous dirait qu'elle était consentante. »

» Quand on lui demande de s'expliquer sur les traces de pénétrations *post mortem*, il répond : « Je voulais lui prouver mon amour, une dernière fois. »

» Wallace Parker est condamné à la peine capitale pour meurtre au premier degré avec circonstances aggravantes.

» Le doute plane toujours… Wallace Parker a-t-il été victime d'une erreur judiciaire ou était-il le monstre dépeint au terme de ce procès ? Nous ne le saurons jamais…

Je reste bouche bée, aspiré par le diaporama polychrome qui défile à l'écran et retrace l'épopée meurtrière de Wallace le Croque-mort. Les clichés du procès se succèdent, révélant sa personnalité perturbée et particulièrement sadique.

Nous sommes des millions à violer l'intimité de ce criminel et, pourtant, je suis sans doute le seul à déceler la portée de son intelligence diabolique.

Wallace a été trahi par l'objet même de ses fantasmes. Conserver ce DVD lui permettait de revivre indéfiniment son crime et d'assouvir ses pulsions sexuelles déviantes. Malgré le danger que cela représentait, il a préféré dissimuler son trophée plutôt que de le détruire, quitte à perdre sa liberté.

Tandis que la présentatrice prépubère annonce la coupure pub, une fureur indicible enfle en moi.

Et si le DVD que Wallace m'avait confié en affirmant qu'il incriminait Aileen n'était, en fait, que la pièce majeure prouvant sa propre culpabilité ? En grattant un peu, peut-être a-t-il lui-même sacrifié cette preuve en la détériorant volontairement pour s'offrir une chance de survivre ?

Je n'arrive pas à croire que ce type libidineux ait pu me berner si facilement. Il savait que je serais dans l'incapacité de visionner le DVD à cause des caméras braquées sur nous. Il avait perçu mon intérêt particulier pour Aileen et il s'en est servi pour me rendre complice de sa supercherie.

Je parviens à esquisser l'ombre d'un sourire en remerciant secrètement celui qui s'est chargé de l'exécuter à ma place...

La présentatrice réapparaît à l'écran, fardée comme une putain.

— Mesdames, mesdemoiselles, messieurs...

» Après les terribles images que nous venons de diffuser, je suppose que beaucoup d'entre vous ne regretteront pas la mort de Wallace Parker ! Ne vous méprenez pas : Wallace était un criminel de la pire espèce, mais personne ne mérite de mourir aussi sauvagement. N'oubliez pas... le coupable est actuellement à Waverly Hills !

(Acclamations.)

» Comme je vous l'ai dit en début d'émission, des indices ont été portés à la connaissance des autorités. Ces effets ont été retrouvés hier, dissimulés à l'entrée du célèbre *Death Tunnel*, reliant Waverly Hills au pied des collines. Il s'agirait d'un peignoir taché de sang et d'un couteau – vraisemblablement l'arme du crime ! Et si je vous révélais que ce vêtement appartenait à... John ?

(Protestations.)

» Oui, je suis d'accord avec vous, chers téléspectateurs ! Cela ne prouve rien ! Mais adressons-nous plutôt à nos lofteurs afin de recueillir leurs impressions !

(Applaudissements.)

Mes jambes se dérobent quand j'entends mon prénom dans la bouche de cette garce, pourvue d'un éternel regard pétillant qui accroche la lumière comme une perle échouée au fond de l'océan. Je m'assois en tailleur sur le sol froid et poussiéreux en prenant soin de masquer ma faiblesse derrière une attitude arrogante. Je toise les autres candidats d'un sourire satisfait, comme pour leur clamer : « Je vous l'avais bien dit… tout ce qui est trop évident devient suspect. »

Mais, curieusement, aucun d'eux ne semble prêter attention à l'émission. Je lis sur leurs visages une peur tangible face à un danger bien plus proche que ce public déchaîné, conditionné à huer et à haïr ceux que nous sommes. Il règne une atmosphère étrange dans le hall. Je frissonne en sentant un courant d'air s'immiscer sous mes vêtements. Le vacarme infernal des tuyauteries se répercute de toute part avant de s'arrêter net. La pénombre s'accroît comme si le faible éclairage perdait peu à peu de son intensité.

Lynda est recroquevillée sur elle-même et sanglote doucement en mâchouillant quelque chose. J'aurais imaginé que la proximité du Français déclencherait une réaction très éloignée de cette introspection débilitante.

James, entre deux gorgées de soda, griffonne comme un forcené sur son carnet de croquis.

Michael jette des regards affolés autour de lui, comme s'il était assailli par un bataillon d'arachnides. Là encore, je finis par m'interroger sur la réalité de la scène à laquelle j'ai assisté dans le pavillon annexe, tant le Français semble l'avoir chassée de ses préoccupations.

Leonard scrute Aileen avec une moue malsaine qui donnerait presque l'impression que sa bouche écumeuse s'apprête à la dévorer.

Terrance arbore une expression de total désarroi en fixant l'écran de télévision.

Aileen fouille l'obscurité qui engloutit le coin le plus éloigné du hall, en inclinant bizarrement la tête.

Et moi… j'observe les matons distribuant des boissons fraîches et revenant les bras chargés de friandises qu'ils déposent sur des chariots roulants.

L'émission se poursuit et je suis le seul à paraître me soucier du sort que nous réserve le public.

Zoom sur la présentatrice.

Elle se déplace entre les rangs d'un auditoire survolté et tend son micro pour donner la parole à une femme âgée, pourvue d'un fort accent texan :

— Madame, vous avez une question à poser à l'un de nos candidats, je crois ?

— Oui. J'ai fait le déplacement depuis Houston pour assister à l'émission et je voudrais m'adresser à John.

— Eh bien, allez-y ! John, vous êtes là ? lance la blondasse en rajustant son oreillette.

— Oui, je suis là. Où voulez-vous que je sois ?

Ma remarque provoque l'hilarité du public. La vieille dame dévoile un sourire édenté qui me soulève le cœur.

— John, avez-vous assassiné Wallace Parker ? demande-t-elle sans détour.

— Non, madame. Je ne l'ai pas tué. Mais je doute que ma réponse suffise à vous convaincre. Les indices m'accablent…

— Je vous crois ! s'exclame-t-elle. Je suis votre plus grande fan ! Mon petit-fils m'a installé une connexion Internet pour que je puisse regarder *Criminal Loft* à n'importe quel moment de la journée !

— Merci, madame, coupe la présentatrice. Question suivante... Oui, monsieur ?

Zoom sur le faciès buriné d'un quinquagénaire en costard. Je suis atterré par ces élans de sympathie qui ne m'inspirent que mépris. Cette vieille folle est la preuve de la fascination malsaine qu'exercent les tueurs en série. J'ai eu mon lot de demandes en mariage dans le couloir de la mort. Contrairement à certains de mes semblables, je n'éprouve aucune satisfaction à exciter une légion d'hystériques.

— Ma question s'adresse à Lynda, déclare le quinquagénaire. Vous semblez mal en point depuis votre arrivée au loft. Est-il exact que vous ayez assisté à des phénomènes paranormaux ?

Je me retourne vers Lynda. Le maton obèse lui tapote l'épaule pour la faire réagir. Lorsqu'elle relève la tête, ses yeux ne sont qu'un puits de larmes.

— Croyez-moi, je ne suis pas folle, si c'est ce que vous sous-entendez. Ces lieux sont... maudits. Oui, j'ai vu cette petite fille, Mary... Je m'étonne qu'elle n'apparaisse pas à l'écran... Vous ne l'apercevez donc pas ?

Pas une allusion aux abus dont elle a été victime.

Pas une once de mépris.

Juste la peur, chevillée au corps.

Sa voix désespérée est soudain couverte par une série de parasites. Leur mise en scène est bien huilée, il faut l'avouer. *Laurel* joue le jeu, lui aussi. Il tremble comme une feuille en interrogeant le maton obèse d'un regard plein d'effroi.

Puis le son est rétabli, comme par miracle, donnant l'occasion au spectateur de répondre :

— Nan… Moi, j'ai rien constaté qui sortait de l'ordinaire. À part une bande de psychopathes qui cherchent à être réhabilités. On n'a même pas pu voir le cadavre de Parker ! Les images ont été censurées ! Vous savez ce que ça m'a coûté d'obtenir une place permanente sur le plateau ? Un mois sans salaire et quatre jours de trajet dans un vieux tacot. Alors, j'vais pas me contenter de gober vos fadaises. Croyez-moi, je sais contre qui je voterai ce soir !

— Merci, monsieur, coupe de nouveau la présentatrice. Quelle ambiance sur le plateau !

(Acclamations.)

» Et maintenant, voici la surprise tant attendue ! Je vous l'avais promise, souvenez-vous… Alors, écoutez bien ! J'ai le plaisir de vous annoncer que le procureur a autorisé la mise aux enchères immédiate des pièces à conviction saisies à Waverly Hills, à savoir le peignoir et le couteau retrouvés dans le Tunnel de la Mort ! La restitution interviendra au terme de la procédure judiciaire en cours, mais vous avez d'ores et déjà le pouvoir d'enchérir sur notre site Internet ! Une partie des gains récoltés sera reversée aux associations de victimes !

(Hurlements.)

» Non, vous ne rêvez pas ! Qui sera l'heureux gagnant ? Pour le savoir, rendez-vous à la fin de l'aventure ! En attendant, les enchères sont ouvertes sur criminal-loft.kentucky.net !

» À présent, le moment que vous espérez tous est arrivé… Les votes seront clos dans quelques minutes ! Vous êtes nombreux à avoir composé le numéro qui s'affiche au bas de votre écran.

(Applaudissements.)

» Lequel de nos candidats vos votes désigneront-ils afin qu'il quitte le loft ?

» Réponse, juste après ça…

Chapitre 24

La clameur du public enfle comme une armée en marche. Une garnison de soldats aveuglés par un combat qui les dépasse. À leurs cris de triomphe vient s'ajouter le générique de l'émission, aussi lugubre que les murs qui cloisonnent nos esprits.

Un bruit mat attire mon attention. Leonard rampe littéralement dans ma direction, sans doute pour se fondre dans l'obscurité et ne pas se faire remarquer. Il me rappelle ces cafards agonisants qui infectaient ma cellule et que j'aimais sentir craquer sous ma semelle.

— John, dit-il tout bas, si je suis éliminé, promets-moi que James ne sortira pas d'ici indemne. Il n'est pas plus attardé que toi et moi, malgré ce qu'il essaie de faire croire. Ce type a violé et assassiné une gamine, souviens-toi. Sa propre sœur…

Je jette un coup d'œil à James le Zozoteur, qui griffonne toujours sur son carnet de croquis, puis je réponds :

— C'est pas mon problème.

— T'as beau avoir dézingué toutes ces bonnes femmes, tu t'acharnerais pas sur une fillette, hein ?

— Mets-la en veilleuse, le Négro. Je ne suis même pas certain d'être encore là demain.

— Si ! s'emporte Leonard avant de se radoucir. Le public ne votera pas contre toi, John. Les gens t'ont placé sur un piédestal. T'as vu la réaction de la vieille ? Elle s'est presque indignée que tu aies pu imaginer qu'elle t'accusait ! Ta plus grande fan, John ! Tu suscites un intérêt morbide qui te met à l'abri, pour le moment…

— Qu'est-ce qui te fait croire qu'ils vont te sortir ?

— Ma couleur de peau, mec.

Curieusement, je ne lis aucun regret dans ses yeux – comme si, finalement, la perspective de quitter cet endroit lui était devenue plaisante. Peut-être craint-il pour sa vie depuis le meurtre de Wallace ?

— On le saura vite…, dis-je en indiquant l'écran.

— Mesdames, mesdemoiselles, messieurs…

» L'enveloppe que je tiens renferme le nom du premier candidat éliminé ! Vous avez été plus de trente-huit millions de fans à joindre notre standard et vos votes ont désigné…

Le présentateur décachette l'enveloppe en souriant. Pendant ce temps, les matons nous font lever les uns après les autres.

Une flaque lumineuse tombe soudain sur la chaise en bois pourvue de bracelets en cuir.

— *And the loser is…*

Le grotesque de l'accroche atteint des sommets, à l'image du fard qui grime leurs visages quasi clownesques. Les encouragements du public accentuent l'impression de plonger dans un film d'épouvante de seconde zone.

Nous ne sommes que des pions sur l'échiquier du Mal, engagés dans une partie dont l'issue est jouée d'avance.

— …Michael !

Tout se déroule très vite.

Avant même que j'aie le temps de tourner la tête, les surveillants empoignent Michael, qui geint comme un nouveau-né. Ses protestations déchirantes décuplent l'excitation sur le plateau télé.

— Non ! gémit-il. Qu'est-ce que vous faites ?

Les matons le font asseoir de force sur la chaise en bois. Je sais exactement ce qu'il ressent, tandis que les bracelets se referment sur ses poignets et que sa gorge devient prisonnière de l'étau qui l'enserre.

Tous ses efforts sont vains.

Ses yeux écarquillés nous implorent. Aucun d'entre nous n'envisage de s'interposer. Son élimination représente un pas vers notre liberté. Dieu lui-même n'est pas en mesure de lui venir en aide.

Je lis dans son regard la peur et l'incompréhension d'un verdict sans appel.

— Michael, la sentence des téléspectateurs est irrévocable. Ils vous ont jugé inapte à être réhabilité. Vous quitterez le loft et rejoindrez le couloir de la mort du pénitencier de Louisiane. Voici votre dernière épreuve.

» Nous l'avons appelée l'*Épreuve du miroir* parce qu'elle vous confronte à vous-même.

» Vous allez devoir confesser, en direct, la nature de vos crimes. Jusque-là, le règlement de *Criminal Loft* interdisait de dévoiler le forfait dont vous avez été accusé. Aujourd'hui, le public a le droit de savoir. Le monde entier vous écoute, Michael.

Michael cesse de s'agiter.

La résignation succède au sentiment d'injustice qui le maintient cloué sur cette chaise. Peut-être voit-il un sursis à l'obligation de raconter sa propre histoire. Ou peut-être pas...

— Non, dit-il catégoriquement.

— Si vous ne le faites pas, je serai contraint de le faire pour vous, Michael, menace le présentateur.

— Alors, faites-le ! Je n'ai plus rien à perdre. J'obtiendrai bientôt la nationalité française et votre justice n'aura plus de prise sur moi !

— L'assistance consulaire que vous attendez tarde à rendre une décision. Vous savez que vos chances d'échapper à l'injection létale sont infimes. Confessez vos péchés, Michael.

Cette fois, une ombre glisse sur le visage du présentateur. L'intonation de sa voix révèle davantage d'empathie à l'égard de Michael, comme s'il le priait de se soumettre à cet ultime test. Je me dis que l'animateur craint sans doute une baisse de l'audimat, mais l'expression indéfinissable de ses yeux me souffle qu'il redoute quelque chose de bien pire.

— Non ! rugit Michael. Je me fous de votre épreuve ! Vous m'entendez ?

Ainsi exposé à la lumière, son joli minois n'est plus aussi lisse. Il se met à gesticuler pour tenter d'arracher ses liens. Ses mouvements frénétiques s'accélèrent à l'approche du maton obèse, qui avance vers lui d'un pas tranquille.

Michael lui crache au visage. Il grogne comme un animal captif.

La quintessence du mal règne dans ce décor intemporel. Je croise le regard suppliant de Michael et me détourne aussitôt en voyant ma propre terreur s'y refléter. Comme dans un miroir…

— Non ! Attendez ! crie-t-il en se déchaînant comme un forcené.

Il se débat, mais le diable est en marche et ne s'arrêtera plus. Le maton obèse pointe son arme électrique et vise le ventre de Michael.

Son corps s'arc-boute affreusement. La première décharge provoque une violente contraction musculaire, qui déforme les traits de son visage jusqu'à le rendre méconnaissable.

La deuxième lui arrache un hurlement de souffrance au-delà de ce qu'un homme peut supporter. Il est pris d'atroces convulsions et ses lèvres écumeuses cherchent désespérément à aspirer de l'oxygène.

Je renifle l'air saturé et comprends que les intestins de Michael se sont relâchés sous l'impulsion électrique. Ses excréments se répandent sous lui, l'humiliant davantage encore. Son supplice prend fin lorsqu'il s'évanouit.

Nous avons assisté, impassibles, à la torture infligée par le maton. C'était un acte gratuit. Sanglé à cette chaise, Michael ne représentait aucun danger. Ce châtiment n'avait qu'un seul objectif : prouver que la justice blâmait tout manquement à la discipline.

Ce soir-là, aucun d'entre nous n'a dénoncé la barbarie de l'homme obèse et l'emploi abusif de son arme. Le peuple américain a regardé cette scène dans l'indifférence la plus totale.

Comble de l'horreur, le présentateur poursuit l'émission comme si rien ne s'était produit.

— Chers téléspectateurs, vous avez tranché. Michael doit quitter le loft ! Nous sommes désolés d'avoir dû diffuser ces terribles images, mais tout candidat doit se plier aux règles ! Revenons à présent sur son histoire…

» Michael naît en 1975 alors que ses parents, toxicomanes, sont incarcérés pour détention, vente et usage de stupéfiants. Il est confié à sa tante, mariée à un Français établi aux États-Unis, jusqu'à ce que sa mère biologique obtienne de nouveau la garde de son fils à sa sortie de prison. Mais celle-ci épouse un ancien détenu qui devient très vite le bourreau du petit garçon, âgé de cinq ans. Abusé sexuellement, frappé quotidiennement, Michael développe de nombreux troubles de la personnalité qui accentuent la violence de son beau-père. La femme finit par renoncer à ses droits parentaux et abandonne officiellement l'enfant. Après des années de recherches, son oncle le retrouve dans un orphelinat de Louisiane. Une vie heureuse aurait pu commencer pour Michael, mais, en 2003, tout bascule.

» Il s'installe dans un petit appartement qu'il paie en travaillant comme caissier dans une supérette. Mais à peine a-t-il emménagé qu'il se plaint du bruit occasionné par ses voisins, qui ne prêtent aucune attention à ce nouveau locataire, discret et solitaire. Pourtant, ce dernier nourrit secrètement de sombres desseins. Il appelle régulièrement la police pour les accuser de tapage nocturne.

» Le logement mitoyen au sien est occupé par un couple de jeunes parents qui se livrent souvent à de violentes disputes. Les pleurs de leur enfant deviennent vite insupportables.

» Le 5 décembre 2003, une terrible querelle éclate dans l'appartement voisin. Lors de son procès, Michael avoue : « J'ai entendu l'homme menacer sa femme de lui faire la peau. Il hurlait si fort que j'avais l'impression qu'il était dans la même pièce que moi. Elle le suppliait d'arrêter. Il y a eu un bruit de verre brisé. Le petit garçon a dû se réveiller et il s'est mis à pleurer. Il semblait terrifié. Ses sanglots entrecoupés de silence donnaient à penser que quelqu'un cherchait à étouffer ses cris. J'ai eu peur que l'homme ne s'en prenne à lui. Après, tout devient confus… »

» Cette nuit-là, Michael s'est emparé d'un couteau à désosser et s'est introduit dans l'appartement de ses voisins. La reconstitution n'a pas permis de déterminer avec exactitude le déroulement des événements. Comment

Michael est-il parvenu à maîtriser deux adultes avant de repartir en laissant derrière lui deux cadavres éparpillés en seize morceaux ? Dans son accès de fureur homicide, Michael découpe consciencieusement les corps sous les yeux de l'enfant, en état de choc. « La police est arrivée, ajoute Michael lors de son procès. L'un des agents a vomi. Les autres m'ont menotté et je n'ai opposé aucune résistance. J'ai fait ce qui me paraissait juste. J'étais serein parce que j'avais mis un terme aux souffrances du petit garçon. Je crois même qu'il m'a souri pendant que j'achevais ses parents. En tout cas, grâce à moi, il ne pleurait plus. »

» Chers téléspectateurs, vous savez à présent qui est Michael ! Nous avons recueilli vos impressions... Voici quelques-uns de vos témoignages, en images !

(Applaudissements.)

Une jeune femme apparaît à l'écran. Elle semble avoir été choisie au hasard dans une zone commerciale remplie d'enseignes lumineuses :

— J'ai voté contre Michael parce qu'il ne possède aucun esprit d'équipe. Il a fait cavalier seul au jeu de la question unique. Il a trahi les autres candidats en demandant ce que signifiait le mot « consomption », alors qu'il y avait tant de secrets à découvrir sur Waverly Hills.

Un passant ajoute :

— Moi, j'ai voté contre Michael parce qu'il a un avantage sur les autres participants. S'il obtient la nationalité française, il quittera le couloir de la mort. J'ai préféré donner leur chance aux autres lofteurs...

(Applaudissements.)

— Eh bien voilà, chers téléspectateurs, le show le plus brûlant qui ait jamais existé se termine ! Qui sera le prochain candidat éliminé ? Pour le savoir, je vous donne rendez-vous dans une semaine sur Channel 9 ! N'oubliez pas, vous seuls êtes juges de qui doit vivre ou mourir ! En attendant, vous êtes toujours plus nombreux à vous connecter sur criminal-loft.kentucky.net, pour la mise aux enchères de l'arme ayant servi à assassiner Wallace Parker ! À très vite pour la suite de l'aventure !

(Acclamations – applaudissements.)

Je baisse les yeux vers Michael. Il semble encore inconscient.

Un détail me chagrine. Aucun téléspectateur n'a évoqué son comportement abusif à l'encontre de Lynda. Pourtant, je me rappelle parfaitement que la caméra filmait au moment des faits.

La lumière s'éteint, plongeant dans l'ombre la silhouette déshumanisée du Français. Le jingle de *Criminal Loft* explose dans le hall, annonçant la fin du show.

Soudain, une voix familière nous ordonne de regagner nos chambres.

Le lendemain matin, Michael avait définitivement quitté Waverly Hills. Je ne l'ai jamais revu. D'après les rumeurs, sa requête aurait été rejetée.

À ce jour, il croupirait toujours dans le couloir de la mort, dans l'attente d'être exécuté.

Chapitre 25

L'aube est une renaissance que je savoure jusqu'à ce que les heures du jour dissipent le sentiment de plénitude qui l'accompagne. Ce matin, un soleil éclatant s'infiltre par ma fenêtre et déploie sa chaleur sur ma peau, tandis que mes yeux s'ouvrent sur un ciel sans nuages. Les événements passés se parent d'un voile d'oubli et perdent leur effrayante consistance. C'est ainsi que naissent les souvenirs.

La découverte jubilatoire du corps mutilé de Wallace, le traitement infligé à Michael, ces images ont rejoint le panthéon infernal de ma mémoire. La seule icône qui demeure est celle que je côtoie chaque jour : la mort.

Malgré l'absence de rêve, je me sens étrangement bien. Hier soir, j'ai refusé de manger ou de boire quoi que ce soit, prétextant que les récents rebondissements m'avaient incommodé. Pourtant, la faim me tiraille l'estomac quand je les vois bâfrer, mais je ne veux pas perdre une miette – si j'ose m'exprimer ainsi ! – de la lente déchéance qui les attend au bout de leur petite cuillère.

Après m'être douché – ils m'ont attribué un peignoir tout neuf –, je remonte au quatrième étage et me dirige vers la cantine. Malgré le climat printanier, les couloirs de Waverly Hills absorbent la pénombre, comme si la lumière refusait d'y entrer. Tant de portes et d'accès inexplorés m'attirent irrésistiblement, tout en ressuscitant cette sensation de malaise dont j'ignore la source. Ce labyrinthe ressemble au cerveau humain : mystérieux, complexe et plein de corridors obscurs.

Lorsque je pénètre dans la cuisine, j'aperçois Aileen, debout près de l'évier. Elle est seule. Ses mains s'affairent sous le jet d'eau qui couvre le bruit de mes pas.

— Salut, John, dit-elle sans se retourner. Un café ?

Désorienté, je m'approche du comptoir où sont disposés les restes de leur festin matinal.

— Non, merci.

— Tu as raison, il est infect.

Aileen ferme le robinet, s'empare d'un torchon et daigne enfin se tourner vers moi. Des cernes noirs soulignent son regard incandescent et l'expression impénétrable sur sa figure trahit cependant son état de fatigue, que je mets sur le compte d'une longue insomnie.

— Alors, John, tes impressions sur le show d'hier soir ? Surprenant, non ? Personnellement, je ne pensais pas que le public voterait contre Michael. Il était sans doute le plus inoffensif d'entre nous. Décidément, je ne comprendrai jamais rien à l'humanité !

Aileen vient de confirmer mes doutes. L'agression dont j'ai été témoin au pavillon annexe n'a jamais été diffusée.

— Étonnant, en effet. Certains se sont donné beaucoup de mal pour me voir éliminer, mais leur projet a échoué lamentablement.

Aileen contourne le plan de travail et s'approche de moi. Mes fonctions vitales se dérèglent en sentant son haleine fraîche flirter avec mes lèvres. Un désir puissant palpite dans mon bas-ventre, irradiant mes terminaisons nerveuses engourdies.

La même soif de sexe et de sang dévore le ventre d'Aileen. Cet antre secret que j'aimerais fouiller. Avec un scalpel.

— John, je crois qu'il est temps de jouer cartes sur table. Mais pas ici. Allons dans un endroit plus… approprié, ajoute-t-elle en lançant un regard discret vers la caméra.

J'acquiesce.

Mon instinct de chasseur évalue le danger que représente cette proie soumise. Presque trop…

J'ai l'intuition que la mort de Wallace et la torture infligée à Michael ne sont pas étrangères à l'excitation que manifeste Aileen.

— Où sont les autres ?

— Ne t'en fais pas, John. Personne ne viendra nous déranger.

Je lorgne les restes de nourriture.

Dans mon esprit, envie et répulsion s'unissent pour enfanter un châtiment suprême.

— Un beignet ? proposé-je le plus innocemment du monde.

— Pourquoi pas…, répond Aileen en passant délicatement sa langue sur la chair tendre et sucrée. Un délice… Tu devrais y goûter, John.

— J'ai faim d'autre chose…

— Alors, suis-moi. Tu vas te régaler, susurre-t-elle. J'ai découvert une galerie souterraine à l'abri des regards. Nous y serons tranquilles…

— Je doute qu'on puisse échapper à la surveillance des caméras.

— Fais-moi confiance, John. Nous demeurerons invisibles.

— Comment peux-tu en être sûre ? Tu oublies les matons ?

— Ils sont bien trop occupés à gérer et à pallier leur incompétence depuis que l'équipe technique a été flanquée dehors.

— Comment sais-tu tout ça ?

— C'est vraiment important ? Tu as constaté, comme moi, qu'il n'y a pas grand-chose d'autre à faire ici que de parler. Les langues se délient si facilement.

— Les autres peuvent nous surprendre. Ou nous suivre…, insisté-je.

— Je ne pense pas, rétorque Aileen en affichant un rictus satisfait. Lynda est terrifiée par le fantôme de cette gosse et elle ne quitte quasiment plus sa chambre. Leonard erre pendant des heures dans les jardins. D'ailleurs, je le soupçonne de planifier son évasion, au cas où les événements tourneraient mal… Quant à James, il passe le plus clair de son temps à griffonner sur son carnet de croquis et à se goinfrer en salle de détente devant le show d'Oprah Winfrey. Terrance est certainement le plus imprévisible. J'avoue que j'ignore totalement ce qu'il fait de ses journées, si ce n'est traquer le démon qui le hante.

— Tu m'as l'air bien renseignée. Et toi, Aileen ? Comment occupes-tu ton temps ?

— Jusqu'à présent, je ne faisais qu'observer les allées et venues. Maintenant, j'ai mieux à faire…

Aileen me ment. Par omission, peut-être. Elle oublie de mentionner son altercation avec Wallace, quelques heures avant sa mort. J'hésite à lui parler des soupçons que nourrit Terrance à son égard, tout comme des révélations de Wallace à propos de ses crimes. Quelle importance… Le moment venu, je retournerai ces informations à mon avantage. L'effet de surprise reste le meilleur allié pour abattre son adversaire.

Aileen me fait signe de la suivre. J'y consens avec un plaisir renouvelé.

Waverly Hills n'est pas seulement un labyrinthe de portes fermées. Il regorge de couloirs obscurs qui semblent déboucher sur le néant. Nous descendons, côte à côte, les trois étages qui nous séparent du hall. Toutes sortes de bruits se répercutent entre les murs, comme un écho sans fin : le son lointain du téléviseur, les borborygmes de la tuyauterie ancestrale, le sifflement du vent qui s'engouffre dans les brèches... Mais le plus inquiétant demeure le silence qui plane parfois, comme sur une ville fantôme.

Alors que nous parvenons au rez-de-chaussée, je reste légèrement en retrait pour observer chaque détail de l'anatomie d'Aileen. Je devine les courbes parfaites dessinées sous sa robe gris-bleu qui dévoile la naissance de ses cuisses. Nous vêtir à notre guise nous redonne un peu de cette dignité que Waverly Hills s'acharne à nous ôter. Un parfum de miel émane de ses cheveux d'un noir de jais déployés sur ses épaules athlétiques, atténuant temporairement l'agression olfactive des moisissures. Son maintien lui confère une assurance qui m'excite et me révulse à la fois.

Je ressens l'impérieux besoin de lui arracher cet air condescendant et de la soumettre à *ma* volonté. La domination n'est pas seulement affaire de pouvoir, mais de destruction de l'autre par l'humiliation.

— Par là, dit-elle tout bas.

Je m'exécute. Nous pénétrons dans l'entrée et bifurquons à gauche. Elle longe les murs. Je suis le mouvement. Elle évite soigneusement les caméras... Je remarque que notre position échappe à ces petits boîtiers noirs braqués sur la partie centrale du hall.

Aileen ne s'est pas contentée d'observer les allées et venues, elle a minutieusement étudié la disposition des lieux en repérant les angles morts.

Tandis qu'elle m'entraîne dans son sillage, je prends conscience que préméditer le meurtre de Wallace aurait été un jeu d'enfant pour elle. Rien ne lui était plus facile que de l'attirer dans ses filets en le séduisant. Mais il lui aurait fallu une force prodigieuse pour hisser un tel poids. Et si Wallace n'avait pas été tué par *une*, mais *deux* personnes ? Aileen aurait donc eu un complice au sein du loft. Reste à savoir qui…

Je me perds en conjectures. Rien ne prouve qu'elle est impliquée dans le décès de Wallace, mais le scénario tient la route. À un détail près. Le profil criminel d'Aileen exclut toute alliance, *a fortiori* si son acolyte est un homme : dans sa psychose, en effet, le sexe masculin représente l'objet de sa haine. Aileen répond au schéma classique de l'enfance violée : chaque fois qu'elle frappe, elle tue son père, encore et encore. Elle ne s'arrêtera jamais. À moins que le public n'en décide autrement, en la renvoyant dans le couloir de la mort.

Nous appartenons à la même catégorie de criminels. Nous sommes ces *âmes noires* que le monde redoute.

L'obscurité nous avale subitement.

Je me souviens qu'Aileen ne cessait de scruter dans cette direction, lors de la soirée des éliminations. Je pensais, à tort, qu'elle pouvait être victime d'hallucinations, ou qu'elle était effrayée par ce qui se nichait dans le noir.

Je me trompais.

Elle repérait les lieux.

Elle pose ses mains à plat sur le mur au papier peint défraîchi et, à ma grande surprise, un pan entier pivote, creusant un accès insoupçonnable dans les sous-sols du sanatorium.

Aileen a tout prévu.

Elle retrousse sa robe et tire d'entre ses cuisses une petite lampe de poche. Le faisceau lumineux éclaire un escalier en bois qui s'enfonce dans les fondations. Une odeur putride monte de la galerie souterraine dans laquelle Aileen m'entraîne.

— C'est sans doute là qu'on entreposait les cadavres avant de les évacuer, suppose-t-elle. Une telle puanteur ne peut provenir que d'un charnier, non ?

— Charmant endroit ! dis-je d'un ton sarcastique.

— Attends, John, j'ai gardé le meilleur pour la fin !

La fin de quoi, je l'ignore. Sa verve m'agace dangereusement. Un rire enfantin explose dans sa gorge. Cela risque-t-il de trahir notre présence ? Comme si elle lisait dans mes pensées, Aileen me rassure :

— On ne peut pas nous entendre, John. Tu pourrais hurler à t'en péter le gosier, il n'y aurait personne pour venir te secourir.

— Tu es joueuse, petite garce… J'aime ça.

Son regard me transperce, mais je n'y vois plus aucune tentative de séduction. Sa sensualité s'est évaporée au contact de l'air insalubre, aussi sûrement que mon sens de l'humour m'a quitté.

Nous ne jouons plus.

J'en suis soulagé. Je commençais à me lasser de ses approches doucereuses qui donnent l'illusion d'une attirance là où seul réside notre instinct bestial. Mon sang bout dans mes veines.

Je n'ai plus d'humain que ma faculté à tenir sur mes deux jambes…

Je la plaque violemment contre la paroi rocheuse qui suinte sous le faible éclairage. La douleur lui arrache un cri prolongé d'un sourire satisfait, qui répond à mes attentes. Mes doigts plongent dans sa crinière, s'agrippent et renversent sa tête en arrière, découvrant sa gorge délicate. J'entends son cuir chevelu craquer sous mon emprise. Ma mâchoire s'ouvre et se referme sur la chair diaphane de son cou. Ses gémissements attisent la cruauté qui bouillonne en moi.

Sa tête dodeline un instant lorsque je lâche prise.

Mais sa nuque se raidit de nouveau en sentant mes mains palper son bas-ventre et s'engouffrer dans sa toison. Je m'enfonce profondément en elle, déchirant les parois humides de son antre. Soudain, ses ongles se plantent dans ma peau et tirent vers le bas pour y graver leur empreinte sanglante.

Il n'y a pas d'amour dans nos actes.

Nous sommes condamnés à jouir de la souffrance de l'autre et c'est un plaisir qui ne connaît pas de frontières.

Je me retire brusquement et attrape ses poignets, que je colle contre le mur afin de l'immobiliser. Aileen lâche la lampe de poche, qui roule dans la poussière, nous privant de l'attrait visuel lié à la torture.

J'approche mon visage du sien. Elle halète comme une chienne. Ses yeux suppliants témoignent de la frustration à laquelle je l'abandonne.

Alors, je comprends à quel point mon scalpel et moi sommes indissociables. L'acte sexuel ne me procure aucun plaisir. Il me faut trancher les chairs et sentir le sang se répandre sur mes mains. Donner la mort n'est pas le plus important. Ce n'est qu'une conséquence inéluctable de la souffrance.

— Tu aimerais me tuer, Aileen, n'est-ce pas ? Comme tu as massacré Wallace ? J'ai abusé de toi sans éprouver le moindre contentement. J'ai disposé de ton corps comme ton père l'a fait avant moi…

— Tais-toi…, crache-t-elle en se débattant inutilement. Tu ne sais pas de quoi tu parles ! Wallace n'était qu'un opportuniste doublé d'un menteur ! Il s'est joué de toi, John. Il t'a fait croire que l'enregistrement qu'il avait trouvé prouverait ma culpabilité aux yeux du public. Il m'a confié son exploit en se vantant de t'avoir berné avec une facilité déconcertante. J'ai lu la duplicité dans son regard et j'ai compris qu'il nous tromperait tous en véhiculant des informations contradictoires. Il t'a eu, John. Mais ça ne signifie pas que je l'ai tué…

— Alors, tu savais pour le DVD et tu t'es dit que je ferais un coupable idéal. Tu as eu tort d'agir ainsi, Aileen…

Je souris et passe ma langue sur sa bouche entrouverte.

— Arrête ! Tu me fais mal ! hurle-t-elle en tentant de se dégager de mon emprise.

— Crie. Plus fort, sale garce ! J'entends rien !

— Arrête ! Non… !

Je m'approche de son oreille et, d'un coup sec, y plante mes incisives jusqu'à sentir un liquide chaud couler sur mes lèvres frémissantes.

— Crie encore, Aileen !

Ses braillements assourdissants vrillent mes tympans, déjà soumis à rude épreuve. Ses paupières sont gonflées de larmes et son faciès en devient répugnant.

Je relâche la pression sur ses poignets et la regarde s'effondrer sur le sol, comme une poupée de chiffon. Elle pleurniche doucement derrière l'écran de sa chevelure d'ébène. La régression qui s'opère progressivement sous mes yeux m'intrigue. J'ai l'impression d'assister à la métamorphose d'une femme-enfant, dont le corps fragile se rétracte sur lui-même.

Au bout de quelques minutes, lassé du spectacle, je m'éloigne pour ramasser la lampe de poche. En me baissant, je perçois un mouvement dans mon dos. Pris d'un mauvais pressentiment, je fais volte-face. Je fronce les sourcils, cherchant vainement à percer l'obscurité du souterrain. L'ombre d'Aileen gît toujours sur le sol. Ses pleurs se sont arrêtés. Je braque le faisceau lumineux sur la forme roulée en boule. Elle relève paisiblement la tête, essuie d'un revers de main la morve qui lui pend au nez et me gratifie d'un sourire qui contraste avec son regard fou.

— Ça t'a plu, John ? susurre-t-elle.

Décontenancé, je me rends compte qu'Aileen n'a cessé de jouer la comédie durant tout ce temps. Je prends un air amusé pour masquer ma stupéfaction. Je me rapproche de la silhouette avachie contre le mur crasseux, prenant soin d'affirmer ma domination en la surplombant de toute ma hauteur. J'esquisse un sourire méprisant et me détourne de la créature pour m'engager dans l'escalier.

Le son de sa voix me parvient déformé. Ses propos délirants illustrent parfaitement les conséquences de l'absorption du poison distillé dans notre nourriture.

— Tu ne veux pas savoir qui a tué Wallace, John ? Ou découvrir ce qui se cache au fond de la galerie ? Je t'avais dit que je gardais le meilleur pour la fin ! Tu crois pouvoir leur échapper ? On ne peut rien contre eux ! Ils nous auront tous ! Tous !

Je suis tiraillé entre l'envie de quitter cet endroit nauséabond et celle d'assister à l'agonie hallucinatoire dont semble souffrir Aileen. En définitive, j'opte pour la première solution :

— Tu devrais panser ton oreille, Aileen. Elle risque de s'infecter, rétorqué-je en montant lentement les marches.

Sa voix résonne dans le souterrain, s'évertuant à me retenir par des invitations alléchantes, mais totalement dépourvues de sens. J'atteins la porte dérobée et me glisse dans l'interstice qui me sépare du hall, abandonnant Aileen à ses divagations.

Si j'avais su ce qui m'attendait derrière, je me serais moi-même enseveli dans les profondeurs de Waverly Hills…

semble souffrir [illegible] solution.

— Tu devrais pas [illegible] quitter. Allez [illegible] s'inquiéter [illegible] encore et lentement [illegible]

Sa voix [illegible] dans le [illegible] derrière [illegible] des [illegible] la porte [illegible] dans l'urgence qui [illegible]

Si [illegible] de [illegible] se passe ainsi. [illegible] je me retrouve [illegible] Dugomi [illegible] peu [illegible] J'essuie [illegible] du sang d'Alceste [illegible] des mains [illegible]

— Hé, John! [illegible] Il faut que [illegible] ça!

Le temps de retrouver mes esprits en [illegible] sur la table [illegible] d'une main [illegible] que [illegible] pas remarqué [illegible] dans la rue.

— Et bien quoi, [illegible] le psaume qui [illegible] ton [illegible] des affolés.

Ses sourcils [illegible] en formant un accent circonflexe [illegible] de [illegible] deux [illegible] l'ignorance de [illegible] d'un gang [illegible] de [illegible] deux [illegible]

— John, ce n'est pas une blague. Viens, allons [illegible] Luis [illegible]

Chapitre 26

J'aurais dû éprouver cette euphorie consécutive à l'accès de rage qui m'a conduit à molester Aileen, avant de l'abandonner dans les sous-sols du sanatorium. Ça aurait dû se passer ainsi… Mais, à peine refermé le battant amovible, je me retrouve confronté à un problème de taille. Du genre costaud, peu engageant et visiblement très agité : Leonard.

J'essuie machinalement ma bouche, maculée du sang d'Aileen, et retrousse discrètement mes manches.

— Hé, John ! Je t'ai cherché partout ! Il faut que tu voies ça…

Le temps de reprendre mes esprits en me concentrant sur la bible qu'il me tend d'une main hésitante, j'adresse une prière muette pour qu'il n'ait pas remarqué l'ouverture découpée dans le mur.

— Eh bien quoi ? Tu as lu le psaume qui traite de la damnation éternelle, Leonard ? fais-je en plantant mon regard dans ses prunelles affolées.

Ses sourcils s'arquent en formant un accent circonflexe et, là où je m'attends à le voir éclater de rire, je découvre une peur tangible qui fige ses traits burinés. Où est passée l'arrogance de l'ancien membre d'un gang du Bronx, qui menaçait de se taper Aileen entre deux œillades obscènes ?

— John, ce n'est pas une bible. Viens, allons prendre l'air… On n'est pas en sécurité, ici.

Il embrasse le hall d'un seul coup d'œil. Je saisis l'occasion pour le détourner de l'entrée souterraine, avant qu'Aileen ne décide de remonter.

La caresse d'une brise légère adoucit la brûlure du soleil. Un voile sablonneux descend des collines qui surplombent Waverly Hills. Je goûte à la saveur de l'air en inspirant profondément et me laisse guider par la démarche hâtive de Leonard. Nous nous écartons du pavillon annexe érigé dans une zone ombragée et suivons un sentier à travers les jardins d'où émane le doux parfum des pétunias aux corolles éclatantes de rouge, de blanc et de rose. Je ressens une petite appréhension en constatant que nous prenons la direction du Tunnel de la Mort, dont le périmètre est truffé de caméras. Par bonheur, Leonard emprunte soudain un chemin rocailleux qui contourne le bâtiment principal et s'enfonce dans la végétation dense d'un sous-bois pour déboucher sur une parcelle de terrain en friche.

Les abords du sanatorium regorgent de planques insolites qui étendent notre champ de liberté bien au-delà de ce que j'avais imaginé. Sur notre gauche, à la lisière du bois, se dresse une cabane de fortune constituée de planches clouées maladroitement les unes aux autres.

J'interroge Leonard du regard.

— Elle existait avant notre arrivée… Je l'ai découverte par hasard. Rassure-toi, j'ai déjà vérifié : il n'y a aucune caméra.

Effectivement, une rapide inspection me conforte dans l'idée que cet endroit isolé, laissé à l'abandon, échappe au contrôle des matons. Leonard se contorsionne pour pénétrer dans la masure. Moi, je n'ai qu'à baisser la tête. La différence de gabarit est flagrante, vue sous cet angle !

Il me fait signe de m'asseoir sur le sol jonché d'aiguilles de pin qui forment un tapis végétal tout juste confortable.

— Tu avais vraiment besoin de nous emmener si loin ? Elle est si précieuse, cette bible ?

— John, je te l'ai déjà dit, ça n'a rien d'un bréviaire. Nous en avons tous un dans nos chambres et, pourtant, je pense que peu d'entre nous l'ont ouvert...

Je me souviens parfaitement que ce détail m'a frappé lorsque nous avons pris possession de nos quartiers. Cependant, mes croyances étant passablement réduites, je me suis vite désintéressé de cet objet, qui doit toujours traîner à sa place initiale, c'est-à-dire sur le bureau attenant à la fenêtre. Je ne vois pas quel usage j'aurais pu en faire... si ce n'est, peut-être, un usage alimentaire. Parce que, à cet instant, j'avalerais n'importe quoi pour combler le vide de mon estomac. Y compris du sacro-saint papier.

Leonard se place en tailleur en face de moi et feuillette le fameux ouvrage à la couverture patinée. Ses mains me paraissent démesurées lorsqu'il me présente le livre ouvert en son milieu.

Combien de temps faut-il au cerveau humain pour enregistrer une information et répercuter ses effets vers les différentes connexions du corps ? Je n'en sais fichtre rien, mais une coulée de lave se répand brutalement en moi quand je prends connaissance de son contenu.

Il s'agit bien d'une bible. Mais pas au sens liturgique du terme. Si j'avais dû donner un titre à ce manuel, je l'aurais intitulé : *L'Effroyable Histoire de Waverly Hills ou Comment survivre à l'enfer*. Je livre, mot pour mot, ce que j'ai lu entre ces pages.

Épître 8
La chambre maudite

La pièce 502, située au cinquième étage du sanatorium, fut le théâtre des plus abominables événements survenus dans l'histoire de Waverly Hills. On raconte que deux membres du corps médical auraient mis fin à leurs jours dans cette chambre, à quatre ans d'intervalle.
En 1928, l'infirmière principale, âgée seulement de vingt-neuf ans, est retrouvée pendue à un crochet fixé au plafond. La mort volontaire de cette jeune femme célibataire et sans problèmes déclenche les premières rumeurs, qui ne cesseront désormais d'alimenter les récits les plus fantasques. Le coroner du comté décide cependant de classer l'affaire.
Mais, en 1932, une autre auxiliaire, également chargée de la salle 502, se défenestre sans que l'on puisse réellement conclure à un suicide. Après des mois de recherches, l'hypothèse du meurtre est abandonnée, bien qu'aucun témoignage recueilli ne permette d'expliquer son geste.
Depuis, on évoque l'apparition fantomatique d'une infirmière qui rôderait au cinquième étage. Sa voix aurait même été entendue à plusieurs reprises. Elle dirait : « Sortez ! », à tous ceux qui tenteraient d'approcher la chambre 502.

Article 8 du règlement intérieur de Criminal Loft *:*
Tout candidat amené à entrer dans cette pièce se verra contraint de subir le même sort.

Je reprends mon souffle.

Les pensées fusent sous mon crâne et s'imbriquent progressivement pour reconstituer les morceaux du puzzle disséminés entre les lignes. Je note que certains feuillets présentent un aspect granuleux et jauni, quand d'autres dégagent encore l'odeur de l'encre d'imprimerie. Les articles en bas de page attestent le caractère récent de l'ouvrage, sur lequel ne figure aucune mention distinctive.

Ce que j'ai sous les yeux n'est pas seulement un manuel de survie. C'est également une mine d'informations que nous n'aurions jamais dû ignorer. Si nous avions su que de tels éléments étaient à portée de main, sans doute aurions-nous pu éviter les pièges meurtriers tendus sur notre passage.

Je donnerais cher pour rencontrer celui qui tire les ficelles de ce jeu démoniaque. Une chose, toutefois, est sûre : l'instigateur de ce reality show aurait mérité sa place dans le couloir de la mort ou, tout au moins, dans un institut psychiatrique. La seule différence entre lui et nous est que ses motivations sont perçues comme des actes de justice. Mais au fond, nous ne sommes que des prédateurs traqués par un mangeur d'âmes tout aussi destructeur.

Je passe au chapitre suivant, sous le regard placide de Leonard, qui respecte le silence requis en pareilles circonstances. Une branche craque à l'extérieur, mais je n'y prête qu'une attention toute relative. La chaleur étouffante à l'intérieur de la cabane entame mes facultés de concentration et, parfois, je dois relire par trois fois la même phrase avant d'en comprendre le sens. La déshydratation et le manque de nourriture accentuent fatalement ces symptômes.

Épître 9
Phénomènes paranormaux ou hallucinations ?

Le sanatorium de Louisville est le lieu dit « le plus hanté » des États-Unis. Parmi les nombreux témoignages rapportés par les gardiens, squatters, simples visiteurs, mais également par une équipe dépêchée pour mesurer l'activité paranormale du site, ombres, chuchotements, portes qui claquent et apparitions ont fait couler beaucoup d'encre.
Une mention spéciale revient au fantôme connu sous le nom de Mary. Cette petite fille aurait subi un lourd traitement pour enrayer l'affection dont elle souffrait, mais elle aurait succombé au procédé expérimental particulièrement barbare qui consistait à scier les côtes pour dilater les poumons. Depuis, elle revient hanter les lieux et apparaît le plus fréquemment dans les couloirs du troisième étage.
Certains prétendent que sous ses orbites vides coulent des larmes de sang, tandis qu'elle s'amuse à faire rebondir une balle sur le plancher. Pour les plus superstitieux, croiser le fantôme de Mary est un présage de mort violente.

Article 9 du règlement intérieur de Criminal Loft *:*
Tout candidat sujet à des hallucinations auditives ou visuelles devra immédiatement en référer à l'équipe d'encadrement afin de procéder à un suivi médical adapté.

Bing… bing…, fait la balle.
Comment ont-ils… ?

Je suis pris de vertiges.

Tout me paraît soudain irréel. Je dois absolument reprendre le contrôle, ne pas céder à leur tentative d'intimidation, qui ne peut qu'être le fruit d'une formidable machination.

Il y a forcément une explication rationnelle à ce phénomène. L'absorption répétée de psychotropes pourrait conduire à une mauvaise interprétation de l'environnement immédiat. Autrement dit, si j'avais lu ces lignes antérieurement à la prise involontaire de médicaments, cela aurait pu déclencher des crises hallucinatoires en relation avec les événements évoqués. Or, jamais auparavant je n'ai eu connaissance des témoignages concernant cette balle que je suis le seul à entendre. J'ai beau fouiller dans mes souvenirs, ni la Voix de Waverly Hills ni le type en costard-cravate n'ont parlé de ce bruit fantôme.

Le verdict tombe comme un couperet : je deviens fou.

J'ai dû pâlir, car Leonard s'enquiert de ma santé :

— Ça va, John ?

— Oui, ça va. Il fait une sacrée chaleur, là-dedans ! éludé-je.

Je tourne nerveusement les pages et reprends ma lecture.

Épître 13
The Death Tunnel

Enfoui cinq cent vingt-cinq pieds sous terre, ce tunnel est initialement creusé afin de permettre le ravitaillement en vivres et en médicaments, à l'aide d'un chariot placé sur rails. Mais l'épidémie mortelle qui sévit à l'époque et le nombre anormal de décès transforment son usage en fonction plus funeste. Les cadavres sont ainsi acheminés vers les collines, en toute discrétion. Là aussi, les rumeurs vont bon train. Une équipe de tournage détient les preuves accablantes d'une activité paranormale au sein du souterrain. Un enregistrement sonore a révélé des plaintes et des cris à peine audibles, mais identifiables. Des éclairs lumineux auraient également été aperçus à l'intérieur de ce Tunnel de la Mort… Certains ont même évoqué des aboiements enragés ou des jappements, alors qu'aucun animal n'était présent sur les lieux. Dès lors, on peut redouter que les cadavres n'aient été livrés en pâture aux charognards…

Article 13 du règlement intérieur de Criminal Loft *: Tout candidat éliminé par le public devra quitter le loft dans les conditions précitées.*

Mon Dieu… qu'entendent-ils par « quitter le loft dans les conditions précitées » ? Parlent-ils du moyen d'évacuation le plus sûr ou font-ils référence aux charognards ?

Je ne peux m'empêcher d'admirer l'ambiguïté parfaitement maîtrisée que manie l'auteur de ce livre. Puis je me souviens de Michael… Et, là, je m'efforce d'oublier.

Je passe à l'épître 15, dont le titre retient toute mon attention.

Épître 15
Le monde souterrain de Waverly Hills

Les récits relatifs à l'histoire de Waverly Hills oublient de mentionner qu'un réseau de boyaux souterrains court sous les terres d'argile qui constituent son fondement. L'exploration en surface fait apparaître de nombreux

phénomènes paranormaux, mais jamais personne n'a encore osé s'aventurer au plus profond de ce monde obscur.
Pourtant, ces galeries de l'ombre étaient fréquemment utilisées pour emprisonner les malades jugés les plus dangereux et, ainsi, assurer la sécurité du personnel et des autres patients. Ces individus, rendus fous par des traitements particulièrement traumatisants, étaient séquestrés dans les sous-sols humides et malsains, condamnés à ne plus jamais voir la lumière du jour.
On peut aisément imaginer les conditions épouvantables dans lesquelles on les contraignait à vivre... ou à mourir.
Selon toute vraisemblance, il subsisterait encore des traces de leur folie meurtrière. Sous-alimentés, déshydratés, certains d'entre eux se seraient livrés à des actes de cannibalisme pour survivre. D'autres auraient préféré mettre fin à leurs jours en utilisant les instruments médicaux usagés qui se trouvaient stockés dans ce cachot de la mort.
Le monde souterrain de Waverly Hills existe bel et bien, même s'il ne figure dans aucun autre manuel...

Article 15 du règlement intérieur de Criminal Loft *:*
Le premier candidat apportant la preuve de l'existence de ce réseau souterrain sera convié au parloir et gagnera l'épreuve qui lui garantira l'immunité lors des prochaines éliminations.

Mon sang ne fait qu'un tour.

Le charnier dans lequel m'a conduit Aileen ressemble à s'y méprendre à la description faite dans le bréviaire !

Finalement, j'ai peut-être eu tort de la laisser seule là-bas… Il y a fort à parier qu'elle se vante, en ce moment même, de son incroyable découverte. Auquel cas, elle remportera l'épreuve qui assurera son immunité, augmentant nos probabilités d'être éliminés. Avec un peu de chance, elle ignore encore l'existence de la clause stipulée dans la « bible » de *Criminal Loft*.

Malheureusement, j'ai bien peur que rien, ici, ne soit dû au hasard…

Tandis que mon malaise grandit à mesure que je tourne les pages, mon regard tombe sur l'épître la plus évocatrice et certainement la plus… excitante.

Épître 18
La salle des tortures

Le sanatorium de Waverly Hills compte une dizaine de salles autrefois utilisées à des fins thérapeutiques, médicales, voire expérimentales. On y pratiquait des interventions chirurgicales bien trop souvent mortelles, d'où leur appellation : salles des tortures.
Afin de respecter la mémoire des lieux, l'une d'entre elles a été réhabilitée et équipée en conséquence.
De nombreux clichés photographiques confirment la terrible réputation de ces endroits où infirmières et médecins se relayaient autour des malades en fin de vie.
Pour des raisons d'intégrité morale, nous n'avons pas souhaité reproduire, à l'identique, les instruments employés au début du siècle.
La barbarie revêt plusieurs visages… La douleur physique est, sans doute, le plus pauvre des supplices.

Nous nous sommes ingéniés à vous le prouver en équipant cette pièce de manière très sophistiquée. Mais n'ayez crainte, vous aurez tout le loisir de la visiter…

Article 18 du règlement intérieur de Criminal Loft *: Tout candidat sera confronté à lui-même lorsqu'il franchira le seuil de la salle dite « des tortures ».*

Je choisis les épîtres au hasard, tournant frénétiquement les pages, m'arrêtant sur les titres qui m'apparaissent pertinents.

Ainsi, je ne m'attarde pas sur la partie consacrée aux conditions d'hygiène et de travail déclarées au début du siècle. Je passe outre les divers programmes de réfection effectués depuis l'ouverture du sanatorium, tout comme j'ignore les recommandations d'évacuation en cas d'inondation ou d'incendie.

Cependant, quelque chose me taraude dans cet ouvrage, sans que je parvienne à en déterminer l'origine. C'est un peu comme la désagréable sensation d'avoir un mot sur le bout de la langue, mais d'être incapable de s'en souvenir.

—Alors, t'en penses quoi ? demande Leonard.

—Je pense que Wallace serait certainement toujours vivant s'il avait pris la peine d'ouvrir sa « bible ».

—J'ai un très mauvais pressentiment, John. À mon avis, faut se barrer vite fait de ce trou… T'as assisté, comme nous tous, au traitement infligé à Michael, non ? Ils sont dingues ! Ils l'ont torturé sans raison ! Dieu seul sait ce qu'ils nous réservent encore… Sans compter la mort de Wallace… J'ai pas envie de finir en bouillie, mec ! Écoute, on possède assez d'éléments pour mettre à exécution un plan d'évasion.

Il suffirait de distraire les matons, d'étudier la disposition des caméras et d'explorer la topographie pour exploiter toutes les issues possibles… J'ai repéré une porte en acier dans le mur d'enceinte, à l'ouest du pavillon annexe, mais j'ai l'impression qu'elle est commandée à distance. Ouverture automatisée, sans poignée et barrée de fils barbelés, tu vois le genre… D'après ce que j'ai compris, on n'a pas trop le choix, on ne peut quitter Waverly Hills que par le tunnel.

J'attends qu'il ait repris son souffle pour questionner :

— Tu es certain de ne rien me cacher ? Ce sont les seules raisons qui te poussent à vouloir t'évader ?

— Écoute, John, tout ce que je peux te dire, c'est qu'il se passe des trucs pas nets, ici. Tu vas me prendre pour un taré, mais… je finis par me demander si cet endroit n'est pas…

— Hanté ?

Il acquiesce.

— En descendant, tout à l'heure, j'ai entendu un gémissement. C'était curieux, le son semblait se déplacer… Puis il s'est engouffré entre les planches de bois qui condamnent l'accès au deuxième étage. Je me suis approché et…

— Et… ?

— Non, laisse tomber. Tu vas penser que cette histoire de morgue m'a grillé la cervelle.

Je n'insiste pas. Les confidences viendront plus tard. Pour le moment, je suis juste soulagé de constater que les drogues qu'ils mettent dans nos aliments agissent progressivement sur le psychisme de Leonard.

— Et tu comptais me convaincre de prendre part à ton plan en me montrant ce livre, n'est-ce pas ? Pourquoi ? Tu aurais pu la jouer solo et t'échapper sans l'aide de quiconque.

— Je te le répète, John, j'ai un mauvais pressentiment. J'sais pas ce qui nous attend au bout du tunnel… On aura peut-être besoin d'être à plusieurs, selon ce qu'on aura à affronter.

— T'as la trouille, alors tu décides d'embarquer les copains. À qui d'autre as-tu parlé de ce livre et de ton intention de t'évader ?

— Seulement à Terrance… Mais je crois qu'Aileen est au courant pour la fausse bible.

Cette hypothèse ne m'enchante pas.

— Terrance est un fervent croyant. C'est étonnant qu'il n'ait pas découvert la supercherie dès le premier jour.

— Ben, en fait, c'est lui qui m'a conseillé de jeter un œil à mon exemplaire, pour vérifier que les livres étaient identiques.

— Et donc ? Il adhère à ton projet d'évasion ?

— Il est réticent, avoue Leonard, mais je suis certain qu'il finirait par céder si mon plan recueillait l'unanimité. Alors, t'es de la partie, John ?

— Où penses-tu aller, une fois sorti d'ici, Leonard ? Tu crois qu'ils nous laisseront nous en tirer comme ça ? Nous serons traqués à travers tout le pays. Ils nous retrouveront, crois-moi, et je doute qu'on nous remette une médaille pour célébrer l'évasion du siècle.

— Ça veut dire *non* ?

— Ça veut dire que j'ai besoin d'y réfléchir.

— OK, fais-moi signe quand tu auras pris ta décision. Mais tarde pas trop, mec…

Leonard remballe sa « bible » et déplie son imposante carcasse. Je serais bien resté planqué là, à fantasmer sur les innombrables possibilités que m'offrirait la liberté, même éphémère. Mais mon absence prolongée serait vite remarquée et je pressens qu'attirer l'attention ne jouerait pas en ma faveur. Il s'agit désormais de ne pas gâcher l'atout que je possède et que les autres n'ont pas. Si mes craintes sont fondées, je serai totalement sevré d'ici peu, et donc moins enclin à commettre une erreur qui me vaudrait l'opprobre des concepteurs du jeu ou la vindicte du public.

Et j'ai bien fait de suivre mon intuition.

Si j'étais resté dans cette cabane quelques minutes de plus, j'aurais sans doute subi le même sort que Michael.

Chapitre 27

La nature déploie son éventail d'effluves parfumés, portés par la brise qui balaie les sommets sablonneux. Le ballet ailé des oiseaux de proie qui tournoient dans le ciel azuré me remplit de convoitise, tandis que je les observe errer librement et piquer vers les flancs des collines arides à la recherche de nourriture.

J'éprouve un plaisir inconditionnel à laisser filer mes sombres pensées bien au-delà des clôtures électrifiées. Si ma prescience ne m'avait soufflé d'accélérer la cadence, sans doute me serais-je allongé à même la terre, profitant des bienfaits du soleil pour me préserver de moi-même.

Lorsque j'atteins les jardins, la silhouette massive de Leonard a déjà disparu derrière les battants du bâtiment principal. J'entre à mon tour, aveuglé par le contraste de lumière. Le vaste hall est sombre et silencieux. Une appréhension m'étreint, comme si une main invisible comprimait fortement ma cage thoracique. Ce malaise récurrent s'intensifie dès que je referme la porte. J'ai la sensation de rabattre le vantail d'un cercueil trop étroit pour nous accueillir tous.

Brusquement, la Voix éructe ses instructions à travers les haut-parleurs, provoquant une affreuse résonance à tous les étages du sanatorium.

À deux minutes près, je manquais à l'appel…

— Vous disposez très exactement de trente secondes pour vous rendre en salle de détente.

» Tout candidat porté manquant sera immédiatement sanctionné. Le compte à rebours a commencé.

Je me précipite à travers les couloirs et monte les marches quatre à quatre. Jamais auparavant je ne me serais abaissé à répondre aux directives de quiconque. Le John Natas que je connais aurait probablement raillé l'ordonnateur en caressant sa bouche venimeuse de la pointe de son scalpel. J'aurais préféré me trancher un doigt plutôt que de rejoindre le troupeau aveugle symbolisant le reste de l'humanité. Et pourtant, me voilà, pénétrant en salle de détente, essoufflé, étourdi par un effort physique modéré, les yeux écarquillés sur une pièce vide. Je suis le premier dans cette course contre la montre.

Le téléviseur est allumé et diffuse un spot publicitaire qui vante les mérites d'une marque de dentifrice. C'est étrange... Pourquoi ai-je l'impression que chaque détail délivre un message subliminal pour nous inciter à nous comporter comme *eux* le veulent ?

Subitement, la ruée des candidats déclenche jurons et bousculades alors que notre hôte égrène les ultimes secondes. Les deux matons entrent les derniers, nous arrosant de leur indéfectible condescendance. Ils se placent au fond de la pièce, comme à leur habitude, prêts à intervenir en cas d'échauffourée.

Mon tour d'horizon m'apprend qu'Aileen a repris ses esprits, malgré le regard foudroyant qu'elle me lance. Un pansement dépasse de sa chevelure ébouriffée.

Leonard s'assoit lourdement sur l'un des canapés en m'évitant superbement.

James, tête baissée sur son inséparable compagnon, contemple son œuvre en silence.

Terrance, frais comme un gardon, me tapote l'épaule en passant, comme s'il retrouvait un vieux pote.

Et Lynda… Eh bien, Lynda n'est plus que le spectre d'elle-même. Son état paraît avoir empiré durant les dernières heures. Son teint blafard accentue le vide émotionnel de son regard de plomb. Ses lèvres tremblent par moments, semblant psalmodier de muettes prières.

— Vous n'êtes plus que six.

» Le temps est venu de faire vos preuves.

» Chaque jour, l'un d'entre vous sera appelé pour subir l'Épreuve du miroir. L'intégralité de l'audition sera filmée en direct et retransmise à l'écran placé devant vous.

» Lynda, vous avez été désignée.

» Levez-vous et suivez scrupuleusement mes instructions… Descendez au troisième étage, prenez sur votre gauche. Toutes les portes sont verrouillées, excepté une. Trouvez-la. Avant de pénétrer à l'intérieur, déposez vos chaussures à l'entrée.

» Vous avez trente secondes.

» Le compte à rebours a commencé.

Lynda se met lentement debout et lisse une mèche de cheveux qu'elle fait glisser derrière son oreille. Elle agit par automatisme, sous l'autorité de cette voix qui continue d'égrener sa liste de consignes prohibitives :

— Si vous dépassez le temps imparti, vous écoperez d'une sentence exemplaire.

» Si vous refusez l'épreuve, vous serez immédiatement éliminée et retournerez dans le couloir de la mort.

Spot publicitaire.

L'écran diffuse à présent les déplacements de Lynda grâce aux caméras positionnées de manière stratégique au sein du sanatorium.

— Treize… Douze… Onze…

Les secondes défilent. Je crois que, à cet instant, une indicible peur s'est infiltrée en moi. J'aurais fixé la télévision sans émettre la moindre objection même s'ils avaient filmé le décès de ma propre mère, simplement parce que ce sentiment d'origine inconnue me bouleversait davantage que n'importe quelle vision cauchemardesque.

Je vois Lynda dévaler les marches en chancelant. Ses forces l'abandonnent et sa difficulté à rester debout est visible. Elle prend appui contre la rampe instable. La qualité médiocre des images exacerbe l'ambiance glauque qui règne dans les artères du sanatorium. J'ai l'impression d'assister à un remake de *Blair Witch*…

— Sept… Six… Cinq…

Lynda accélère, se déchausse, balance ses chaussures à l'aveuglette et continue sa course pieds nus. La bande-son est saturée de parasites et, pourtant, je l'entends pousser de petits gémissements tandis qu'elle arpente le troisième étage en se heurtant à une succession de portes fermées.

— Trois… Deux… Un…

Jusqu'à ce que l'une d'elles cède enfin sous la pression désespérée de ses mains frêles.

— Compte à rebours terminé.

La porte se referme doucement et se verrouille automatiquement.

Enfermée entre quatre murs entièrement tapissés de miroirs, Lynda contemple son reflet décuplé, ahurie, déboussolée, totalement prisonnière d'elle-même.

La salle des tortures, pensé-je en me remémorant l'épître parcourue un peu plus tôt.

J'observe la disposition méticuleuse des glaces. Certaines sont inclinées, offrant une vue plongeante de la pièce. Il y en a de toutes les tailles et de toutes les formes. Même l'épaisseur est variable. À gauche de l'écran, j'aperçois un drôle d'engin. Une sorte de colonne colorée graduellement.

La Voix retentit de nouveau :

— Lynda, les règles du jeu sont simples. Vous allez devoir répondre aux questions des internautes qui s'intéressent de près à votre parcours criminel.

» Le dispositif, sur votre gauche, est un baromètre d'insatisfaction. Chaque fois que votre interlocuteur jugera votre récit incomplet, mensonger ou amoral, l'aiguille montera d'un cran, déclenchant l'émission d'ultrasons par l'intermédiaire d'un émetteur réglé sur la fréquence propre de chaque miroir.

» Le principe de résonance aura pour conséquence de briser les glaces sans toutefois endommager votre appareil auditif. À vous de faire en sorte que la pointe se stabilise afin de sortir indemne de cette épreuve.

Médusé, je prends peu à peu conscience des règles sadiques qu'impose ce jeu de miroirs. Je ne peux qu'applaudir mentalement devant la créativité machiavélique de ses concepteurs.

— À présent, la partie peut commencer. Il ne me reste plus qu'à vous souhaiter… bonne chance.

Lynda panique, s'agite, tourne sur elle-même, aussi désemparée qu'un insecte englué dans la toile d'un prédateur. Son propre reflet la malmène où que son regard se pose.

— Bonjour, Lynda, crache le haut-parleur. Je m'appelle Karine. J'ai dix-neuf ans et je vis en Floride. Est-il exact que vous ayez été condamnée pour avoir empoisonné quatre médecins en Floride ?

— C'est exact.

— Pourquoi ?

— Ils pratiquaient l'avortement.

Lynda est obnubilée par le baromètre, comme s'il s'agissait d'un engin explosif. L'aiguille frémit, mais se stabilise aussitôt.

— Tous les militants anti-avortement ne deviennent pas des criminels, poursuit l'internaute. Mais vous, oui. Pourquoi ?

— Les examens psychiatriques ont conclu que je cherchais inconsciemment à sauver ma sœur jumelle...

— Ce serait également la cause de vos hallucinations ? Est-ce elle que vous voyez à travers le fantôme de cette gamine que vous dites avoir croisé dans les couloirs du loft ?

— Non ! s'insurge Lynda. Mary existe. Elle erre ici depuis des années dans l'attente d'être délivrée...

— En assassinant ces hommes, coupe l'internaute, vous avez laissé des orphelins pleurer leur père. Pourtant, ils n'étaient pas responsables de la mort de votre sœur, ni de la folie de votre mère ! Alors, pourquoi ?

Les mains entortillées comme une enfant prise en faute, Lynda cherche visiblement à échapper à son propre reflet en baissant constamment les yeux sur ses pieds nus. Elle répond d'une voix monocorde :

— Vous ignorez ce qu'on ressent lorsque la chair de votre chair pourrit dans votre ventre. La vie est si précieuse... Comment pourriez-vous prétendre comprendre mon geste ?

Lynda commet sa première erreur.

Les questions insidieuses lui font perdre le contrôle de ses émotions au point d'afficher son mépris à l'encontre de tous ceux qu'elle juge inaptes à embrasser sa souffrance. Elle en oublie que ces mêmes personnes ont le pouvoir de la renvoyer dans le couloir de la mort.

L'internaute de dix-neuf ans a dû manifester son mécontentement, car le baromètre clignote subitement comme un lampion déréglé, créant des interférences qui brouillent la transmission.

Dévorée par l'angoisse, Lynda se met à trembler quand, au bout d'un temps qui me paraît infini, cinq miroirs volent en éclats sous les vibrations provoquées par les ultrasons.

Dans un réflexe d'autodéfense, Lynda se rétracte en protégeant son visage émacié à l'aide de ses bras et pousse un cri horrifié. Des débris de verre se répandent sur le sol en flaques lumineuses, formant autour d'elle un cercle tranchant.

Mon attention se porte sur ses pieds nus et, là, je saisis l'ampleur de *leur* folie. À ce stade de l'épreuve, Lynda pourrait encore quitter la pièce avec seulement quelques écorchures. Il lui suffirait de zigzaguer pour éviter les éclats de verre. Mais qu'en sera-t-il quand la gamine se lassera de ses réponses ?

L'internaute clame soudain, d'une voix rageuse :

— L'un des médecins que vous avez tués était mon père ! Croyez-vous que je pourrai un jour vous pardonner d'avoir brisé ma famille ?

J'entends des exclamations stupéfaites s'élever autour de moi. Leonard lâche un juron à peine audible, comme s'il étouffait volontairement sa pensée. Mais cette scène filmée en direct assouvit ce même appétit malsain qui pousse les téléspectateurs américains à suivre *Criminal Loft*. Nous ne sommes pas si différents, tout compte fait.

Lynda fond en larmes et se met à fredonner son horrible berceuse. *Rock-a-bye Baby* s'échappe des haut-parleurs et tourne en boucle comme un disque rayé.

De sa voix haut perchée, l'internaute lui intime l'ordre d'arrêter :

— Vous n'êtes qu'une sale meurtrière ! Qu'avez-vous à dire pour votre défense ?

Lynda lève doucement ses yeux rougis vers la caméra :

— Si l'on pense que l'avortement est un acte meurtrier, on doit s'y opposer par tous les moyens. Que Dieu nous aide à préserver le fœtus comme on voudrait être protégé. Lorsque j'ai tué, c'est la main de Dieu qui m'a guidée.

Le baromètre s'active de nouveau, déclenchant une explosion de miroirs. Une pluie d'éclats vole à travers la pièce. Lynda s'effondre et pousse un cri de douleur en sentant le verre lacérer sa peau. De fines entailles apparaissent sur ses jambes et ses bras.

C'est la dernière fois que je l'ai entendue tenir des propos cohérents.

L'Épreuve du miroir lui a définitivement ôté la raison.

Lorsque notre hôte met un terme au jeu, jugeant le supplice suffisant, aucun d'entre nous ne manifeste le moindre signe de soulagement, trop absorbés que nous sommes à craindre pour notre propre survie.

Zoom arrière.

Plan large sur Lynda.

Elle se déplace à quatre pattes, trop épuisée pour rester debout. Ses paumes meurtries laissent des traînées sanglantes derrière elle. Des fragments de verre se fichent dans ses genoux à chaque mouvement.

La notion de temps n'existe pas, ici.

Pourtant, la séquence filmée paraît défiler au ralenti, jusqu'à ce qu'une main invisible déverrouille enfin la porte. Durant une fraction de seconde, l'écran devient noir avant de basculer sur le programme télévisé où un public en furie s'esclaffe devant un présentateur libidineux. La coupure est désarmante et je n'y vois qu'une touche supplémentaire de perversion.

Les matons nous ordonnent de vaquer à nos occupations habituelles sans sembler s'émouvoir du sort de Lynda.

Avant de quitter la salle de détente, Terrance m'agrippe par le bras. Il a l'air bouleversé lorsqu'il murmure à mon oreille :

— Alors, tu crois toujours qu'ils nous ont choisis au hasard ? Ils exploitent nos plus effroyables tourments. Après ce qu'elle a vécu, pas étonnant que Lynda pense avoir affaire à une gamine morte depuis plus de cinquante ans… Notre tour viendra, John. Notre tour viendra…

Je regarde Terrance le Chétif se hâter vers la sortie. J'aurais préféré qu'il se soit trompé.

Malheureusement, mon pire cauchemar n'allait pas tarder à ressurgir…

Chapitre 28

Ma chambre n'a rien d'un sanctuaire inviolable, mais c'est pourtant là que je me réfugie en quittant la salle de détente. Les autres ont pris la direction de la cantine et j'ai l'impression que l'odeur des toasts grillés et du café chaud s'infiltre sous la porte pour embaumer la pièce. Une boule douloureuse siège au creux de mon estomac, qui se crispe comme un poing refermé sur lui-même. Je lutte pour ne rien laisser paraître de mes crampes intestinales. Mon jeûne doit rester inaperçu afin de ne pas susciter de questions embarrassantes.

Allongé sur mon lit, je feuillette ma « bible » sans me soucier de l'œil de la caméra.

Plusieurs heures s'écoulent avant que je décide de passer à l'action. Le soleil décline déjà lorsque je me dirige vers le parloir, rasant les murs de ce long couloir envahi par l'ombre mouvante des branches fouettées par le vent du soir.

Le maton obèse surgit de nulle part. Il me barre la route de son avant-bras flasque et blanchâtre.

— On peut savoir où tu vas ? s'enquiert-il.

— Mais bien sûr. J'ai une révélation à faire à la *patronne*, précisé-je en indiquant un boîtier noir à l'angle du plafond, braqué sur nous comme un viseur. La procédure stipule de se rendre au parloir dans ce cas de figure, ajouté-je en tendant ma « bible ». C'est là que j'allais.

Le surveillant fronce les sourcils. Une lueur malicieuse traverse ses pupilles anormalement dilatées. Il acquiesce et me laisse la voie libre. Il reste sur mes talons pendant que je m'installe dans le prétoire, assis face au miroir sans tain. Presque aussitôt, la Voix résonne dans le sanatorium, appelant les autres candidats au rassemblement.

Un sentiment de puissance me fait involontairement bomber le torse, pourtant perclus de douleurs causées par la dénutrition et l'angoisse.

Lorsqu'elle entame son laïus, j'en déduis que mes concurrents ont tous pris place derrière la vitre. J'imagine la crainte et l'affolement qui les étreignent en me voyant présider cette séance extraordinaire.

Le voyant rouge de la caméra clignote.

Tout est parfait.

— John, vous avez demandé à siéger au parloir. Nous vous écoutons. Qu'avez-vous à dire ?

J'observe une minute de silence pour faire monter la pression. La jubilation que me procure la pensée de leurs mines déconfites n'a d'égale que ma trahison. Je brandis mon bréviaire et cite le règlement intérieur de *Criminal Loft*, avec l'aisance d'un prêcheur.

— Article 15. Le premier candidat apportant la preuve de l'existence de ce réseau souterrain sera convié au parloir et gagnera l'épreuve qui lui garantira l'immunité lors des prochaines éliminations.

— Très bien, John ! Ainsi, vous avez découvert ce que contenait la « bible » ! Vous prétendez donc avoir trouvé l'entrée du réseau souterrain ?

— Effectivement. Et, si j'ai bien saisi les règles du jeu, l'immunité m'est acquise pour le prochain prime time…

— C'est exact, John. Félicitations ! Toutefois, une clause non précisée sur ce document stipule que celui qui découvrira l'accès aux souterrains devra désigner l'un de ses concurrents, qui séjournera deux jours et deux nuits consécutifs dans l'obscurité des galeries.

Une boule de feu enfle dans mon ventre, m'arrachant une grimace esthétiquement désastreuse à l'écran. Je digère péniblement l'information.

— Vous pouvez malgré tout refuser cette clause et renoncer à votre immunité. Que décidez-vous ?

— J'accepte.

— Parfait. Alors, qui appelez-vous, John ?

Je devine aisément la tension monter d'un cran au-delà de la vitre sans tain. Je préfère ne rien entendre des propos insultants qui fusent à mon encontre, tandis que chacun attend ma réponse. Aileen, particulièrement, doit me maudire de l'avoir devancée. Et cette perspective me réjouit au plus haut point.

Je procède mentalement par élimination afin de choisir celui ou celle qui croupira deux jours entiers dans la crasse et l'humidité des souterrains.

J'écarte d'office Aileen de ma liste de prétendants à l'*enfer*. Pour elle, j'ai des projets plus croustillants.

J'épargne également Lynda, non point par bonté d'âme, mais parce que son état mental s'est déjà suffisamment détérioré pour me laisser espérer un rapide effondrement.

L'autre s'impatiente :

— Il est temps de faire votre choix. Nous vous écoutons, John.

J'active mes méninges tout en fantasmant sur la meilleure manière de trancher les cordes vocales du détenteur de cette satanée voix. Ma liste se restreint à Terrance, James ou

Leonard. James le Zozoteur demeure pour moi un mystère. Et, dans ce cas précis, lui et son carnet de croquis éveillent ma curiosité. Je l'exclus illico et rends mon verdict en parlant distinctement :

— Je choisis Leonard.

Quelques secondes s'écoulent dans le plus profond silence, puis la porte du prétoire s'ouvre à la volée sur Leonard, encadré par les deux matons qui le tiennent fermement, les bras coincés sous ses aisselles.

Le visage de ce géant taillé dans l'ébène, soufflant comme un bœuf et suant à grosses gouttes, évoque le profil d'un dealer de gang des quartiers pauvres.

— Tu vas me le payer ! éructe-t-il.

L'expression dans ses yeux en fait foi… Enraciné dans une colère primitive, Leonard a retrouvé sa verve légendaire.

Je m'apprête à rétorquer qu'il lui aurait suffi d'appliquer le règlement de sa fichue « bible » pour se retrouver à ma place, quand je prends conscience qu'une seule raison peut expliquer que ce grand gaillard originaire du Bronx ait recouru à Terrance pour en dégrossir le contenu : Leonard ne sait pas lire !

Je me souviens de l'avoir entendu dire « d'après ce que j'ai compris », et non « d'après ce que j'ai lu », lorsqu'il me faisait part de son projet d'évasion.

J'adopte un autre plan d'attaque et demande innocemment :

— C'est une menace ?

Leonard s'humecte les lèvres comme s'il salivait à l'idée de m'ajouter au menu du soir. Ses muscles saillants se tendent sous le cuir épais de sa peau, dévoilant les cicatrices d'un tatouage effacé.

— Deux jours et deux nuits…, souffle-t-il, c'est le temps qu'il te reste à vivre, mec !

Je me contente d'esquisser un sourire qui en dit long sur le crédit que j'accorde à ses tentatives d'intimidation.

Leonard a eu tort de se fier à un homme tel que moi. À croire qu'il a oublié tous les enseignements que nous tirons du monde carcéral.

Je quitte le prétoire et me dirige nonchalamment vers l'entrée des souterrains, talonné par les deux cerbères qui escortent Leonard. Le battant pivote, ouvrant sur la bouche béante et nauséabonde où Leonard établira son nid douillet durant deux jours. Et deux nuits…

Sa fureur est compréhensible. Je viens de compromettre momentanément ses chances de s'évader de Waverly Hills en l'emprisonnant dans ce cloaque. C'est d'ailleurs la raison qui a fait pencher la balance en sa défaveur, face à Terrance dont la neutralité et la constance en deviennent presque dérangeantes.

Laurel s'absente quelques instants, puis revient avec une petite caméra équipée d'une lunette infrarouge qu'il fixe sur le lobe frontal de Leonard, à la manière d'un spéléologue.

— Qu'est-ce que c'est ? interroge celui-ci.

— Ton troisième œil, mec…, raille le maton obèse. On va pouvoir suivre, en live, ton séjour à l'ombre. Ne t'avise pas de l'enlever, c'est ton seul lien avec nous. On ne sait jamais, tu pourrais avoir besoin d'aide…

— Avance, ordonne *Laurel*.

Leonard s'exécute, soudain fébrile face au trou noir. Alors que le monde souterrain de Waverly Hills l'engloutit, le battant se referme sur un léger chuintement.

Laurel se tourne vers moi :

— File rejoindre les autres. Nous, on s'occupe de sceller la porte.

Je m'éloigne à reculons et les abandonne à leur besogne.

*

Les autres ont déserté le parloir et se sont dispersés aux quatre coins du sanatorium ; j'ai la sensation d'être le seul résident, errant dans les couloirs aux fenêtres sales et aux murs décrépis. De fines gouttes de pluie tintent contre les carreaux offerts à la lumière opalescente d'une lune auréolée de brume.

Un courant d'air froid me frôle. Je tourne la tête pour en trouver l'origine, mais je ne vois rien d'autre qu'un décor uniformément sombre et pesant. Soudain, un bruit familier résonne quelque part dans ces étages désertés et pourtant chargés d'histoire.

Bing… bing…, fait la balle.

Je m'efforce d'ignorer la provenance de ce martèlement régulier qui prend sa source dans mon imaginaire déformé par l'effet résiduel des psychotropes. Si ma théorie est exacte, un jeûne prolongé fera définitivement disparaître les hallucinations auditives dont je souffre.

Je frictionne mes épaules avec mes mains pour chasser cette langue glacée qui s'abreuve de mon sang.

Direction les douches communes.

Éviter la déshydratation devient une priorité si je veux survivre. J'ouvre le robinet et bois à grandes lampées. Mon estomac réagit aussitôt en se contractant douloureusement. Le miroir me renvoie l'image d'un John Natas émacié. Mes joues se sont creusées sous une barbe naissante, mes paupières tombent sur mes yeux mornes. J'ai vraiment la tête du mauvais garçon, moi qui suis habituellement si raffiné. Cet état de négligence me fait horreur. Il accentue terriblement la ressemblance avec mon salaud de père.

J'asperge mon visage d'eau fraîche pour éliminer les traces de fatigue et me laver de sombres souvenirs.

Une présence étrangère me fait sursauter. Terrance est planté dans l'encadrement de la porte. Je ne l'ai même pas entendu arriver.

— Salut, dit-il.

— Salut.

— Aileen est furieuse, tu t'en doutes… Je crois que tu devrais l'éviter quelque temps. C'est vrai qu'elle t'a montré l'entrée du souterrain ?

— Et alors ? Ça change quoi ? J'ai gagné mon immunité en toute légalité.

Terrance se gratte le menton, l'air soucieux comme s'il s'abîmait dans une profonde réflexion.

— Écoute, reprend-il en secouant la tête, je sais que c'est pas mes oignons, mais t'aurais pas dû envoyer Leonard là-dessous.

— Ah non ? Tu aurais préféré y aller à sa place ? Parce qu'on peut encore y remédier…

— Non, tu ne comprends pas, coupe-t-il. Ce que j'essaie de t'expliquer, c'est que ce type est inoffensif comparé à celui qui a massacré Wallace. Et tu viens de lui laisser le champ libre.

— Qu'est-ce qui te faire croire que Leonard ne l'a pas tué dans un accès de rage ? dis-je en réfutant mentalement cette hypothèse.

— Leonard n'est pas un mauvais bougre. Il a joué de malchance. Il semblait vraiment terrifié quand on a découvert le cadavre de Wallace.

Ses coups d'œil répétés vers la caméra m'incitent à penser que Terrance prend garde de ne lâcher aucune information compromettante. Il masque sa détresse derrière des paroles creuses, mais je saisis le message qu'il tente de me délivrer. En éloignant Leonard, j'ai fait capoter leur plan d'évasion. Je devine à son désarroi que Terrance s'était finalement rallié au projet chimérique d'échapper aux griffes de Waverly Hills.

— Nous allons devoir redoubler de prudence, ajoute-t-il, énigmatique. Il se passe vraiment des trucs étranges, ici…

— Explique-toi.

— Je finis par croire que Lynda a vraiment aperçu quelque chose dans ce couloir… Après l'Épreuve du miroir, les matons l'ont enfermée dans le pavillon annexe. Ses blessures sont superficielles, mais on ne peut pas en dire autant de sa santé mentale. Il m'arrive de penser que la folie est contagieuse.

— Rassure-toi, ce n'est pas le cas.

— Pourtant, depuis que nous sommes ici, j'ai tendance à devenir paranoïaque. Je vois des choses…

— Quel genre de choses ?

Ne pas le brusquer. Le laisser s'épancher tranquillement.

— Des ombres furtives au bout d'un couloir, la sensation d'être suivi, une respiration, un murmure… Oh, rien d'aussi net que les visions de Lynda, mais suffisamment troublant pour m'effrayer. Cela a empiré depuis que Wallace est mort. Maintenant, j'ai peur en permanence. Et je me demande ce que je crains le plus : le monde visible ou l'invisible…

— Celui qui a tué Wallace est bel et bien humain. Mais, pour le reste, tout paraît si… fabriqué. Je pencherais plutôt pour des effets spéciaux créés afin d'exploiter le filon sensationnel en ajoutant une touche spectaculaire au concept déjà immoral de l'émission. L'audimat fait tourner la Terre ! Et nous faisons grimper l'audimat !

À en juger par sa moue dubitative, mon discours ne convainc pas Terrance. Qu'importent ses doutes ou ses certitudes, l'essentiel est que la dégradation psychologique dans laquelle il s'enferre finisse par détruire ses défenses. Lorsqu'il commettra une erreur, le peuple américain en sera témoin. Et moi aussi.

Les haut-parleurs se mettent à grésiller au-dessus de nos têtes, signe précurseur d'un appel au rassemblement imminent. La Voix se répercute soudain en échos assourdissants à travers tout le sanatorium.

— Rendez-vous immédiatement en salle de détente pour la diffusion de l'émission quotidienne. Vous disposez de vingt secondes.

Un seul échange de regards suffit à confirmer la frustration de n'avoir pu poursuivre notre conversation.

Nous n'avons d'autre choix que de courir, en priant pour qu'aucun obstacle ne vienne s'interposer entre nous… et le reste du monde.

*

Ce soir-là, nous subissons le tournage de la quotidienne pendant vingt minutes ininterrompues, forcés de revivre les moments forts de la journée.

Le duo de présentateurs – *Barbie* et *Ken* – retrace le parcours meurtrier de Lynda sur un fond visuel extrait de l'Épreuve du miroir. Propulsée à la une, elle est dépeinte comme un sujet psychotique extrêmement instable, accusée d'avoir empoisonné quatre chirurgiens entre mai 2004 et février 2005.

— Compte tenu de son état de santé, Lynda a été placée sous surveillance médicale. Mais nous espérons, tout comme vous, chers téléspectateurs, qu'elle sera des nôtres demain !

Puis ma trogne apparaît en gros plan.

C'est au tour de Leonard de recevoir les faveurs des présentateurs.

— Une révélation inattendue a permis à John de gagner son immunité ! Mais il lui a fallu choisir parmi les candidats celui qui séjournerait, deux jours et deux nuits, dans l'obscurité absolue ! John a désigné Leonard, qui vit actuellement ses premières heures dans les souterrains maudits de Waverly Hills ! Je vous rappelle que vous pouvez suivre son expérience, en direct, en vous connectant sur le site de l'émission !

Barbie conclut en informant le public que l'examen des preuves retrouvées à l'entrée du tunnel est toujours en cours. La vente aux enchères connaît une impressionnante flambée des prix.

— Eh oui, chers téléspectateurs ! Vous êtes nombreux à surenchérir chaque jour ! On m'apprend à l'instant que le couteau a déjà trouvé acquéreur pour six mille cinq cents dollars ! Le peignoir atteint deux mille neuf cent quatre-vingt-douze dollars ! Rendez-vous sur criminal-loft.kentucky.net !

Je me demande combien aurait coûté mon scalpel s'il était encore en ma possession, et je me fais la réflexion que tout l'or du monde ne saurait acheter les sensations qu'il m'a procurées.

Une chaleur euphorisante m'envahit. De sombres pensées m'assaillent. Comme au bon vieux temps. Je me retrouve enfin…

Content de te revoir, John.

*

Le voile du soir me couvre d'espérance. Je regagne ma chambre, grisé par ces intimes retrouvailles qui rouvrent la valve de mes fantasmes inavouables.

En explorant par la fenêtre la noirceur du ciel piqué d'étoiles, je me surprends à rêver de liberté. Mon esprit vagabonde par-delà les collines, s'immisce dans les foyers pour y faire régner la terreur, comme un loup affamé s'aventurant loin de son territoire. Malgré l'épuisement dû au jeûne, je me félicite d'avoir recouvré ces facultés sensorielles. La preuve de notre empoisonnement réside dans la régénération de mes pulsions animales. « Je ne mange plus, donc je suis » mériterait une mention spéciale dans le règlement intérieur de *Criminal Loft*.

On frappe à ma porte. Je maudis celui qui ose écourter ma résurrection. Ou celle… J'imagine un instant qu'Aileen est venue réclamer vengeance, armée pour me faire subir le même sort qu'à Wallace.

L'erreur est humaine. *Laurel* entre dans ma chambre sans attendre que je l'y autorise. Je feins l'étonnement en considérant le plateau garni qu'il apporte.

— Bonsoir, John. Ça fait un moment qu'on t'a pas vu au réfectoire. J'ai pensé que tu apprécierais un bouillon de légumes.

— Merci, *Laurel*, me contenté-je de répondre en insistant sur chaque syllabe.

Ses mâchoires se crispent et une lueur de reproche brille dans ses yeux singuliers. Il dépose le repas sur le bureau, face à mon lit, avant de tirer quelque chose de sa poche de chemise.

— Tiens, finit-il par ajouter en me tendant un cigare. Mon p'tit doigt m'a dit que tu crevais d'envie d'en fumer un.

— En quel honneur ?

— Considère que c'est une récompense pour ton comportement exemplaire. Avant d'accepter d'encadrer une bande de psychopathes pour les besoins de la télé, j'aurais parié que le célèbre John T. ne pourrait pas tenir deux jours sans décimer tous les candidats.

Son affront est pathétique.

Je place son offrande entre mes lèvres sèches et demande :

— Tu n'as pas de feu, je suppose ?

— Désolé, je ne fume pas. Mais tu trouveras bien un moyen de l'allumer. Je te fais confiance, quand il s'agit d'obtenir ce que tu veux.

Je souris, le cigare coincé entre les dents, jusqu'à ce que *Laurel* se décide enfin à quitter ma chambre. Puis je me débarrasse de son cadeau empoisonné en l'immergeant consciencieusement dans l'épais potage à base de légumes, sans doute agrémenté de substances dangereuses telles que la belladone qui, savamment dosée, provoque hallucinations, dilatation des pupilles, agitation et délires. Plante hautement toxique dont je connais les effets pour l'avoir inoculée moi-même à ma dernière *patiente.* Celle-là même qui m'a coûté d'être enfermé dans le couloir de la mort.

L'excès d'assurance conduit à la négligence. J'en suis la preuve vivante.

Je me glisse dans les draps, contrôlant ma respiration pour sombrer doucement dans les méandres de ma conscience et entamer mon voyage au pays des rêves.

Des rêves que la mort viendra encore faucher cette nuit.

Chapitre 29

1999.

De longues torsades brunes cascadent sur ses épaules et ondulent jusqu'à la naissance de ses reins. Sa physionomie me rappelle celle de ma très chère *mère. Dès que je la vois entrer dans mon cabinet, je sais que nos destins seront à jamais liés dans la mort. J'avais déjà sévi à vingt-quatre reprises, les observant durant des jours, pénétrant l'intimité de leur quotidien sordide sans qu'elles s'en aperçoivent. Quand j'estimais que la traque ne suffisait plus à combler mon appétit, je passais à l'étape suivante. Un coup d'accélérateur dans le processus de destruction.*

Je connais leurs habitudes, leurs déboires amoureux, la marque de leurs yaourts favoris et même la couleur de leurs sous-vêtements. Les kidnapper devenait alors un jeu d'enfant. Mais jamais auparavant je n'avais jeté mon dévolu sur une de mes patientes.

C'était avant elle.

Elle avance dans ma direction et me tend une main hésitante, en murmurant d'une voix étranglée : « Bonjour, docteur. » Je la fais asseoir et l'interroge sur les raisons qui l'ont amenée à me consulter. Ma future patiente montre des signes de nervosité. Elle semble sur le point de renoncer et de prendre ses jambes à son cou. Ses doigts se cramponnent aux accoudoirs, comme si elle prenait appui avant de détaler. Elle juge probablement sa démarche ridicule.

Je ne cherche pas à la retenir et la rassure en lui disant qu'elle est libre de partir, si elle ne se sent pas prête.

Je n'en pense pas un mot.

La vérité, c'est que, en passant les portes de mon bureau, cette jeune insouciante a creusé sa propre tombe.

Mais elle me croit et son visage diaphane se détend progressivement. Son débit ininterrompu m'apprend qu'elle a perdu sa mère l'an dernier, des suites d'une longue maladie, et que son père, accaparé par ses obligations professionnelles, s'inscrit aux abonnés absents. Puis elle enchaîne sur sa difficulté à entretenir une relation durable avec le sexe opposé. Sa référence immédiate à la figure paternelle démontre un manque affectif qu'elle tient pour responsable de ses échecs sentimentaux.

Sa fragilité me confère un sentiment de puissance. Je lutte contre le désir ardent de la déposséder sur-le-champ de cette innocence sous-jacente qui la caractérise. Et pourtant, j'assure le contact tout en peaufinant mentalement mon mode opératoire.

Jamais auparavant je n'avais éprouvé une telle attirance envers une patiente. Le problème est que, lorsque j'en aurai fini avec elle, la police établira rapidement le lien avec moi, en imputant son meurtre au tueur en série que les médias ont surnommé John T. *Même si elle m'affirme n'avoir parlé à personne de sa démarche – la honte est mère du silence –, je parierais qu'elle a noté notre rendez-vous sur un agenda ou un morceau de papier qui traîne sans doute au milieu du capharnaüm de son quotidien.*

Au lieu de m'effrayer, cette perspective représente un défi exaltant que je décide de relever. Narguer les forces de l'ordre ajoute une touche personnelle à mon profil.

La providence est une amie de longue date sur laquelle j'ai bâti un empire de cruauté.

À la sixième séance, je suis prêt à passer à l'acte.

Nous roulons à travers champs, accompagnés d'un temps magnifique. La vitre, côté conducteur, est baissée et la brise s'engouffre dans l'habitacle, libérant les effluves d'un parfum enivrant. Un sourire timide effleure ses lèvres tandis qu'elle me remercie de l'avoir conviée à cette balade. Elle dit qu'elle ne s'est jamais sentie aussi paisible qu'à cet instant.

Je la crois.

D'un point de vue déontologique, il est préjudiciable d'entretenir une relation avec une patiente en thérapie, mais je ne fais qu'alimenter son illusion de flirter. Bien que son profil diffère de celui de mes autres victimes – elle vient d'un milieu aisé et son cadre de vie n'a rien de sordide –, je n'éprouve rien qu'une impérieuse envie de m'amuser un peu avec elle. Elle évoque de nouveau son père et son amour indéfectible pour sa défunte mère.

Non, elle ne lui en veut pas.

Et oui, elle lui manque.

Si on parlait d'autre chose ?

Je feins une gêne réciproque en prenant garde d'éviter ses regards langoureux, qui auraient tôt fait de percer les sombres abysses de mes pensées.

J'emprunte une route sinueuse qui s'enfonce dans les bois où, lui dis-je, j'ai établi ma résidence secondaire. Ses prunelles émeraude s'assombrissent fugitivement devant la désolation de ce lieu.

Lorsque je coupe le contact, elle demeure interdite, fixant la bâtisse en ruine qui se dresse devant nous. Ses yeux affolés m'interrogent et me supplient comme si, subitement, elle réalisait l'ampleur de sa naïveté.

Une fraction de seconde me suffit pour projeter sa tête contre le pare-brise et lui faire perdre connaissance. Elle n'a même pas eu le temps de crier… Je la traîne, inconsciente, à l'intérieur de la baraque abandonnée que j'ai repérée il y a des mois. J'y ai déjà installé tous les ustensiles nécessaires à l'assouvissement de tous mes fantasmes. Une onde de chaleur se répand dans mon bas-ventre et des picotements parcourent ma nuque. Sa peau laiteuse représente une toile magnifique pour s'exercer à l'art de tuer.

Le parquet craque…

Quelque chose ne colle pas.

La moquette aurait dû étouffer le bruit de mes pas.

Je m'immobilise, soutenant toujours ce poids mort, mais les sons s'intensifient, comme si quelqu'un d'autre marchait dans la pièce.

La consistance de l'air se modifie. Une porte claque. Le brouillard m'avale en emportant mon trophée…

Chapitre 30

J'ouvre les yeux.

Je ne sais plus où je suis, comme si je m'accrochais désespérément à la partie onirique de mon cerveau.

Puis tout me revient d'un bloc. Chambre 504.

La réalité me rattrape. Je tourne la tête. Le plancher craque. Une ombre file sous le battant. Je me lève en silence et m'introduis dans le couloir. Jamais l'obscurité ne m'a semblé plus menaçante.

Lynda est figée au milieu du corridor. Je la vois de dos, mais je détecte quelque chose d'anormal dans sa posture. Ses jambes sont légèrement écartées et sa chemise de nuit flotte étrangement sur ses mollets. Ses bras ballants pendent comme si un poids trop lourd pesait sur ses épaules. Ma vue s'adapte progressivement à la pénombre. J'entrevois les bandages imbibés de sang autour de ses coudes. Et la pointe miroitante d'un objet dans le prolongement de ses doigts.

— Lynda ?

Le temps semble suspendu.

Sa tête pivote en effectuant une curieuse torsion du cou. Il fait trop sombre et sa chevelure ébouriffée cache la moitié de son visage. Son bras se tend à l'horizontale, jusqu'à atteindre le mur. La paroi crisse sous sa main agitée de mouvements spasmodiques.

Si j'avais pu sonder l'obscurité, sans doute aurais-je lu dans ses yeux la folie qui l'animait.

Son poing ensanglanté retombe mollement le long du tissu blanc.

— Lynda ? Qu'est-ce que tu fais ?

Pour toute réponse, elle se met à fredonner :

— *Rock-a-bye Baby / On the tree top.*

Elle fait un quart de tour sur elle-même, avec une telle fluidité que j'ai l'impression que ses pieds ne touchent plus le sol.

— *When the wind blows / The cradle will rock.*

Je distingue à présent le pansement qui barre son front. Son menton s'abaisse, de longues mèches filasse glissant vers l'avant.

— *When the bough breaks / The cradle will fall and.*

Une porte grince dans mon dos. Surpris, je fais volte-face en position défensive. James sort de sa chambre en zozotant quelque chose.

— *Down will come baby / Cradle and all.*

Il aura suffi d'une seconde d'inattention.

Lynda pousse un cri de rage et s'élance vers la chambre 502 avec une incroyable célérité. Je n'ai que le temps d'entendre le bruit du verre pulvérisé sous l'impact de son corps.

Un vent froid s'engouffre dans le couloir, hurle à la mort en faisant osciller les ampoules nues suspendues au plafond.

J'avance de quelques pas, bientôt rejoint par James et Terrance. Le souvenir du cadavre pendu et éviscéré de Wallace ressurgit comme sur une photo pelliculée. Les rideaux se soulèvent devant la vitre brisée comme un ultime adieu, là où, cinquante ans plus tôt, une infirmière s'est suicidée.

Ma seule préoccupation est de m'assurer que la caméra a filmé la scène en direct. Au moins ne serai-je pas injustement soupçonné d'avoir poussé Lynda du cinquième niveau.

— Ze me demande pourquoi elle a fait ça ! s'exclame James, pris de panique.

— Faut prévenir les matons, suggère fermement Terrance.

— Tu sais à quel étage ils crèchent, toi ? interrogé-je. De toute façon, ils sont certainement déjà au courant. Ça commence à chiffrer, en termes de morts, pour ce qui n'est censé être qu'un jeu…

Le Chétif hoche la tête sans lâcher des yeux la fenêtre fracassée qui s'ouvre sur le vide.

— Regardez ! s'écrie James.

Il s'approche du mur décrépi sur lequel Lynda a gravé un mot avant d'effectuer le grand saut. Sur le sol poussiéreux brille le fragment de miroir dont elle s'est servie pour délivrer son message.

— Elle a dû le ramasser pendant l'épreuve, suppose Terrance. Elle aurait pu nous égorger l'un après l'autre, avec ce truc !

— Elle aurait pu, en effet… Mais ne t'avise même pas d'y penser, dis-je en constatant sa convoitise.

— Pourquoi a-t-elle écrit *Release* ?

— Probablement pour exprimer ce qui l'a précipitée dans le vide. Sa soif de liberté.

— Où tu vas ? demande James.

— Je retourne me coucher. J'ai rendez-vous avec un rêve inachevé.

Médusés, ils m'observent sans broncher tandis que je regagne ma chambre. Ma réaction les choque, mais je me fous éperdument de leurs états d'âme. De toute façon, je ne vois pas en quoi j'aurais pu leur être utile.

Lynda s'est défenestrée.

Et je n'ai aucune envie de ramasser les morceaux.

Chapitre 31

L'Ombre écrasa sa cigarette et en alluma une autre. Elle tira une longue bouffée de nicotine avant de recracher un épais nuage de fumée en direction du conduit d'aération. Sa forteresse la protégeait du monde extérieur, mais pas du crabe qui grignotait insidieusement son espérance de vie.

Putain de vie…

Les écrans allumés devant elle représentaient une ultime revanche. Elle ne renoncerait pas avant d'avoir gagné la partie. C'était devenu son unique obsession. Sa folie.

Le voyant rouge de la ligne sécurisée se mit à clignoter comme un point d'ancrage auquel s'accrocher au plus fort de la tempête.

— Des nouvelles du front ? demanda-t-elle en décrochant le combiné, sans parvenir à maîtriser les tremblements de sa main.

Un long silence s'ensuivit, puis son interlocuteur se manifesta d'une voix terrifiée :

— Il faut arrêter ce massacre. Vous avez le pouvoir de…

— Chut ! Le suicide de Lynda est un drame, certes, mais il est hors de question de stopper l'émission. Vous avez bien entendu ?

— Mais… des émeutes commencent à éclater dans tout le pays. Des menaces ont été proférées à l'encontre des responsables de Channel 9. Diverses organisations ont déjà porté plainte pour interdire la diffusion de *Criminal Loft*. Nous ne pourrons pas résister longtemps à une telle pression ! Ce n'est qu'une question de jours avant qu'ils remontent jusqu'à vous. Ils risquent de nous traduire en justice pour avoir encouragé cette hécatombe…

— Stop ! Vous n'avez pas compris. Tant qu'une injonction officielle n'est pas prononcée, *Criminal Loft* continue. Les Américains raffolent de ce reality show ! L'audience a pulvérisé tous les records connus. Les connexions Internet se comptent par dizaines de milliers. Les lettres « pro-*Criminal Loft* » affluent par centaines chaque jour ! La montée en flèche des enchères est l'illustration même du succès de l'émission. Cela dépasse toutes nos espérances !

L'Ombre fut prise d'une quinte de toux. L'incendie se propagea dans sa gorge, enflamma ses poumons. Elle maîtrisa péniblement sa respiration et demanda :

— Faut-il vous rappeler les raisons qui vous ont amené à m'assister dans cette mission ?

— Inutile…

— Bien sûr que non. Alors, avez-vous du nouveau concernant l'autopsie de Wallace Parker ?

L'interlocuteur souffla bruyamment et dit, d'un ton résigné :

— Malgré les nombreuses… blessures infligées à Wallace, le médecin légiste est parvenu à reconstituer approximativement le mode opératoire. Il n'y avait aucune trace défensive sur le corps, ce qui impliquerait que Wallace ait suivi son agresseur de son plein gré. Vu ses penchants pour le bondage et autres perversions, Wallace aurait peut-être lui-même passé la corde autour de son cou, laissant son meurtrier se charger du reste. Le larynx a été tranché net, ce qui explique l'absence de cris.

— Dieu du ciel, épargnez-moi les détails ! A-t-on trouvé des indices qui permettraient d'identifier le coupable ?

— Non. Mais je pense savoir qui a commis ce crime. Il est trop tôt pour des conclusions hâtives, mais, dès que j'aurai des preuves concrètes à vous fournir, je vous ferai part de ma théorie.

— Parfait. Rien ne presse.

— Si mes soupçons sont avérés, alors l'assassin de Wallace est toujours dans le loft. Et il y a fort à parier qu'il ne s'arrêtera pas là.

L'Ombre réfléchit un instant, puis reprit :

— À moins de faire en sorte qu'il ne soit plus en état de nuire… Augmentez les dosages, triplez-les si nécessaire, mais ne laissez pas la situation s'aggraver. Si un nouveau drame venait menacer la pérennité de *Criminal Loft*, je vous tiendrais personnellement pour responsable de cet échec. Ai-je été clair ?

— Limpide.

— Autre chose. Le suicide de Lynda mérite une couverture médiatique à la hauteur de sa chute ! J'ai donc déverrouillé l'accès et j'assure le filtrage des journalistes à l'intérieur de l'enceinte. Les forces de l'ordre garantiront une sécurité optimale pour maîtriser les candidats. Montrez-vous coopératif et tout se passera bien.

— Oui. Une dernière question, cependant… Je crois que John commence à se douter de quelque chose… Comment comptez-vous me protéger de *lui* ?

L'Ombre reposa lentement le combiné.

Il y a malheureusement des questions sans réponses.

[illegible]

[illegible] de [illegible] entre les [illegible] de [illegible] la [illegible]

[illegible] des [illegible]

Je jette un œil par la fenêtre [illegible] autour du [illegible] d [illegible] [illegible] [illegible] sans savoir qu'ils soient dans [illegible] de [illegible] [illegible]

[illegible]

Il [illegible]

[illegible]

Chapitre 32

L'agitation autour du suicide de Lynda m'empêche de retrouver le sommeil. Les hurlements des sirènes déchirent la nuit, des pas précipités résonnent dans le couloir, des éclats de voix se mêlent au tumulte qui règne sous mon crâne.

Je jette un œil par la fenêtre. Un attroupement s'est formé autour du corps disloqué de la Jumelle. Je reconnais le logo d'une chaîne de télévision. Les journalistes ont pénétré l'enceinte de Waverly Hills pour couvrir l'événement. Je suis surpris qu'ils soient déjà au courant. Une escouade de flics repousse les candidats au spectacle, tandis que des hommes en blanc établissent un périmètre de sécurité. Les matons ont pris soin de menotter mes concurrents. J'aperçois Terrance et James, accostés par un reporter peu scrupuleux qui brandit son micro afin de recueillir leurs témoignages et, par la même occasion, de se remplir les poches en s'assurant un scoop.

Laurel tente de maîtriser la furie des médias qui se bousculent pour approcher ce qu'il reste de Lynda.

Dans la foule se trouve Aileen. Apparemment très nerveuse, elle piétine, attrape le maton obèse par la manche. Le ton monte. Aileen devient de plus en plus agressive, pointant un index menaçant vers le visage impassible de

Hardy. Le sifflement du vent couvre ses paroles, mais j'aurais juré l'avoir entendue prononcer mon nom.

Et si je profitais de son absence pour aller visiter sa chambre ? Cette idée lumineuse me fait bondir vers la porte. J'ignore ce que je cherche exactement, mais j'ai peu de temps pour le trouver.

Je sors en trombe. Le cinquième étage est totalement désert. Plus j'avance dans le couloir, plus j'ai la sensation de m'enfoncer dans la gorge du diable. Le genre d'endroit qui vous avale avant de vous digérer lentement. Très lentement…

Chambre 506.

Je tourne la poignée.

La chambre d'Aileen est strictement identique à la mienne. Le mobilier est agencé de la même manière : la couche est orientée au nord, le bureau attenant à la fenêtre semble avoir connu des jours meilleurs. Je remarque que la « bible » de Waverly Hills est posée dans l'angle.

Cependant, quelque chose ne cadre pas dans le décor.

L'évidence tue l'évidence…

Le lit n'est pas défait. Les couvertures sont parfaitement tirées, les oreillers lissés et placés côte à côte, au centimètre près. Étrange, vu les circonstances qui nous ont réveillés en plein milieu de la nuit.

Alertée par le cri de Lynda, puis par le vacarme qui s'ensuivit, Aileen aurait-elle pris la peine de refaire son lit avant de rejoindre le groupe ? Réaction plutôt inattendue, à moins qu'Aileen ne s'y soit pas trouvée au moment des faits… Dans ce cas, où était-elle ? Et avec qui ?

Je m'approche de la fenêtre. Le calme est retombé sur la cour et les jardins. Les journalistes ont rengainé leur matériel. Deux hommes vêtus de blanc ont enfourné la dépouille de Lynda dans le fourgon, qui s'achemine lentement vers les limites de l'enceinte de Waverly Hills, dépassant les clôtures électrifiées dans le plus grand silence.

J'aperçois les deux matons, plantés sur le seuil du bâtiment.

Une alarme se déclenche dans ma tête.

Où sont les autres ? Certainement en train de gravir les marches pour rejoindre leurs quartiers…

Je me précipite vers la sortie et m'élance dans le couloir. À l'autre bout, je distingue une ombre qui glisse sur le sol en absorbant le peu de lumière conférée par la lune. Je n'ai que le temps de me ruer dans ma chambre. Je tends l'oreille, haletant, à l'affût du moindre signe susceptible de trahir l'identité de celui qui passe sans bruit devant mon antre.

Et s'arrête.

Sa respiration enfle derrière le mince battant de bois.

Je sens sa présence comme un prédateur renifle l'odeur de sa proie. Sauf que cette fois, la proie, c'est moi…

Un coup violent est asséné à la porte, qui vibre sur ses gonds. Mon cœur s'emballe et je suis pris de vertige.

— Ouvre, John. Je sais que tu es là. C'est moi, Terrance. On doit parler.

Aucun mot ne parvient à franchir le barrage de mes lèvres sèches. Cet imbécile m'a foutu une telle trouille que l'air reste bloqué dans ma gorge.

— John, insiste-t-il, je t'ai vu sortir de la chambre d'Aileen… Il faut vraiment que…

Chez certains sujets, une poussée d'adrénaline peut avoir des conséquences particulièrement imprévisibles. Une envie de meurtre, par exemple.

J'ouvre brutalement la porte. C'est au tour de Terrance de bondir en arrière.

— Merde ! Tu m'as fait peur ! dit-il.

— Qu'est-ce que tu veux ?

— Tu désires vraiment qu'on ait cette conversation dans le couloir ?

Je me place en retrait pour le laisser entrer. Sous ses airs de cul-bénit, Terrance le Chétif me fait penser à un chien galeux accroché à ma jambe.

— Ça y est. Ils ont emmené le corps de Lynda. Les caméras ont filmé toute la scène. À mon avis, ils cloront le dossier et s'en tiendront à l'hypothèse du suicide. T'aurais dû descendre, John. Tu as manqué le meilleur !

J'ignore ce qu'il entend par « le meilleur », mais, s'il fait allusion à la présence des médias, alors j'estime avoir évité le pire.

Devant mon détachement frôlant l'ennui, Terrance poursuit :

— OK, John. Je ne vais pas te laisser languir plus longtemps. De toute façon, la nouvelle fera la une des journaux dès demain. Tu ne devineras jamais ce qu'ils ont découvert sur le corps de Lynda !

— Des aveux ?

Terrance reste bouche bée. Son exaltation retombe comme un soufflé.

— Comment le sais-tu ? Tu n'étais pas là !

— Disons que, vu le ton surexcité de ta voix et le fait qu'ils classent aussi rapidement la mort de Lynda au registre des suicides, j'ai opté pour la solution la plus délirante. Celle qui explique son geste et facilite grandement la tâche du véritable coupable. Parce que tu es bien conscient que Lynda n'a pas tué Wallace, n'est-ce pas ?

Son regard vide me convainc du contraire. J'étaie mon raisonnement en le voyant s'enliser dans ses propres doutes :

— Lui faire endosser le meurtre de Wallace détourne définitivement les soupçons qui auraient pu peser sur d'autres. Il reste cependant des zones d'ombre. Mais, comme on n'a jamais encore réussi à faire témoigner un mort, je doute que Lynda soit en mesure de se défendre. Enfin… tout est possible à Waverly Hills. Si ça se trouve, elle reviendra hanter les lieux jusqu'à ce que justice soit faite !

Je regrette de ne pouvoir fixer sur la toile le visage dépité de Terrance.

— Tu délires, John. Lynda savait qu'on la démasquerait et elle aura préféré mourir plutôt que d'affronter ses propres démons… D'où son inscription. *Release.* Elle s'est délivrée de sa culpabilité.

— Si ça peut t'aider à dormir tranquille, alors…

— Lynda était psychologiquement très instable, et ses hallucinations ont aggravé son état. Elle a probablement agi sous l'emprise de la folie.

— Le meurtre de Wallace était un acte prémédité. La mise en scène sophistiquée le prouve. Celui qui a fait ça a méticuleusement effacé tous les indices derrière lui, hormis ceux qu'il voulait qu'on découvre et qui ont bien failli me faire accuser. C'est un tueur organisé. Pas un fou.

— Et comment expliques-tu que Lynda ait glissé ses aveux dans la poche de sa chemise avant de sauter par la fenêtre ?

— Je ne remets pas en cause le suicide de Lynda. Je n'ai rien pu faire pour l'en empêcher. Mais j'ai pu constater que les flics avaient eu du mal à contenir l'empressement des médias et des journalistes. N'importe qui aurait pu profiter de la situation pour s'approcher du corps et placer discrètement cette confession là où on l'a trouvée.

Terrance dissimule difficilement son malaise.

— Ce qui te met donc hors de cause, n'est-ce pas, John ? Il faut dire que tu étais trop occupé à fouiller la chambre d'Aileen...

Je le fixe sans ciller.

— Heureusement pour toi, je suis remonté le premier. Je crois qu'elle s'est rendue directement en salle de détente pour regarder le périple de Leonard. Il paraît qu'ils se servent d'une caméra infrarouge pour nous permettre de le suivre en direct. Je ne vois pas ce qu'il y a de passionnant à contempler des souterrains minables, mais ça semble en exciter certains. (Terrance s'apprête à me tourner le dos, mais se ravise.) Au fait, j'ai également entendu l'un des matons parler d'annuler l'Épreuve du miroir, en mémoire de Lynda. Ils sont allés trop loin et ils le savent. Et toi ? Que faisais-tu dans la chambre d'Aileen ?

— La curiosité te perdra, Terrance.

— Oh, moi, ce que j'en dis... T'inquiète pas, je serai aussi muet qu'une tombe.

— J'y compte bien. Mais c'est inutile. Les caméras du couloir ont tout filmé. Je suis prêt à parier qu'Aileen découvrira mon intrusion dès ce soir, pendant l'émission quotidienne.

— Ça n'a pas l'air de te causer du souci...

Effectivement, je ne suis pas inquiet. Aileen a plus encore à perdre si le public en vient à la même conclusion que moi. Si elle n'a pas dormi dans sa chambre, cette nuit, où était-elle ?

Terrance hausse les épaules comme s'il avait lu dans mes pensées et jugeait la réponse sans importance.

— Il va bientôt faire jour. Ça te dit de m'accompagner au réfectoire pour boire un jus ?

— Non, merci. Je crois que je vais faire un tour en salle de détente. Histoire de voir comment se porte Leonard.

— Comme tu voudras, lâche Terrance, apparemment déçu que je lui fausse compagnie.

Je le regarde s'éloigner, les omoplates voûtées et le dos rond. Il l'ignore, mais il s'apprête à ingérer sa dose quotidienne de psychotropes et je me fais la réflexion qu'il ferait fureur à la rubrique des chiens écrasés…

*

Après le drame qui vient de secouer le loft, je m'étonne que les matons ne nous aient pas encore parqués dans leur foutue chambre d'isolement afin de nous interroger un par un, pour éclaircir le mystère autour du suicide de Lynda. À moins que des ordres tombés de plus haut n'aient délibérément décidé d'étouffer l'affaire.

Je me demande ce que les téléspectateurs pensent de tout ça. La vue du sang attise-t-elle leur addiction pour l'émission ou sont-ils au contraire choqués d'assister, en direct, à la mort d'un être humain ? Je pencherais plutôt pour la première hypothèse, car, sans l'intérêt morbide qui les tient accrochés à leur télé, *Criminal Loft* n'aurait probablement jamais existé.

Je descends au quatrième étage, me préparant à croiser quelqu'un, mais l'escalier ne répond qu'au bruit de mes pas. Lorsque j'entre dans la salle de détente, je découvre Aileen, assise de profil sur l'un des canapés. Le téléviseur est allumé et diffuse une série d'images en surbrillance, filmées en vision nocturne. Une longue galerie souterraine s'étend à perte de vue, dévoilant les contours flous de ce que je suppose être des portes. Les nuances olivâtres et vermillon révèlent les différents éléments présents dans le sous-sol, tandis qu'un vert criard emplit le reste de l'écran.

— Salut, John, lance Aileen sans détourner son attention du poste. Je me demandais quand tu te déciderais à savourer le sort que tu as réservé à Leonard.

Son oreille, mise à nu par une mèche rebelle, expose les séquelles de mon féroce appétit. Un tic nerveux agite sa lèvre supérieure.

— Je comprendrais que tu m'en veuilles d'avoir révélé l'existence des souterrains, dis-je. Mais je n'ai fait que me plier aux règles du jeu. Et puis, pense que tu aurais pu te retrouver là-dessous, si je l'avais décrété. Deux jours et deux nuits sans eau ni nourriture, Aileen.

— Oh… Tu t'attends sans doute à ce que je me prosterne devant toi pour ta clémence à mon égard ! Seulement voilà, nous savons tous les deux que tu ne fais jamais rien par hasard. Je suppose que je te serai plus utile à la surface que sous terre…

— Désolée, ma belle. En ce qui me concerne, notre escapade relève de l'histoire ancienne. J'ai déjà obtenu tout ce que je pouvais tirer de toi. Tu ne m'es plus d'aucune utilité. En revanche, j'éprouve une peine sincère pour cette pauvre Lynda.

Un rire guttural explose dans la pièce. La démence se lit sur le visage d'Aileen comme dans un livre ouvert.

— Lynda a tué Wallace, tu n'es pas au courant ? On a retrouvé ses aveux. Et tu oses prétendre ressentir de la tristesse pour une cinglée trop lâche pour assumer ses actes ? Ne joue pas à ça avec moi. C'est si… pathétique !

Aileen ment. Elle sait, tout comme moi, que le véritable coupable est toujours bien vivant. Qu'il est doté d'une dangereuse intelligence qui lui permet de se fondre dans le décor, en masquant sa nature diabolique.

— Tu n'es pas venu là pour t'épancher sur le sort de Lynda, n'est-ce pas ? Assieds-toi, John, et écoute. Je suis certaine que ça va te plaire.

J'avance dans la pièce exposée aux premières lueurs de l'aube.

Sur l'écran, l'image demeure figée. Je plisse les paupières pour m'habituer à la luminosité qui dessine les reliefs. Les infrarouges percent l'obscurité des boyaux souterrains comme si je regardais à travers les yeux de Leonard. Et c'est exactement ce que je fais.

Aileen monte le son.

J'entrevois des formes onduler sur le sol, de petits spectres fluorescents qui courent le long des plinthes.

Des rats.

Un râle désespéré s'échappe des haut-parleurs. Brusquement, la retransmission devient chaotique, comme si la caméra était bringuebalée en tous sens. Une jambe s'élance vers l'avant pour chasser les rongeurs, repoussant temporairement le danger d'une morsure. Puis l'image se stabilise de nouveau au milieu de ce kaléidoscope de couleurs agressives.

Les lèvres d'Aileen s'étirent comme une fente écarlate sur la blancheur de ses dents.

Je tends l'oreille.

Leonard psalmodie entre deux halètements où se mêlent épouvante et asphyxie.

Stupéfait, je l'écoute répéter mon nom comme un mantra.

Aileen se tourne vers moi. Ses yeux expriment une intense délectation.

— Et ça dure depuis vingt minutes. J'ai bien peur qu'il ne t'ait pas pardonné de l'avoir jeté dans la fosse aux…

rats ! Si j'étais toi, je prierais pour qu'il ne remonte jamais à la surface, John *chéri*. Deux jours et deux nuits… Tic… tac… tic… tac…

Elle croise les jambes et se renverse sur le canapé. Elle passe un doigt humide sur son lobe écorché et le fourre dans sa bouche, en jouissant du spectacle qu'offre l'agonie de Leonard.

Je me lève prestement pour échapper à mes propres pulsions meurtrières. Je sens presque le contact froid du métal dans ma paume, comme si mon scalpel était devenu un membre fantôme. Le supplice que je réserve à cette garce sera inégalé dans les annales du crime. Je m'en fais la promesse.

Mais, pour y parvenir, je dois gagner ma liberté et reprendre le contrôle de mes émotions. Alors, je me contente de me diriger lentement vers la porte avant d'assener le coup de grâce :

— Oh, Aileen, je préfère te le dire avant que tu l'apprennes à la télé : je me suis introduit dans ta chambre en ton absence. C'est mal, je sais, mais je voulais m'assurer que tu ne préparais pas une mauvaise action…

Son sourire s'évanouit instantanément pour laisser place à une moue affreuse, les lèvres crispées sur de probables injures.

— Rassure-toi, je n'ai rien trouvé… Cependant, j'en ai déduit que tu n'avais pas dormi dans ton lit, cette nuit. Il faudra sans doute justifier cette désertion auprès des téléspectateurs. Mais je suis certain que tu t'en sortiras très bien.

En quittant la pièce, je l'entends murmurer :

— Deux jours et deux nuits, John.

Une langue glacée me lèche soudain l'échine en remontant lentement jusqu'à ma nuque.

Sa voix mielleuse est un supplice que j'explore à l'infini.

Chapitre 33

Mes années d'exercice en qualité de psychiatre m'ont appris le danger que représente l'influence d'Internet et particulièrement des réseaux sociaux. On se lie d'amitié avec de parfaits inconnus sans trop se méfier. Le masque, illustré par l'écran d'un ordinateur, cache bien souvent des profils factices derrière lesquels sévissent de sinistres détraqués. Nombre de mes patients m'ont avoué souffrir de l'impact de ces relations, qui amènent les gens à se bouffer entre eux.

Internet est dans l'air du temps.

Le cannibalisme virtuel est un phénomène de mode qui attire de plus en plus d'adeptes, preuve – s'il en faut – du mal-être de notre société.

Criminal Loft est la cerise sur le gâteau, si j'ose dire… Je suis certain qu'ils ont créé une page dédiée à l'émission, entraînant un nombre croissant de fanatiques à consacrer la majorité de leurs loisirs à suivre l'actualité du loft en direct.

Pour ma part, je ne suis pas un partisan de l'anthropophagie, virtuelle ou non, mais la faim qui me tiraille l'estomac depuis plusieurs jours me pousse à réviser mon jugement. Je me surprends à saliver en songeant au goût qu'aurait la chair humaine.

J'évite consciencieusement de m'approcher du réfectoire pour ne pas être tenté par l'odeur alléchante du bacon frit qui embaume tout l'étage.

Et pendant qu'Aileen, James et Terrance se gavent pour occuper leur journée, je décide de partir en chasse de nourriture. L'idée m'est venue subitement, en voyant Leonard repousser les rongeurs qui auraient fini par le dévorer s'il avait eu le malheur de s'assoupir.

J'erre dans la cour de Waverly Hills comme une âme en peine. D'inaccessibles proies tournoient dans le ciel et leur incessant ballet me donne le vertige. L'après-midi est caniculaire. Une chape de plomb s'abat sur les jardins, exposés à la brûlure du soleil.

Je m'enfonce dans les sous-bois. J'emprunte le chemin qui mène à la cabane où Leonard m'a fait découvrir les secrets que renfermait la « bible », sans laquelle il ne croupirait pas dans cet infâme souterrain infesté par les rats. Les ronces s'accrochent à mon pantalon et ralentissent ma quête de nourriture. J'observe chaque buisson, à la recherche de baies sauvages dont l'amertume suffirait à satisfaire mon palais. Pour le moment.

J'arrache une poignée de feuilles qui s'effritent sous mes doigts comme des biscuits trop secs. Une douleur insoutenable m'oblige à courber l'échine. Mon estomac se révulse. Il réclame son dû.

À bout de forces, je me laisse choir, le visage contre l'humus qui jonche le sol. J'ai la sensation d'avoir été vidé de l'intérieur, comme si quelqu'un avait prélevé mes organes vitaux, ne me laissant que la peau et les os.

Quand, soudain, je perçois un mouvement sous une branche sèche. Des insectes ont établi leur colonie sous un amas de feuilles et de brindilles. Je ne suis pas entomologiste, mais leur aspect me rappelle celui des coléoptères. Leurs minuscules ailes membraneuses frémissent imperceptiblement, mais ce qui retient mon attention, c'est le renflement garni de leur abdomen.

Je me tourne lentement sur le côté et saisis l'une de ces petites bêtes entre mes doigts. Elle se débat en agitant ses pattes duveteuses. J'ignore si cette espèce est comestible. Oh, bien sûr, c'est moins appétissant qu'un bon steak saignant ; je dirais même que l'idée d'avaler un organisme vivant m'écœure. Mais, quand la situation l'exige, il faut savoir surmonter ses préjugés.

Or, là, ma survie en dépend. Je m'efforce de m'en persuader lorsque la carapace craque sous ma dent, libérant un liquide visqueux qui se répand dans ma bouche. Et, au bout de trois ou quatre bouchées, le goût me paraît plus savoureux.

C'est ainsi que j'ai décimé ma première colonie.

*

Je passe le restant de l'après-midi à chasser toutes sortes de bestioles que j'enferme dans une canette de soda vide, récupérée dans ma chambre. Je bouche l'ouverture avec des feuilles. Puis j'enfouis mes réserves sous des branchages que j'entrepose dans la vieille cabane à l'abandon.

Jamais je n'aurais imaginé devenir entomophage. Après toutes ces années purgées en prison, je pensais avoir déjà subi les pires humiliations.

Je me trompais.

Un ruban flamboyant enlace les collines lorsque je quitte mon repaire. La brise du soir charrie des tourbillons de sable sans parvenir à rafraîchir l'atmosphère. C'est un vent chaud qui souffle sur l'étendue désertique au-delà de l'enceinte de Waverly Hills. Les jardins, si colorés le jour, se parent peu à peu d'une teinte monochrome, endeuillés par la disparition progressive du soleil à l'horizon.

C'est étrange comme notre perception sensorielle s'accroît à l'approche de la nuit. Les bruits se détachent du décor avec une impressionnante clarté ; l'acuité visuelle augmente pour s'adapter à l'environnement immédiat et cerner les ombres en mouvement. Le son qui provient du pavillon annexe ne pouvait échapper à mes facultés cognitives extrêmement développées.

Je reviens sur mes pas et me dirige vers le petit édifice à la toiture branlante. Les bâches en plastique flottent dans l'air comme les ailes d'un oiseau fantôme. Une rafale balaie les débris qui encombrent le patio.

La dernière fois que je suis entré ici, Michael faisait toujours partie de l'aventure et Lynda était encore en vie. J'ai l'impression qu'il s'est écoulé une éternité depuis.

Le bruissement des feuilles me rappelle le clapotis d'une pluie fine, trop ténu pour couvrir le chant qui émane de ce lieu éventré par des années de négligence. La porte claque par à-coups. Je l'entrouvre davantage.

Je ne peux m'empêcher de me demander ce qu'aurait pensé ma *chère* mère en me voyant dans cet état. Mon pantalon est maculé de taches sombres, des épines s'accrochent dans mes cheveux huileux et mon visage encrassé doit porter les stigmates de mon expédition rampante au pays des vermines. Je suppose qu'elle m'aurait passé un savon !

Je ris intérieurement de mon sens inné de l'humour noir jusqu'à ce que je pénètre dans le pavillon annexe, où règne la pénombre dérangeante de ce début de soirée. Je reste un instant interdit en repérant une forme, d'apparence humaine, recroquevillée dans un coin de la pièce – une forme qui chantonne *Rock-a-bye Baby*.

J'avance sans crainte et, à mesure que je m'en approche, j'identifie un autre bruit. Celui d'une mine de crayon s'acharnant frénétiquement sur le papier.

— James ?

L'objet cesse de s'agiter et la main qui le tient s'écarte lentement du corps comme si elle s'en détachait. Soudain, la lumière jaillit d'une lampe à pétrole posée sur le sol. Le visage terrorisé de James le Zozoteur est pris dans un halo mordoré que cernent des ombres capricieuses.

— N'aie pas peur. C'est moi. John.

Ses yeux vitreux me fixent sans me voir. James est aussi prolixe que l'était Lynda. Mais elle, au moins, a dorénavant une bonne excuse.

James serre son carnet de croquis contre sa poitrine frêle et tremblante. Je prends garde à ne faire aucun geste brusque qui pourrait l'effrayer. Je continue d'avancer doucement vers lui et, quand je juge la distance suffisante, je m'assois lentement sur le sol pour me mettre à sa hauteur. Je remarque que ses pupilles sont effroyablement dilatées. Les restes de son dîner traînent un peu plus loin et je fais rapidement le rapprochement entre son état quasi catatonique et les assiettes vides qui s'empilent en dégageant une forte odeur de graisse.

— James, pourquoi tu restes ici, tout seul ?

Devant son apathie, je m'efforce de m'abaisser à son taux vibratoire, aussi plat que l'électrocardiogramme d'un cadavre momifié.

— Tu chantais *Rock-a-bye Baby*, n'est-ce pas ? Tu es bouleversé par la mort de Lynda, c'est ça ?

Ses paupières se mettent à papillonner nerveusement. Si je ne l'avais pas su capable d'atrocités, j'aurais juré m'adresser à un enfant mentalement retardé.

Son carnet de croquis m'attire irrésistiblement, mais, vu la façon dont il le couve, je fais preuve d'une patience d'ange.

— Tu sais, à moi également, elle me manque. Pourtant, rester cloîtré ici ne la ramènera pas.

— Personne n'a voulu la croire. Mais ze l'ai vue aussi, la fillette.

L'effet des drogues semble s'estomper progressivement. Son discours est cohérent. Enfin… si l'on considère qu'articuler deux phrases correctement le soit. Son cas est grave, mais pas désespéré. James sombre lentement dans la folie qui a conduit Lynda à se suicider.

J'étais persuadé que les matons ajoutaient de la belladone à notre nourriture, mais les symptômes aléatoires me donnent maintenant à penser qu'ils ont élaboré un cocktail plus puissant et destructeur à base d'atropine et d'autres substances dont l'interaction peut être fatale.

— J'en suis convaincu, James. Tu as croisé le fantôme de Mary, tout comme Lynda. Pourquoi ne te croirait-on pas ? Le sanatorium de Waverly Hills est bien le lieu dit le plus hanté des États-Unis, non ? Ça n'étonnera personne.

— Alors, pourquoi on ne voit rien sur les imazes, hein ?

— Les caméras ne peuvent sans doute pas capter… les phénomènes ectoplasmiques.

Ses yeux s'arrondissent. Une ride barre son front tandis qu'il hausse les sourcils, marquant son incompréhension. J'oublie parfois que ces médiocres qui m'entourent n'ont aucune instruction. Et pourtant, je suis brusquement envahi par une sorte d'appréhension en regardant James, d'apparence inoffensive. Les termes exacts employés par

Leonard – avant que je l'envoie moisir avec les rats – me reviennent en mémoire : « Promets-moi que James ne sortira pas d'ici indemne. Il n'est pas plus attardé que toi et moi, malgré ce qu'il essaie de faire croire. Ce type a violé et assassiné une gamine, souviens-toi. Sa propre sœur… »

Même si James clame son innocence, je doute effectivement que ce gars-là se soit contenté d'attirer sa frangine à l'abri des regards par pure conscience artistique. Certes, parvenir à retranscrire ses fantasmes sur le papier lui confère un don incontesté pour le dessin, mais j'assimile cela davantage à la signature d'un psychopathe qu'à une toile de maître.

Et c'est précisément pour cette raison que son carnet m'interpelle. Que peut-il bien griffonner avec tant de véhémence depuis notre entrée au loft ?

— James, quelque chose m'intrigue… Comment t'es-tu procuré ton nécessaire à dessin ? Je te demande ça parce que, dans mon autre vie, j'avais l'habitude de fumer un bon cigare en buvant un scotch. Ça me détendait après une journée de travail. Et je me disais que je pourrais peut-être, moi aussi, m'approvisionner en petits plaisirs…

— Le maton au taser. C'est lui qui me l'a fourni, répond-il d'une voix morne. Et la lampe, pareil.

— Gratuitement ? questionné-je en cherchant la présence d'une caméra « témoin ».

À mon grand désespoir, cette pièce-là n'en est pas équipée.

Il marque un temps d'hésitation avant de me confier :

— Pas tout à fait. En échanze, ze lui raconte des histoires.

— Oh… de quel genre ? dis-je, sentant venir l'orage.

James se tortille comme une anguille. Acculé contre le mur, il presse si fort son carnet que ses phalanges blanchissent sous le faible éclairage. Son visage, en revanche, plonge dans l'obscurité, ne laissant visible que son cou.

Comme décapité par les ténèbres.

J'ignore pourquoi cette image me hante encore aujourd'hui. Peut-être parce que c'est la seule qui me reste de James. Vivant.

— Ze lui parle de ma petite sœur. Il aime m'entendre raconter nos escapades clandestines. La manière dont ze la faisais s'allonzer dans les champs de blé pour capter la lumière propice à retranscrire sa beauté... et son innocence. Ze ne la touchais que pour la guider, comme un artiste aurait façonné son modèle. Parce que c'est ce que ze suis : un artiste. Et lui, le maton, il le sait.

Je reste coi.

La bête obèse est un pervers de la pire espèce. De celle qui se délecte de ces divertissements malsains qui consistent à reluquer une gamine, sans toutefois pousser le vice au-delà. Ils ont dû prendre leur pied, tous les deux, à débattre de leurs émotions, rien qu'en imaginant le corps nu et frêle de la fillette.

Je masque mon dégoût. Non par pitié pour une enfant sauvagement dépucelée, mais pour la lâcheté de ces deux monstres qui ne parviennent même pas à assumer leurs penchants déviants.

Je remarque que, lorsque James évoque le souvenir de sa jeune sœur, sa diction est moins hachurée, son zozotement atténué. Un peu comme ces chanteurs canadiens qui perdent leur accent quand ils chantent. Alors, attardé ou simulateur ? Peu importe, pour l'instant. Je recentre mon attention sur la partie apparente de James : son carnet de croquis.

— Moi aussi, je te considère comme un artiste. Tu veux bien me montrer tes dessins ?

Malgré l'opacité qui enveloppe son visage, je devine qu'il secoue vigoureusement la tête en signe de désapprobation.

— Je croyais qu'on était amis, tous les deux…, dis-je, nauséeux.

Chaque seconde passée en sa compagnie me paraît interminable, mais ma patience se voit récompensée lorsque ses mains relâchent leur prise et qu'il me tend le cahier à spirale.

Je m'en empare avec un peu trop d'empressement, de peur que James ne se rétracte.

— Hé ! Fais attention !

— Pardon, c'est que…

J'examine la première page, la deuxième, puis les suivantes, comme si l'enfer s'ouvrait devant moi.

— … c'est que je suis surpris. Tu as un tel sens du détail…

Le premier dessin représente une femme apeurée, assise dans le parloir. Le portrait de Lynda est si ressemblant que je ne peux retenir un sifflement admiratif.

Le deuxième évoque le meurtre de Wallace, pendu et éventré dans la chambre 502. Chaque coup de crayon affine avec précision la description des lieux.

Le troisième montre Michael se contorsionnant sur la chaise en bois pour échapper à la menace d'une arme électrique. Il y a un tel réalisme dans ces reproductions que c'en est presque… effrayant.

— Tu as beaucoup de talent, James.

Plus je tourne les pages, plus je suis ébahi par ces illustrations qui retracent les moments marquants de notre aventure.

Mais pas seulement.

— Qui est-ce, sur ce dessin ?

James bondit comme un animal et se colle à moi. Son contact me répugne et son haleine fétide me soulève le cœur. Je m'efforce de résister à ces attaques sensorielles parce qu'il me faut des réponses, que seul James est en mesure de me fournir.

— C'est Aileen, souffle-t-il. Elle n'est pas contente parce que le gros maton lui crie dessus.

En dépit des apparences, James possède un don incontestable. J'ai immédiatement identifié la silhouette d'Aileen et celle, on ne peut plus reconnaissable, du gardien obèse. Ce que je cherche à comprendre, c'est pourquoi cette scène a marqué James au point de lui inspirer le besoin de la coucher sur le papier. De plus, je ne parviens pas à déterminer dans quelle partie du sanatorium elle se déroule. Les murs ont l'air propres. Certains sont même tapissés de cadres. Rien à voir avec les endroits sordides que je connais.

— Tu sais pourquoi il crie après Aileen ?

— Elle a fait quelque chose de mal. Z'ai peur qu'ils me voient, alors ze remonte regarder la télé. Z'ai faim… il y a des muffins sur la table…

James est avec moi et, pourtant, il semble revivre ce moment comme s'il était plongé sous hypnose.

— Tu remontes ?

— Oui.

— Où as-tu assisté à la querelle entre Aileen et le maton, dans ce cas ?

— Si ze le dis, on va m'inflizer une sentence.

— Non, James. Personne ne l'apprendra. Regarde autour de toi. Tu aperçois une caméra ? Non. Tu es en sécurité, ici.

James paraît se détendre.

— Z'ai voulu savoir ce qu'il y avait au premier étaze… Oui, on nous l'a interdit… Mais ze n'ai pas pu résister. C'est là que dorment les matons. Une porte était ouverte. Z'ai entendu une dispute. Ze me suis approché et ze les ai vus. Ze me suis enfui avant qu'ils s'aperçoivent de ma présence.

— Dis-moi, c'était avant ou après le meurtre de Wallace ? Prends ton temps pour me répondre. Réfléchis bien. C'est très important.

James lance un coup d'œil inquiet derrière lui, comme s'il redoutait qu'une autre personne ne l'écoute.

— C'était le lendemain, murmure-t-il. Pourquoi ? Tu penses qu'il y a un rapport avec leur dispute ?

— Non, voyons ! Ne fais pas attention. Je suis curieux, c'est tout. En tout cas, je suis bluffé par ton talent !

James me sourit, fou de joie et visiblement très touché par le compliment, alors que mon but est de détourner la conversation avant de m'enliser dans de tortueuses explications.

Ça n'a peut-être aucun lien, mais, tandis que j'assemble les pièces du puzzle, mon hypothèse d'un complice se confirme par la présence incongrue d'Aileen dans la chambre du maton. Et s'ils formaient un tandem meurtrier ? Ça expliquerait que les caméras aient été coupées justement cette nuit-là. Qui d'autre que les gardiens a accès au système de vidéosurveillance ?

Si incroyable que cela puisse paraître, Aileen aurait donc trouvé son jumeau diabolique en la personne de ce gros lard. Elle aurait pu le séduire et l'amener à partager ses fantasmes… Même si, selon moi, cette hypothèse ne cadre pas avec le profil narcissique d'Aileen, rien n'est exclu. Il arrive que certains tueurs en série changent leur mode opératoire parce qu'un facteur extérieur les y oblige – j'en fais partie. D'autres se livrent parfois à une telle escalade dans la violence qu'il devient quasi impossible de relier leur premier forfait aux suivants. Ce qui rend leur traque laborieuse.

La criminologie n'est pas une science exacte.

Pas plus que la psychiatrie.

Il demeure tellement de zones d'ombre.

Comment la présence d'Aileen – et de James – a-t-elle pu échapper aux caméras ? Si la Voix ne les a pas réprimandés pour avoir enfreint le règlement, c'est sans doute parce qu'elle l'ignore. Et l'explication la plus probable est que le premier étage est dépourvu de système de surveillance. Ou alors…

— À quoi tu penses, Zohn ?

— À tes dessins. Ils suivent une chronologie bien précise, n'est-ce pas ?

James hoche la tête.

— Et que représente celui-ci ? questionné-je en désignant une sorte de tunnel, noirci à grands coups de crayon, au bout duquel se détache une forme atténuée par des courbes délicates.

— C'est le quatrième étaze. Et là, z'ai dessiné Mary, répond-il en pointant un index sale.

— Le fantôme ?

— Oui. Mary est une zentille petite fille, tu sais. Tout ce qu'elle veut, c'est un peu d'affection. Z'aimerais tant pouvoir zouer à la balle avec elle, mais ze n'arrive pas à l'attraper.

Je me pose la question de savoir s'il souhaite attraper la balle ou la gamine. L'ambiguïté est désarmante.

Soudain, mon cerveau rembobine le fil de la conversation.

— Tu as parlé d'une balle ? Tu l'entends ?

— Non. Ze la vois seulement, m'assure James.

D'accord. Simple coïncidence. Distorsion de la réalité. Je ne suis pas affecté par ce que je viens d'apprendre.

Hormis le fait que je sois seul avec un pédophile, à la nuit tombée, dans un pavillon rempli de courants d'air digne d'un décor de film d'épouvante, je n'ai absolument rien à craindre, à part moi-même.

Je suis un tueur entomophage qui se bat pour recouvrer sa liberté, grâce à un jeu de télé-réalité créé de toutes pièces par des malades mentaux.

Si l'on ajoute à cela que l'un des matons, censé faire respecter l'ordre, est un psychopathe en puissance associé à une *Mante religieuse*, alors on peut conclure que nous avoir sélectionnés pour participer à *Criminal Loft* relève tout bonnement d'un suicide collectif organisé !

— Et ça ? C'est ce que tu dessinais quand je suis entré ?

— Mmm.

Je suppose que c'est un *oui*.

J'approche le carnet de mes yeux. Je me vois, pénétrant dans le pavillon. Ce n'est qu'une esquisse, mais je reconnais parfaitement ma physionomie. James est roulé en boule dans un coin de la pièce. Son autoportrait est approximatif, mais, s'il avait eu davantage de temps, je suis sûr que chaque détail aurait été représenté avec minutie.

— Et là, c'est quoi ?

— C'est l'autre, répond-il en tournant lentement la tête.

Avant même que je puisse réagir, l'*autre* surgit du néant.

Chapitre 34

Durant tout ce temps passé à questionner James, quelqu'un nous épiait à l'intérieur même du pavillon. Un troisième œil silencieux, tapi dans l'ombre. Lorsque l'*autre* révèle sa présence, je suis à la fois surpris et rassuré, même si j'ai l'air d'avoir pris cent ans en quelques secondes.

L'*autre*, c'est *Laurel*.

L'*autre* maton.

Celui qui émerge de l'obscurité et nous stupéfie par son incroyable faculté à se rendre invisible.

—Salut, dit-il.

—Quelle surprise ! Et ça fait longtemps que tu nous espionnes, *Laurel* ?

—J'étais là avant toi, John T. J'ai apporté son repas à James et nous en sommes venus à discuter un peu. J'ai entendu du bruit, alors je me suis planqué. C'est mon rôle, après tout, de vous surveiller, pas vrai ?

Je me tourne vers James :

—Tu savais qu'il était ici !

James approuve d'un signe de tête.

—Donc, t'es au courant qu'Aileen s'est aventurée dans la chambre de ton chef et qu'une dispute a éclaté ? Tu comptes la dénoncer ? dis-je en m'adressant cette fois à *Laurel*.

—James m'en avait touché deux mots. Je devine qu'il se trame quelque chose de pas net entre ces deux-là, mais je ne suis pas en mesure d'agir et je ne balancerai personne. Mon boulot, c'est d'assurer l'ordre, pas de jouer le juge et le bourreau. Chacun son rôle, John…

Cet avorton de *Laurel* a la frousse ! Il craint l'autorité de son collègue, comme s'il savait de quoi ce type est capable. Je parierais qu'en forçant un peu je pourrais le faire fondre en larmes, tellement l'emprise du maton obèse semble l'obséder.

Son talkie-walkie grésille. *Laurel* le porte nerveusement à ses lèvres.

— Oui ?

— C'est l'heure.

— J'arrive.

Il coupe la communication et s'agite comme un ver de terre – et, croyez-moi, je commence à m'y connaître en ce domaine.

— Faut pas s'éterniser, dit-il. L'émission quotidienne va démarrer. Partez devant. On ne doit pas nous voir ensemble.

— Qu'est-ce qui t'effraie tellement ?

Laurel baisse les yeux, élude ma question, rentre le menton comme un escargot se réfugie dans sa coquille, si bien que j'aperçois un début de calvitie au sommet de son crâne.

— Il vous reste moins de trente secondes pour rejoindre les autres. Magnez-vous ! lance-t-il.

Mus par un instinct de survie, James et moi nous mettons à courir au cœur de la nuit. Je sens le regard du maton peser dans notre dos, tandis qu'une voix improbable égrène, dans l'ombre, le compte à rebours.

*

— Chers téléspectateurs, bonsoir !

» Bienvenue pour le show le plus brûlant qui ait jamais existé. Il s'agit bien sûr de *Criminal Loft* !

» Ils ne sont plus que cinq !

» Aileen, Terrance, John, James et Leonard ! Nous les retrouverons dans quelques minutes, en direct live, mais, en attendant, voici quelques morceaux choisis de leur aventure… en images !

Une salve d'applaudissements ponctue l'accroche de la présentatrice au regard pétillant, rehaussé d'une épaisse couche de mascara. *Barbie* et *Ken* n'ont pas l'air ébranlés par les événements qui ont frappé le loft. On les dirait conditionnés pour afficher un perpétuel sourire et feindre un rayonnement en totale contradiction avec ce qui se passe ici.

Ils encouragent le public à applaudir, huer, hurler, comme s'ils entraînaient une équipe de pom-pom girls avant un match décisif.

La rétrospective est centrée sur le décès de Lynda et la découverte de ses aveux. Une journaliste commente la tragédie pendant que le corps de Lynda est évacué. En arrière-plan, je reconnais les jardins et le toit bâché du pavillon annexe palpitant dans la nuit que troue la lumière des gyrophares. Les déclarations de Lynda s'affichent à l'écran comme pour adoucir l'impact de son acte suicidaire. Voici ce qu'elle *aurait* écrit :

« Il est temps d'en finir. J'ai tué Wallace Parker, comme tant d'autres avant lui, parce qu'il est dans ma nature d'engendrer le mal. Je l'ai convaincu de me retrouver dans la chambre 502 en lui promettant qu'il ne le regretterait pas. Son appétit sexuel en faisait une proie facile. Je ne sais quelle force m'a possédée lorsque je lui ai tranché la gorge. Au départ, mon but était de l'effrayer… mais la situation a dégénéré. Je suis fatiguée. Plus la force de lutter. La véritable liberté ne se gagne que dans la mort. Celle qu'on choisit. Je demande l'absolution pour mes péchés. »

Maintenant, j'en ai la certitude. Lynda ne peut avoir commis ce crime. Si son geste n'était pas prémédité, comment expliquer la présence de l'arme sur les lieux ainsi que le peignoir – mon peignoir ! – qu'elle aurait revêtu avant de dissimuler le tout à l'entrée du *Death Tunnel* ? Sans compter le contenu structuré de ces prétendus aveux qui ne cadre pas avec l'état psychique précédant son suicide.

Le reportage se termine sur de vagues condoléances couvertes par le bruit du vent.

Barbie réapparaît à l'écran et enchaîne sous les applaudissements des téléspectateurs.

Leonard ne bénéficie que d'une brève séquence dans laquelle on le voit se débattre au milieu des souterrains, les jambes battant la poussière pour repousser les rats. Une lente agonie sur laquelle les réalisateurs ne s'attardent pas.

Assis en bout de canapé, j'attends impatiemment le moment où mon intrusion dans la chambre d'Aileen sera révélée au grand public, la plaçant dans une position délicate qui la contraindra à s'expliquer sur le fait qu'elle n'ait pas dormi dans son lit.

Je sens dans mon dos la présence du maton obèse, sa respiration sifflante – répugnante conséquence de son surpoids –, et je jubile à l'idée de l'embarquer dans notre aventure. Il figurera en tête de liste de mes écorchés vifs lorsque le public statuera en ma faveur. Parce que je ne conçois pas d'autre issue possible.

Laurel est prostré dans un coin de la pièce. Son léger retard lui a valu une remarque acerbe de la part du gros lard. Son absence de réaction me dépite.

Quant à Aileen, elle ne prête aucune attention à la diffusion de l'émission. Elle se contente d'inspecter ses ongles avec une moue boudeuse. Son détachement m'inquiète. Elle ne manifeste pas le moindre signe d'appréhension. Elle a même l'air confiante.

Un peu trop, à mon goût.

James a le nez plongé dans son carnet de croquis, qu'il noircit avec véhémence. Je me demande ce qui l'inspire autant…

Terrance s'est rapproché de moi. Il tient sa « bible » comme s'il ne parvenait plus à s'en séparer. Il me gratifie d'un pauvre sourire qui semble dire : « Eh oui, mec, maintenant qu'on est là, on n'a plus le choix. »

Le jingle retentit.

Barbie revient sur le devant de la scène. Ses lèvres sont deux pétales pourpres ouverts sur une dentition parfaite qui éveille en moi quelques idées en matière de chirurgie plastique.

— Comme vous avez pu le constater, la tragédie qui a emporté Lynda marquera les annales de la télé-réalité. Vous avez été nombreux à redouter que *Criminal Loft* ne soit interdit, à la suite des terribles événements qui se sont succédé à Waverly Hills. Eh bien… rassurez-vous ! L'aventure continue !

(*Barbie* rajuste son oreillette.)

» On m'apprend, à l'instant, que les enchères ont atteint des sommes records ! Le couteau est estimé à neuf mille cinq cents dollars ! Le peignoir a trouvé acquéreur pour trois mille cinq cents dollars ! Qui seront les heureux gagnants de cette vente aux enchères ? Nous le saurons le soir de la finale ! Pour suivre l'évolution des enchères, rendez-vous sur criminal-loft.kentucky.net !

(Applaudissements.)

» À présent, retrouvons nos lofteurs en direct du sanatorium de Waverly Hills !

» Bonsoir à tous !

Nous murmurons de concert un « bonsoir » peu enjoué.

— John, vous avez gagné votre immunité pour les prochaines éliminations. Pensez-vous que c'est un pas vers la victoire ?

Tous les regards convergent dans ma direction. Je suis un égocentrique-né et, en d'autres circonstances, sans doute aurais-je apprécié cette attention exclusive. Mais, là, je me sens plutôt exposé au centre d'une arène franchement hostile.

— Disons que c'est une chance supplémentaire de prouver au public que je suis apte à être réhabilité.

Barbie esquisse un large sourire qui fend son visage extatique d'une plaie béante.

— Si vous deviez éliminer quelqu'un, qui choisiriez-vous ?

Ma gorge s'étreint en percevant le piège dans lequel on essaie de me précipiter. Deux options s'offrent à moi : répondre à la question et me faire un ennemi, ou me taire et risquer de passer pour un lâche. Le choix est vite fait.

— Terrance.

Un hoquet de surprise claque dans mon dos. Je savoure la réaction de mon auditoire. Elle me rappelle vaguement celle de mon père, le soir où il déterra la dépouille massacrée d'un chiot, aux abords de la ferme.

— Et pourquoi élimineriez-vous Terrance, John ?

— Cela n'a rien de personnel. Mais je ne crois pas que l'on puisse tuer sous l'emprise d'une entité maléfique. Terrance plaide l'irresponsabilité en affirmant avoir agi malgré lui. Ce n'est qu'un moyen de refouler ses pulsions, de se convaincre qu'il n'est pas un monstre. Alors, s'il est incapable d'assumer ses actes, comment pourrait-il prétendre ne plus être un danger pour la société ? Sérieusement, vous laisseriez vos enfants, votre épouse ou votre petite amie seuls en compagnie de cet énergumène ?

Mon argumentation tient la route. Je viens de marquer un point. J'aurais tout aussi bien pu désigner James, qui hurle à l'injustice en expliquant que son père a fabriqué de fausses preuves visant à l'incriminer et à dissimuler ses propres abus incestueux. Mais James pèse suffisamment lourd dans la balance. L'opinion publique est unanime quand il s'agit de juger un pédophile. James n'a aucune chance d'échapper à l'injection létale. Alors, à quoi bon l'accabler davantage ?

— Une dernière question, John : l'épreuve de Leonard prendra fin dans vingt-quatre heures exactement. Comment envisagez-vous une réconciliation ?

Vingt-quatre heures. Déjà ? pensé-je.

— Sur ce point, je ne peux vous répondre. Encore une fois, j'ai été contraint de nommer quelqu'un et mon choix n'avait rien de personnel. Je n'ai aucun grief contre Leonard. J'espère simplement que c'est réciproque. Je n'ai fait que suivre les règles du jeu que *vous* avez établies.

— Merci, John. À présent, chers téléspectateurs, il est l'heure de nous quitter ! Rendez-vous demain soir pour de nouvelles aventures ! En attendant, je vous souhaite une excellente soirée sur Channel 9. Et n'oubliez pas : vous seuls êtes juges ! Qui vos votes désigneront-ils ? Lequel de nos candidats devra sortir du loft et retourner dans le couloir de la mort ? Réponse vendredi soir sur le plateau de… *Criminal Loft* !

Le jingle explose dans la pièce, invitant l'angoisse à clore l'émission.

L'écran s'éteint.

Un gouffre se creuse au plus profond de moi.

Lors du montage, ces charlatans n'ont pas jugé utile de diffuser les images de mon intrusion dans la chambre d'Aileen. Ils ont le pouvoir de trier, de modifier, d'exclure, de transformer des informations qui donneraient pourtant une orientation différente au jeu. Le jugement du public n'est fondé que sur les éléments portés à sa connaissance. Comment pourrait-il prendre en compte ce qu'il ignore ? C'est une manière détournée d'influencer les votes. Ma question est : pourquoi ?

— Ils m'ont forcé, dis-je tandis que Terrance se faufile derrière moi pour quitter la pièce.

— Je ne t'en veux pas, John. On connaît les règles. Pour gagner, il ne faut pas être meilleur. Il faut être pire.

Il me donne une tape amicale sur le bras et s'éclipse dans le couloir, suivi par James, qui m'évite consciencieusement.

Aileen s'attarde en se déhanchant exagérément, dans l'espoir de titiller mes plus bas instincts. Ses yeux de biche dardent sur moi un regard victorieux.

— Hé, John ! Tu viens manger un morceau avec nous ? suggère le maton obèse.

— Non, merci. Je n'ai pas faim.

Je m'apprête à sortir à mon tour quand une poigne puissante se referme sur mon épaule. Mes os craquent sous la pression des doigts boudinés de *Hardy*, dont la main droite tâtonne le manche de son taser.

— Tu devrais peut-être te forcer un peu. Tu n'as presque rien avalé depuis des jours. Et puis, te mettre à l'écart du groupe ne favorise pas le climat ambiant, insiste *Laurel*.

Je me dégage de l'emprise du maton et braque un regard sans équivoque sur son subordonné.

— J'ai dit que je n'avais pas faim. C'est un crime ?

Laurel est mal à l'aise. Il redoute manifestement que je ne trahisse nos soupçons à l'encontre de son supérieur, dont la lippe hideuse marque le mécontentement.

— Dommage… Aileen avait préparé un cake aux fruits confits. Je suis certain qu'elle sera déçue que tu aies refusé d'y goûter.

— Informe-la que je te cède ma part. Tu en mangeras bien pour deux ?

Hardy tente instinctivement de rentrer son ventre proéminent, mais il ne parvient qu'à faire trembler ses chairs flasques qui ne répondent à aucun muscle. Mon regard reste accroché à sa ceinture, obnubilé par la vue de son taser.

Je leur fausse compagnie sans demander mon reste et m'élance dans le couloir, pour me soustraire à une menace imaginaire qui me poursuit comme mon ombre.

Un étau invisible enserre ma gorge, à tel point que j'ai du mal à déglutir. Mon cœur cogne douloureusement contre ma poitrine, mes paupières s'abaissent lourdement sur mes yeux. Le simple fait de respirer me coûte un effort surhumain. Les murs se mettent à tanguer, ou est-ce moi qui vacille ? Je campe sur mes deux jambes pour que mon environnement se stabilise, mais rien n'y fait. Le sanatorium est en mouvement perpétuel, déformant la perspective et accentuant les contrastes d'ombre et de lumière.

Je n'ai pas connu de crise aussi aiguë depuis mon enfance, tumultueuse époque au cours de laquelle un psychiatre avait fini par diagnostiquer un terrain spasmophile à l'origine de mes malaises récurrents – c'est d'ailleurs grâce aux visites régulières de ce brave docteur que naquit ma vocation. Il m'arrivait de subir des crises de tétanie pendant lesquelles je m'effondrais littéralement sous l'œil inquisiteur de mon père. Loin de s'en émouvoir ou de s'en inquiéter, il redoublait de colère à mon retour parmi les vivants. Particulièrement lorsque les placards ne renfermaient plus une goutte d'alcool pour éponger son avarice.

C'est également durant cette époque trouble que maman préféra mettre un terme à son existence, me laissant seul avec *lui*.

Une mère devrait toujours protéger son enfant.

Je l'ai découverte, étendue sur le carrelage de notre cuisine, inanimée. Comment aurais-je pu lui pardonner son geste ?

Si tout acte meurtrier résulte d'un déclencheur, alors je peux affirmer que son abandon fut le mien.

J'inspire profondément pour évacuer l'angoisse provoquée par la proximité du taser et l'accumulation de facteurs tels que la dénutrition, la frustration ou encore la crainte de voir approcher l'échéance, celle qui me rendra ma liberté ou me condamnera à l'injection létale.

Je rejoins ma chambre en vacillant, totalement désorienté et affaibli. Je m'écroule sur mon lit sans même me dévêtir. Mes draps sont maculés de terre sèche. Je prends conscience que je n'ai même pas pris la peine de me laver.

J'aurais aimé qu'il en soit autrement, mais cette nuit-là me priva du plus doux des voyages : le rêve…

Chapitre 35

La notion de temps n'existe pas à Waverly Hills… Le jour se confond avec la nuit, nous privant des repères qui rythment toute vie animale.

J'émerge difficilement d'un sommeil sans rêves, découvrant la couleur du ciel teinté d'amertume. Des nuages noirs s'amoncellent, annonciateurs de pluie. Je demeure allongé, le regard vague, les lèvres entrouvertes sur une respiration silencieuse. L'épuisement consécutif à ma crise d'angoisse me tient cloué au lit durant une période dont je serais bien incapable d'estimer la durée.

Le voyant rouge de la caméra clignote, filmant en continu mon agonie psychique.

Ils m'ont privé de ma dignité. Mais ce qu'ils ne peuvent m'ôter, c'est ma liberté de penser. Je rassemble mentalement les pièces du puzzle et la lumière se fait jour, peu à peu, dans mon esprit.

Mes soupçons se confirment en tissant progressivement la toile filandreuse qui enveloppe les apparences. J'ai la certitude qu'Aileen est coupable du meurtre de Wallace et que le maton obèse est complice de ses actes de barbarie. Comment en sont-ils venus à s'unir dans le crime ? Je l'ignore. Parfois, un seul échange suffit à pénétrer la noirceur enfouie dans le regard de l'autre. Aileen l'aura probablement séduit en lui confiant le rôle de dominant et en jouant le rôle de la soumise. Ce qui éluciderait le mystère de ses escapades nocturnes visant à satisfaire les caprices sexuels de son partenaire. Ce qui expliquerait également la coupure inopinée des caméras au moment de la tuerie ainsi que la lettre d'aveux retrouvée sur Lynda. Qui aurait pu approcher le corps sans éveiller les soupçons, sinon un maton ?

Les éléments concordent.

Une seule question demeure : comment extorquer la confession d'Aileen devant les boîtiers espions ? J'envisage mille et un scénarios pour y parvenir, mais aucun ne fonctionnerait sans recourir à la violence, et Aileen est bien trop rusée pour se laisser piéger en douceur.

Il ne me reste plus qu'à espérer qu'elle commette une erreur.

Je m'aperçois seulement maintenant qu'une pluie cinglante s'abat sur Louisville. J'étais trop absorbé à fouiller ma mémoire à la recherche d'un détail qui me permettrait de démêler cette affaire.

Affamé, je décide de me rendre à la cabane pour y déterrer mon festin matinal et repartir en chasse. J'emporte avec moi la « bible » de Waverly Hills, que je glisse à l'intérieur de mon pantalon. J'ai dû perdre au moins une taille, parce qu'elle comble le vide au niveau de la ceinture.

Je songe à faire un détour par le dressing pour y récupérer des vêtements chauds, mais je préfère minimiser les risques de croiser quelqu'un.

Je m'engage dans les couloirs déserts du sanatorium, dont la froideur spectrale me rappelle celle du vieux bunker désaffecté au fond duquel je me réfugiais parfois pour échapper à mon père. J'avais l'illusion de devenir invisible, mais l'utopie prenait immanquablement fin sous les coups de ceinturon à tête de serpent. Un parfum d'antan flotte dans l'air humide. La réverbération grisâtre de ce jour pluvieux accentue les relents de tristesse et de souffrance qui imprègnent les murs écaillés. Le vent gémit une longue plainte lancinante à laquelle se mêlent les cris stridents de la tuyauterie archaïque. J'entends même le plancher craquer comme si quelqu'un arpentait l'étage supérieur d'un pas lent, presque hésitant. Je me refrène pour ne pas me mettre à courir sous l'œil des caméras, et pourtant une terrible angoisse naît de ce décor intemporel. D'un regard fuyant, j'explore chaque recoin obscur, chaque porte close, persuadé que le diable pourrait surgir des enfers.

J'ai la désagréable impression d'être suivi. Je me convaincs que la fatigue morale et physique, qui amplifie mes récepteurs sensoriels, est à l'origine de cette distorsion de la réalité.

Paradoxalement, je me surprends à fantasmer sur cet endroit qui, en d'autres circonstances, aurait été un magnifique lieu de séquestration et de jouissance, comparé aux fermes abandonnées dans lesquelles j'entraînais mes victimes.

Je traverse le hall, en évitant sciemment de considérer la chaise en bois qui trône en son centre. Pour une raison que je ne m'explique pas, sa présence me rend nerveux. J'aurais juré flairer une odeur de tabac, mais je ne peux plus me fier à mes sens.

Dès que j'ai franchi le seuil, je m'élance à travers les jardins noyés sous une pluie diluvienne, puis m'enfonce dans les sous-bois. Mes chaussures boueuses s'enlisent dans la terre molle. Une douleur aiguë transperce ma cuisse tandis que je lutte pour accélérer le pas. Je jette un regard derrière moi pour m'assurer que je ne suis pas suivi, mais la sensation d'être filé persiste.

Je suis trempé jusqu'aux os lorsque j'atteins péniblement la cabane. Je m'ébroue comme un chien en me mettant à l'abri du déluge. Mon repaire de fortune manque singulièrement de confort et présente même des brèches par lesquelles l'eau parvient à s'infiltrer. Mais, bizarrement, je m'y sens en sécurité.

Comme dans mon bunker.

Je m'assois sur le sol épineux et glisse ma main sous un amas de feuilles pour en sortir mes provisions. La canette est toujours à sa place. Et les insectes aussi. Je les observe grouiller en fuyant leur prison de métal. Puis j'en attrape une poignée que je fourre dans ma bouche sans prendre la peine de les décortiquer. Je soupire d'aise en sentant leurs carapaces craquer sous mes dents, même s'il faut avouer que je répugne à les avaler. Qu'importe, ils me nourrissent.

Viendra le moment où je ne pourrai plus m'en contenter.

Ce jour-là, je ne résisterai pas à l'attrait de la chair humaine.

*

Rassasié, je m'allonge sur le sol spongieux et ouvre la « bible » de Waverly Hills. Un détail m'aura peut-être échappé ? Je suis certain qu'elle n'a pas révélé tous ses secrets et j'ai besoin de mettre tous les atouts de mon côté. Bercé par le ronronnement lointain de l'orage, je compulse machinalement les pages jaunies, relis les épîtres en quête d'indices qui joueraient en ma faveur, mais elles ne m'apprennent rien que je ne sache déjà. Résigné, je referme la « bible ». Elle claque dans un bruit mat avant d'échouer sur le sol.

Je ferme les yeux.

Le grondement du tonnerre s'intensifie et roule au-dessus des collines balayées par le vent. J'écoute le fracas assourdissant d'une nature déchaînée aux allures d'apocalypse. La pluie redouble, au point de faire plier l'une des planches en bois qui constituent le toit. Mon abri de fortune ne résistera pas longtemps.

Soudain, je me fige en apercevant une ombre contourner furtivement la cabane. L'interstice entre les lattes laisse à peine entrevoir une silhouette, courbée, dont le déplacement est couvert par les trombes d'eau. La foudre déchire le ciel et s'abat dans le champ voisin. C'est du moins l'impression que j'ai lorsqu'une lumière vive et brève explose à l'intérieur de la cahute.

Je suis aux aguets, tâtonne à la recherche d'une arme improvisée. Mes doigts se referment sur une branche courte, mais suffisamment solide pour assommer quelqu'un. Je vais au fond de la cabane et guette l'ouverture quand, brusquement, un homme s'engouffre à l'intérieur, replié sur lui-même, aussi désorienté qu'un chien errant.

Mon sanctuaire vient d'être profané et je reste immobile, dévisageant l'intrus qui relève doucement la tête, les yeux écarquillés sur des pupilles affreusement dilatées.

— Qu'est-ce que tu fous là, James ? Tu m'as suivi ?

Je brandis le bâton, mais la menace ne le fait pas reculer d'un pouce. Au contraire, il se faufile comme une anguille et se poste à moins d'un mètre de moi.

— Ils me l'ont volé ! crie-t-il, affolé.

— De quoi tu parles ?

— Mon carnet ! Ils me l'ont pris ! répète-t-il en tremblant, une mèche de cheveux plaquée contre son front dégoulinant de pluie.

— Qui ?

— Ze ne sais pas ! Mon carnet a disparu !

— Calme-toi, James. Tu peux m'expliquer comment c'est possible ? Tu ne t'en sépares jamais !

Il affiche un air renfrogné.

Une curieuse question accapare mes pensées : si je devais manger de la chair humaine, quel morceau choisirais-je ?

— Ze peux savoir pourquoi tu me regardes de cette façon ? zozote-t-il.

— Oh, je me demandais juste… qui avait intérêt à subtiliser ton cahier. À moins qu'il ne s'agisse d'une farce ?

— Ze le tuerai pour ça ! Il m'a sans doute suivi jusqu'à la salle de bains. Ze l'avais posé là, le temps de prendre une douche. Quand ze suis sorti, mon carnet avait disparu !

Un tourbillon de feuilles mortes s'engouffre sous l'habitacle précaire, nous surprenant tous les deux. Le fracas de l'orage m'oblige à hausser le ton.

— Et tu m'as pisté uniquement pour me dire ça ?

— Ze t'ai vu quitter le sanatorium. Z'ai essayé de te rattraper ! Z'ai crié ton nom, mais tu ne m'as pas entendu à cause de la pluie ! Aide-moi, Zohn !

Je lève les yeux et constate que des fissures zèbrent les planches en bois d'où s'écoulent des rigoles d'eau sale. Je me fais la réflexion que, la dernière fois que quelqu'un a demandé mon aide, il a fini pendu au bout d'un câble électrique, les tripes à l'air.

— Tu veux que je retrouve ton carnet, c'est ça ?

James acquiesce en silence.

— Alors j'ai besoin de savoir ce que tu dessinais hier soir, pendant l'émission.

Un sourire dément monte à ses lèvres. J'aurais juré l'entendre glousser, malgré les ronflements assourdissants de l'orage.

— Mary, répond-il.

Si je fondais quelque espoir de trouver de nouveaux indices à partir du génie créatif de James, me voilà confronté au fantôme d'une gamine tout droit sorti de ses fantasmes.

Je hoche la tête, sans conviction, et m'apprête à suggérer un repli vers le loft, mais James s'enfonce dans son récit délirant. Il ferme les yeux, comme s'il visualisait chaque détail de son dernier dessin, et entame une description si précise que j'ai l'impression d'assister moi-même à la scène qu'il a couchée sur le papier.

Détail troublant, son zozotement a miraculeusement disparu.

— Je gravis l'escalier pour me rendre en salle de détente. J'atteins l'entresol et, là, je la vois, si fragile dans sa robe en dentelles noires. On dirait une poupée versant des larmes de sang… Elle pointe un index vers le couloir du premier étage. Je monte lentement les marches qui me séparent d'elle, pour ne pas l'effrayer. Je me rends compte que l'endroit où elle m'entraîne est interdit, mais je ne peux résister à l'attirance irrésistible que sa frêle silhouette éveille en moi. Je sais que je risque, à tout instant, de croiser l'un des matons dont les appartements sont silencieux, mais j'ai confiance en ma bonne étoile. Celle qui me guide jusqu'au bout du couloir… J'ai beau avancer à grandes enjambées, Mary semble flotter au-dessus du sol avec l'aisance d'un ange. J'ai froid. L'obscurité m'engloutit. Je me sens soudain pris au piège, mais il est trop tard pour reculer. Mary pointe son index en direction d'un renfoncement situé dans la zone la plus sombre, puis elle s'évapore, comme si elle n'avait jamais existé. C'est cette image-là que j'ai crayonnée hier soir, John.

— Et… c'est tout ? demandé-je, dépité.

— Tu voulais savoir ce que j'avais dessiné, non ?

— C'est vrai, mais ça ne m'éclaire pas sur les raisons qui auraient pu pousser quelqu'un à voler tes croquis. À moins que…

James glousse de nouveau.

— Tu me connais bien, Zohn. Oui, z'ai traversé le corridor et ze me suis retrouvé face à une porte. Pas de celles qu'on fabriquait à l'époque, si tu vois ce que ze veux dire.

— Non, justement.

— Blindée et cadenassée. Aussi impénétrable que Fort Knox ! Z'ignore ce qu'elle renferme, mais ça doit être drôlement important. Mary désirait que ze la trouve, c'est évident !

Je ne sais pas où se cache la part de réalité dans les élucubrations de James, ni où s'arrête exactement son fantasme. Mais, si le vol du carnet a un rapport avec son dessin, alors cette porte sécurisée existe peut-être. Reste à découvrir ce que l'on cherche à nous dissimuler.

— Conduis-moi là-bas, James.

Il hésite un instant.

— Fais-le et je te promets de retrouver ton carnet.

James me sourit et se met en marche. Ni la tempête, ni la nature hostile n'auraient pu freiner ma détermination à percer le mystère de cette pièce secrète.

Le seul paramètre que je n'avais pas pris en compte était un obstacle de taille : le temps. Ici, cette notion n'existe pas. Quarante-huit heures se sont écoulées depuis que j'ai jeté Leonard dans la fosse aux rats. Lorsque nous atteignons péniblement le seuil du sanatorium, les matons s'apprêtent à libérer le fauve.

J'ai vu descendre un homme dans ces souterrains.

Celui qui en revient n'a plus rien d'humain.

Chapitre 36

— Vous avez bien failli arriver trop tard, les gars, murmure *Laurel* en nous pressant vers la salle de détente.

Le jingle déroule une ribambelle de notes angoissantes. L'ouverture de *Criminal Loft* n'a rien à envier au cinquième mouvement de la *Symphonie fantastique* de Berlioz.

Macabre à souhait.

Ce soir, j'ai décidé de rester debout pour assister à l'émission quotidienne. Je tiens ma « bible » comme un prédicateur silencieux et me place en retrait de manière à embrasser la pièce d'un seul regard. James et Terrance se partagent l'un des canapés, laissant Aileen prendre ses aises sur le second.

À ma gauche, le maton obèse m'observe du coin de l'œil. *Laurel*, lui, s'éclipse silencieusement par la porte entrouverte.

— Je boirais bien une bière, lance Aileen en s'étirant comme une chatte alanguie. Pas vous, les gars ?

James passe une langue avide sur ses lèvres comme s'il goûtait au fruit défendu.

— Allez, quoi ! Histoire d'arroser la libération de Leonard, ajoute-t-elle sans quitter l'écran des yeux.

— Chut ! L'émission commence, coupe Terrance.

— Chers téléspectateurs, bonsoir ! Le moment que vous attendez tous est arrivé ! Vous allez assister, en direct, à la libération de Leonard !

(Applaudissements.)

» Rappelez-vous… Il y a quarante-huit heures exactement, John a gagné son immunité en choisissant de précipiter Leonard dans le monde souterrain de Waverly Hills ! Attention… Quatre… Trois… Deux…

Je constate que, ce soir, *Ken* a volé la vedette à la blondasse prépubère, ce qui rend le show beaucoup moins… attrayant.

Changement de décor.

Plan large sur le hall.

Laurel apparaît à l'écran.

Il est muni d'une paire de tenailles et se dirige vers l'entrée des souterrains. La chaîne cadenassée cède facilement. La porte coulisse en grinçant.

Le temps semble suspendu.

Durant quelques secondes, rien ne se produit.

Puis Leonard surgit des ténèbres méphitiques, les mains placées en visière sur son front pour se protéger du brusque passage de l'obscurité à la lumière.

— Oh, merde…, balance Aileen tandis que nous découvrons les avant-bras ensanglantés de Leonard.

Sa peau noire paraît tailladée en tous sens. Des lambeaux de peau arrachés pendent sur son visage. Chaque détail est enregistré par les appareils. Pour la première fois depuis mon arrivée, ce colosse sculptural m'impressionne vraiment.

Je frémis d'impatience quand *Laurel* l'invite à le suivre.

Ils sortent du champ de la caméra et réapparaissent dans le couloir mal éclairé.

Ils arrivent.

Leonard n'émet pas un son. Sa démarche claudicante confirme qu'il s'est salement amoché durant son enfermement. Je suppose que les rats ont leur part de responsabilité dans ses blessures.

Je croise le regard d'Aileen. Elle aussi a compris que l'homme que nous connaissions est mort dans ces souterrains. L'isolement en a fait un monstre.

Le bruit de leurs pas résonne dans le couloir.

J'aurais juré sentir l'odeur du sang les précéder de quelques secondes… Mais à peine Leonard a-t-il franchi le seuil qu'une boule de suif fond sur moi en poussant des grognements inhumains. Il me plaque à terre. J'entends mes côtes craquer en touchant le sol.

Exquise douleur.

Il écrase ma trachée avec son avant-bras en soufflant comme un bœuf. De minuscules points blancs clignotent devant mes yeux, focalisés sur les estafilades qui courent sur ses pommettes saillantes. Une odeur de putréfaction transpire des pores de sa peau affreusement mutilée par les innombrables morsures que lui ont infligées les rats.

Autour de nous, le brouhaha enfle dans un mouvement d'agitation. Les matons l'enserrent pour lui faire lâcher prise, mais sa force colossale surpasse celle des deux hommes réunis.

Un voile noir passe devant moi.

Un véritable orgasme cérébral.

Je suis prêt à perdre connaissance quand brusquement Leonard me souffle au visage, si bas que j'ai du mal à l'entendre :

— Excuse-moi, John. Je n'ai pas le choix. Fais mine de t'évanouir, murmure-t-il en relâchant légèrement la pression. Je n'ai pas l'intention de te tuer, mais il faut qu'*eux* le croient.

C'est l'unique moyen pour qu'ils me renvoient à Huntsville. Cet endroit n'est qu'une maudite embuscade... Personne n'y survivra...

Une terreur indicible se lit dans son regard.

Je comprends qu'il dit vrai. Leonard ne veut pas m'achever. La violence qu'il retourne contre moi est le sésame qui lui permettra de quitter le loft.

J'aimerais lui demander ce qui l'a tant effrayé dans ces souterrains, pour préférer renoncer à sa seule chance d'être réhabilité, mais le manque d'oxygène paralyse mes fonctions motrices. Une brûlure insoutenable perfore mes poumons, alors je cesse de lutter pour conserver un semblant de lucidité.

Tout se déroule soudain comme si je regardais à travers un nuage cotonneux. Le maton obèse le menace de son arme électrique, en vociférant des propos que je ne comprends pas. Le bras de *Laurel* s'enroule comme un serpent autour de la gorge noueuse. Une expression de soulagement balaie le visage de Leonard lorsque la Voix explose dans les haut-parleurs. Il se retire pour me libérer. Un ultime sourire fendille les croûtes sur ses lèvres, comme s'il disait adieu à un vieil ami.

Je reprends mon souffle en inspirant profondément, mais la douleur m'arrache une quinte de toux si fulgurante que j'en ai la migraine.

— Leonard, vous avez enfreint le règlement de *Criminal Loft* en commettant des actes de violence aggravés contre l'un des concurrents. Tout manquement aux règles fondamentales entraîne l'exclusion immédiate du loft. Leonard, vous devez donc quitter l'aventure. Les surveillants vous conduiront à l'entrée du tunnel au bout duquel un agent véhiculé vous escortera jusqu'au pénitencier de Huntsville,

Texas, où vous réintégrerez votre place dans le couloir de la mort.

» Ma sentence est irrévocable et prend effet sur-le-champ.

Leonard n'oppose aucune résistance lorsque *Laurel* lui enjoint de le suivre. Le maton obèse se penche au-dessus de moi pour s'assurer que je respire encore, puis il entraîne Leonard sans même lui laisser le temps de se retourner.

Abasourdi, Terrance se précipite vers moi et m'aide à me relever. Je me sens vidé et totalement dépassé face à la rapidité avec laquelle se déroulent les événements. Il m'emmène jusqu'au canapé.

— Allonge-toi. Je t'apporte un verre d'eau.

— Non !

J'ai dû hurler, car Terrance sursaute et me fait signe de me calmer.

— Et un de moins…, se réjouit Aileen. Il ne me manquera pas, ajoute-t-elle en haussant les épaules.

— À moi non plus, renchérit James. Z'aimerais pas être à sa place. Les gars de Huntsville lui réservent sûrement un accueil particulièrement mouvementé. Z'ont pas apprécié qu'on ait été sélectionnés pour participer à l'émission… Z'ai entendu l'un d'eux zurer qu'il nous ferait la peau, si on avait le malheur de revenir. Faut avouer qu'on est de sacrés priviléziés !

— Va raconter ça à Leonard… On aurait dit qu'il était devenu fou ! Qu'est-ce qui a pu se passer, là-dessous ?

Je réponds à Terrance, d'une voix étranglée – et c'est un euphémisme, croyez-moi :

— Il a pas dû aimer ses nouveaux compagnons. Et, à en juger par les plaies sur son visage et ses bras, c'était réciproque.

— Ou alors il a croisé le diable…, dit Terrance d'un ton grave.

— Des conneries, tout ça ! s'emporte Aileen.

L'ombre du doute plane sur notre groupe. Nous agissons comme les rescapés d'une catastrophe qui ne cesse d'empirer, luttant pour notre propre survie à n'importe quel prix.

— Regardez ! s'exclame Terrance en désignant le téléviseur.

Nous assistons, en direct, au départ forcé de Leonard. Les caméras implantées dans toute l'enceinte de Waverly Hills se relaient pour filmer la scène.

L'orage est déjà loin. Seule une bruine persistante tisse encore un écran trouble sur cet étrange trio.

L'angle de tournage nous prive du plaisir de lire les émotions sur leurs visages, mais nous offre une vue plongeante sur le relief broussailleux que les ténèbres absorbent comme une bouche avide.

Parvenus à l'entrée du tunnel, les deux gardiens s'écartent et regardent Leonard s'enfoncer dans la funeste galerie.

Un son presque imperceptible s'échappe soudain des haut-parleurs. Leonard recule de quelques pas, rejoignant la lumière blafarde d'un projecteur. Le maton obèse lui crie d'avancer et se prépare à l'offensive en dégainant son taser.

La silhouette massive de Leonard demeure figée, comme s'il craignait que le boyau souterrain ne s'effondre sur lui.

— Qu'est-ce qu'il attend ? s'interroge James.

— On dirait que Leonard redoute quelque chose, répond Terrance.

— Évidemment qu'il a la trouille ! Cet idiot vient sûrement de prendre conscience que l'injection létale l'attend au bout ! crache Aileen avec mépris.

Je tends péniblement l'oreille pour identifier l'écho qui semble se répercuter contre les parois cimentées du tunnel.

Les légendes de Waverly Hills refont surface dans ma mémoire. Je serre ma fausse bible contre ma poitrine douloureuse. Épître 13 : « Dès lors, on peut redouter que les cadavres n'aient été livrés en pâture aux charognards… »

Mon cœur s'emballe brusquement, quand je réalise le sort réservé à Leonard au bout du tristement célèbre *Death Tunnel*.

— Des chiens, dis-je d'une voix sortie d'outre-tombe. Ce sont les aboiements enragés des chiens…

Chapitre 37

La dernière image gravée dans mon esprit est celle de Leonard, campé sur ses deux jambes devant l'entrée du tunnel, totalement paralysé par une peur primale.

J'ai dû m'évanouir, car, deux battements de cils plus tard, je me retrouve allongé sur un vieux brancard, sanglé aux chevilles et aux poignets comme un forcené. La lumière du jour m'éblouit. Par la fenêtre, je reconnais les jardins qui jouxtent le pavillon annexe. J'ai du mal à déglutir, tant ma gorge me fait souffrir. Je me fais la réflexion que Leonard a bien failli me tuer malgré lui !

La panique s'empare de moi quand je constate qu'une perfusion court le long de mon bras. Ces salauds ont trouvé le moyen de m'administrer leurs drogues. Je tourne lentement la tête sur le côté. La salle de soins me donne la chair de poule. Tout y est si froid et si vétuste. Moi qui suis si raffiné…

La caméra est braquée dans ma direction.

Je la défie.

Mon cœur est gonflé de haine. J'affirme ma suprématie en affrontant cet œil unique derrière lequel se cache le désaxé qui tire les ficelles du jeu. Je crains cependant que Leonard n'ait eu raison en m'assurant que personne ne survivrait à cet enfer. Un courant d'air froid balaie soudain la pièce dans laquelle on m'a séquestré.

Bing… bing…, fait la balle.

Mon regard dévie brusquement vers la porte entrebâillée. Mon cœur est sur le point d'exploser.

— Y a quelqu'un ?

Bing… bing…

— Qui est là ?

L'entrebâillement s'agrandit lentement sur mon visiteur. Il rattrape la balle au bond – je vois enfin cette maudite balle – et darde des yeux surpris sur mes liens.

— Salut, Zohn. Ze venais voir comment tu allais…

Je pousse, malgré moi, un soupir de soulagement en reconnaissant la silhouette malingre de James.

— J'ai connu des jours meilleurs… Tu veux me rendre un service ? Détache-moi.

James avance vers moi en secouant doucement la tête.

— Ze ne peux pas faire ça. Ze ne devrais même pas être ici, dit-il, penaud.

— Comment ça ? Bon Dieu, James, qu'est-ce qui se passe ?

— Les matons nous ont interdit l'accès au pavillon. Ze vais avoir de sacrés problèmes ! pleurniche-t-il.

— Alors, qu'est-ce que tu fais là ? Et moi ?

— Tu t'es évanoui zuste avant le départ de Leonard. Les gardiens t'ont transporté ici pour t'apporter les soins dont tu avais besoin.

Il pointe le menton vers la perfusion plantée dans mon bras. Un liquide incolore diffuse en moi un poison lent. Ils n'ont jamais eu l'intention de me dorloter…

— Leonard est parti, alors ?

J'entends encore les aboiements enragés.

James ouvre des yeux immenses, comme s'il visualisait la scène au-delà des carreaux sales qui donnent sur les jardins.

— Il n'avait pas vraiment le choix… C'était étranze… On aurait dit qu'il cherchait à gagner du temps. Il a insisté pour confesser ses meurtres avant le grand départ. Moi, ze savais ce qu'il avait fait, mais z'ai eu l'impression qu'il regrettait. Vraiment. Pas un instant, il n'a quitté du regard l'entrée du tunnel pendant qu'il racontait comment il avait surpris son propre frère en train de forniquer avec sa femme !

James a vraisemblablement décrété qu'il lui revenait de me détailler le crime par le menu.

Ce jour-là, Leonard était rentré plus tôt du travail, parce qu'il se sentait fiévreux. Son patron l'avait autorisé à prendre congé juste après le déjeuner. Il hébergeait son frangin depuis des mois, car il tentait de le soustraire aux ghettos et de le remettre dans le droit chemin. Mais, tandis qu'il manœuvrait des engins de démolition sur des chantiers irrespirables; le frérot prenait du bon temps dans le pieu conjugal ! Leonard a entendu des gémissements provenant de la chambre. Il a sorti un flingue, qu'il planquait dans le tiroir de l'entrée, et il a vidé son chargeur. Comme ça. Sans sommation.

— Quand on y pense, réfléchit James, la victime, dans l'histoire, c'était Leonard. Tu as faim ? enchaîne-t-il. Ze t'ai apporté une barre chocolatée.

Il tire de sa poche un emballage rouge et noir qu'il déchire avec ses dents.

Je repense à la vie minable qu'a menée Leonard. Son acte était un crime passionnel. Rien de plus. L'aboutissement inévitable d'une existence placée sous le signe de la malchance.

— Détache-moi, James, dis-je en détournant la tête du chocolat qu'il cherche à me fourrer dans la bouche. Je t'ai fait une promesse, mais je ne pourrai pas la tenir en restant ici. Tu ne veux pas récupérer tes croquis ?

Une lueur maligne brille dans son regard, très vite supplantée par la terreur que lui inspirent les conséquences encourues en cas de désobéissance.

— Z'aimerais vraiment t'aider… mais il va falloir être patient. Z'ai surpris les matons en train de discuter de ton cas. Le plus maigre a dit qu'il serait préférable de te garder sous surveillance médicale zusqu'à ce soir. Pour assister aux éliminations.

Je comprends que rien ne pourra le faire changer d'avis. Pas même si je lui livrais sa petite sœur sur un plateau. J'éloigne cette évocation impure et insensée, qui suscite en moi un monde de noirceur auquel je n'accède désormais que par la pensée. Je suis pieds et poings liés, en proie à une intense frustration.

James recule de quelques pas en tripotant nerveusement la balle entre ses doigts.

— Où as-tu trouvé ça ?

— C'est Mary qui me l'a donnée. Elle dit qu'elle n'a plus envie de zouer.

J'ai les nerfs à vif, impuissant à enrayer l'effet des psychotropes qui coulent dans mes veines. J'ai au moins obtenu une réponse à ma question : si je devais manger de la chair humaine, je commencerais par arracher la langue des imbéciles qui m'entourent, rien que pour les faire taire.

— James, les fantômes n'existent pas. Il va falloir te faire une raison. Tu souffres d'hallucinations…

Un sourire inattendu flotte sur ses lèvres.

— Le maton m'avait prévenu que tu dirais ça. Il a même azouté que tu délirerais, en prétendant que notre nourriture est empoisonnée. C'est pour ça qu'on nous a déconseillé de t'approcher. Selon lui, tes accès de paranoïa peuvent te rendre plus danzereux encore... Ze suis désolé, Zohn.

James hausse les épaules et virevolte. Il repart comme il est venu, en faisant rebondir cette satanée balle dont le *bing bing* régulier m'agace sérieusement.

Je tire sur mes liens, mais les lanières en cuir sont solidement fixées aux rampes métalliques qu'ils ont pris la peine de relever pour m'éviter une mauvaise chute.

Je prends conscience que quelqu'un cherche à m'éloigner temporairement du loft. Mon malaise est tombé à point nommé pour l'exécution de son plan. Ce qui signifie que j'ai dû approcher la vérité de trop près... Peut-être ai-je découvert, sans l'avoir identifié, un élément crucial au cœur de cette machination infernale ?

Malgré mes précautions, mon absence prolongée du réfectoire et mon refus de m'alimenter ont dû éveiller les soupçons des matons. Ils savent que je suis au courant pour la nourriture et ils ont été obligés de faire face dans l'urgence à la situation en m'administrant de force leur décoction psychotrope sous couvert de soins.

Je retourne en boucle les propos de James le Zozoteur. Un détail me chiffonne, mais je ne parviens pas à mettre le doigt dessus.

Mes paupières s'abaissent comme deux rideaux de fer tirés sur une devanture éteinte.

Malgré les liens qui m'enserrent, je ne me sens nullement vulnérable. Je ne crains pas de m'assoupir et de plonger dans cet état onirique grâce auquel je perpétue encore mes fantasmes de mort. L'œil de la caméra veille sur mon corps exposé à la lumière fade du jour. Il est devenu le gardien de mes rêves.

Je me laisse aspirer par ce tourbillon de visions cauchemardesques, réminiscences d'une vie passée dans la peau d'un monstre…

Chapitre 38

1999.

En la regardant évoluer dans mon cabinet, j'ai su immédiatement qu'elle répondrait à mes sollicitations émotionnelles.

Le temps s'accélère…

J'emprunte une route sinueuse qui s'enfonce dans les bois où, lui dis-je, j'ai établi ma résidence secondaire. Ses prunelles émeraude s'assombrissent fugitivement devant la désolation de ce lieu.

Lorsque je coupe le contact, elle demeure interdite, fixant la bâtisse en ruine qui se dresse devant nous. Ses yeux affolés m'interrogent et me supplient comme si, subitement, elle réalisait l'ampleur de sa naïveté.

Une fraction de seconde me suffit pour projeter sa tête contre le pare-brise… Je la traîne, inconsciente, à l'intérieur de la baraque abandonnée.

J'ai aménagé notre petit nid douillet au sous-sol. Une lampe chirurgicale diffuse une lumière vive sur la table en inox où s'étalent encore les traces de mon précédent forfait, malgré mon acharnement à laver et à récurer.

Je la dépose délicatement sur mon plan de travail personnalisé et ôte ses vêtements, en espérant que le contact froid du métal sur sa peau lui fera reprendre conscience.

J'ai pris soin de lui ligoter les pieds et d'emprisonner ses poignets dans des bracelets de fer. Ses bras écartés dans une parodie de crucifixion exposent ses seins comme deux petites pommes bien rondes.

C'est à ce moment-là que j'enclenche la musique... Celle que ma mère écoutait inlassablement et dont les notes resteront à jamais gravées dans ma mémoire. Le Requiem *de Mozart s'élève comme un chant funèbre. Le* Dies iræ *me semble particulièrement adapté au sort que je réserve à ces créatures.*

Je me tourne vers une desserte et saisis mon scalpel tout en fredonnant cet air infiniment triste. Je reviens vers elle et fais courir la lame le long de son ventre, sans entamer sa chair tendre.

Ses paupières papillonnent enfin ! Un râle épouvanté s'échappe de sa gorge offerte. Elle reprend lentement conscience. C'est l'instant que je préfère. Quand elles sont désorientées, cherchant à se remémorer l'endroit où elles se trouvent. Une infime seconde de pureté avant l'implosion finale.

Ses yeux s'arrondissent lorsque la terreur s'empare d'elle. Je soigne particulièrement l'impact visuel... Je veux que la première image qu'elles voient soit mon visage, parce que c'est également la dernière qu'elles emporteront dans leur tombe.

Elle s'agite frénétiquement, comme un insecte englué dans une toile d'araignée. Elle gémit. Le cliquetis des chaînes qui la maintiennent ajoute une touche personnelle au folklore.

—Pourquoi ? hurle-t-elle.

Elles posent toutes les mêmes questions.

Et je réponds à chaque fois la même chose :

—Parce que je l'ai décidé.

Elle éclate en sanglots, ferme les paupières pour fuir la réalité, espérant sans doute que, lorsqu'elle les rouvrira, le cauchemar aura pris fin. Mais, au travers de la fontaine de larmes qui noie ses yeux assombris par la peur, je suis toujours là, en état de béatitude absolue devant le spectacle qu'elle m'offre.

— Je t'ai fait confiance, John…

Je penche la tête légèrement de côté. Je ne suis pas habitué à une telle familiarité de la part de ces spécimens qui enfantent la honte en abandonnant leur progéniture au moindre obstacle.

— Tu as eu tort, dis-je en me détournant d'elle pour m'approcher de la desserte.

Mes doigts courent sur les instruments de formes et de tailles variées, puis s'arrêtent sur une série d'aiguilles.

Sa voix tremblante résonne dans mon dos, comme l'écho d'un cri.

— John, ne fais pas ça ! Laisse-moi partir ! Je ne dirai rien à la police, je te le jure !

Je me retourne.

Elle geint en découvrant la piqûre que je brandis fièrement.

— Non, non ! répète-t-elle comme un mantra. Si c'est pour de l'argent, mon père te donnera tout ce que tu veux ! Mais je t'en supplie, ne me fais pas de mal !

Je la gratifie d'un sourire triste et amer à la mesure de ses espérances.

Je ricane tout en me laissant emporter par le Requiem.

— Ton père ? Il se fout pas mal de ton sort. Je suis certain qu'il n'a même pas encore constaté ta disparition. Il est bien trop occupé à se remplir les poches, tu l'as dit toi-même. Il voyage tellement et se soucie si peu de toi depuis la mort de ta mère… Oh, sans doute croit-il pouvoir se dédouaner de son indifférence en te couvrant de somptueux cadeaux, mais nous ne sommes pas dupes, n'est-ce pas ?

Ses pleurnicheries commencent à m'exaspérer.

Maintenant, je veux l'entendre me supplier.

Me supplier d'arrêter.

Mozart se retournerait dans sa tombe, s'il savait à quel point les hurlements humains embellissent sa musique !

— Combien en avez-vous assassiné avant moi ? Hein ? Dites-moi combien !

Elle me vouvoie. Étrange.

Elle ne me voit plus comme le séduisant psychiatre dont elle s'est éprise, mais comme le monstre que toutes les petites filles redoutent.

— Beaucoup. J'en ai tué beaucoup.

— Cette fois, vous vous êtes trompé dans le choix de votre victime ! Ils vous traqueront jusqu'à ce que vous pourrissiez dans le couloir de la mort !

Même les victimes ont leur mode opératoire.

Celle-ci reproduit fidèlement le schéma habituel. Après une tentative avortée de conciliation viennent la colère, puis les menaces. Elles réagissent toutes de la même façon. Elles manquent à ce point d'originalité que c'en devient presque lassant.

— J'ignore si je me suis trompé, mais toi, tu t'es bel et bien plantée en me choisissant comme médecin, dis-je en approchant la seringue de son oreille.

J'emprisonne sa mâchoire d'une main. Ses cris déchirent mes tympans aussi sûrement que la pointe métallique perfore le sien, tandis que j'enfonce lentement l'aiguille de cinquante millimètres. L'introduire davantage provoquerait trop de dégâts. Et nous avons tant d'organes et de surfaces à explorer… À commencer par cette vulve écarlate exposée sous le duvet de son entrejambe. Un fruit juteux qui attise ma gourmandise. Je me saisis d'un spéculum posé comme une évidence à côté d'une collection de clamps et de pinces gynécologiques. Puis constate que ma patiente s'est encore évanouie.

Pas d'inquiétude. J'ai tout mon temps…

Mais… que se passe-t-il?

Je sens une brûlure au creux de mon bras. Une voix lointaine s'immisce entre les notes larmoyantes du Dies Iræ. *L'objet de mort s'effrite entre mes doigts. Les murs de la cave se dissolvent en fumée.*

J'ai déjà vécu cette situation…

Non!

Mes protestations hallucinées résonnent dans le vide.

Quelqu'un vient de m'arracher brutalement à mon rêve, pour me projeter dans cette infâme époque qu'est le présent.

Et ce quelqu'un, c'est Laurel.

[illegible]

outrage de l'étang [illegible]
ne voudrais pas [illegible] que [illegible]

— Pour[illegible] m'exclamai-je [illegible]

[illegible]

Il [illegible]

[illegible]

[illegible] pas le [illegible] de [illegible]

[illegible]

Chapitre 39

Je me réveille en sursaut, l'haleine puante du maton en plein visage.

— Debout, John, il faut y aller.

— Où ?

— Je te ramène dans le bâtiment principal pour le tournage de l'émission. Quelqu'un va être éliminé ce soir, tu ne voudrais pas manquer ça ?

— Pour rien au monde ! m'exclamé-je en descendant péniblement de mon trône d'acier. Dis-moi, *Laurel*, c'est toi qui m'as foutu cette saleté de seringue dans le bras ?

Il recule d'un pas.

Mon timbre de voix me surprend moi-même, comme si quelqu'un s'était approprié mes cordes vocales.

Quelqu'un de particulièrement furieux.

Un type qu'on aurait brutalement soustrait à son addiction.

— Nous n'avons pas le temps de discuter, John. L'émission va bientôt…

— Je t'ai posé une question simple. Réponds-moi simplement.

Il baisse les yeux, embarrassé.

— Oui, articule-t-il sèchement. Tu étais en état de choc après l'agression de Leonard et tu souffrais de déshydratation sévère. Si je ne l'avais pas fait, tu serais sans doute déjà mort.

Je hoche lentement la tête, comme un homme qui entend des propos mensongers sans toutefois leur accorder le moindre crédit.

— J'ignorais que tu étais médecin…

— Je possède quelques notions dans ce domaine, mais je n'ai jamais exercé. Tu devrais plutôt me remercier de t'avoir sauvé la vie, au lieu de me dévisager comme si j'avais tenté de te tuer !

Un tic nerveux agite le coin supérieur de mes lèvres. Je réprime, tant bien que mal, l'envie de lui sauter à la gorge pour lui arracher la langue avec mes dents. Je plante mon regard dans le sien, si fermement que j'ai l'impression de pénétrer son âme. J'ajoute à voix basse :

— *Laurel*, nous savons tous les deux ce que contient cette perfusion. Que tu aies agi ou non sur les ordres du gros lard qui te sert de patron m'est complètement égal. Sache seulement que je ne laisse aucune mauvaise action impunie… Il faut être fou ou ignorant pour oser s'en prendre à moi et me droguer à mon insu.

— Arrête de m'appeler *Laurel*…

Il frémit.

Je devine aisément ce qui le submerge. Ce fluide glacial qui remonte le long de son échine comme une langue de feu. La peur danse devant ses yeux et je suis le seul à la voir.

Je m'éclaircis la voix d'un raclement de gorge :

— Je voudrais faire un brin de toilette. Après tout, je me dois de m'afficher sous mon meilleur jour : c'est moi, la vedette, ce soir ! J'ai gagné mon immunité et je compte bien mettre un peu d'ordre au sein du loft dans les jours qui viennent…

Laurel a l'air tout rabougri dans son uniforme bleu roi, étriqué au niveau du torse. Il inspire la pitié plus encore que le dégoût.

— John, si j'étais toi, je me tiendrais à carreau… Les règles ont légèrement changé depuis ce matin. Ils ont décidé d'avancer le terme de l'émission à la semaine prochaine. La nouvelle est diffusée en boucle sur toutes les chaînes. Un véritable tollé médiatique ! Autrement dit, vous serez trois à vous affronter en finale. Un seul recouvrera sa liberté, ne l'oublie pas…

— Le jeu devait durer un mois et demi ! C'est écrit dans le contrat que j'ai signé ! Pourquoi font-ils ça ? Les choses ne se passent pas comme prévu, donc ils abrègent le show ?

— On n'a pas le temps de discuter de ça maintenant. Et puis qu'est-ce que cela change, de toute façon ? Allez, magne-toi avant que la *patronne* ne voie dans ton retard un manquement au règlement et ne décide d'annuler ton immunité.

— Elle a un nom, cette *patronne* ?

— Ça t'avancerait à quoi de le connaître ?

— Tu éludes la question, *Laurel*…

— Et toi, la réponse.

— Malin, en plus de ça ! Te fais pas prier, dis-le-moi. Qui tire les ficelles ?

— J'en sais rien ! Personne ne sait. C'est juste une voix. Grouille, John !

Je me sens faible et nauséeux. Le poison coule dans mes veines…

— Et mon brin de toilette, alors ?

Je m'efforce de conserver ce flegme légendaire qui a fait ma réputation dans les hautes sphères de ma profession, en y ajoutant une touche d'ironie qui frise le sarcasme.

Celui que j'appelle *Laurel* me défie du regard un bref instant, puis il me tourne le dos et s'éloigne en murmurant, si bas que ses paroles auraient pu s'évaporer dans la nuit noire : « Plus rien ne peut laver nos péchés… »

Ses mots me frappent de plein fouet.

Depuis le début, je n'ai fait que passer à côté de l'évidence.

Chapitre 40

Nous traversons les jardins plongés dans la nuit, comme deux passants qui s'affairent chacun vers un but inconnu de l'autre.

Laurel me devance de quelques pas, sans paraître s'inquiéter du danger que je représente. Sa position ne lui permet pas de parer à une éventuelle attaque. Pourtant, il semble confiant, comme s'il savait que je ne tenterais rien qui puisse lui nuire. Néanmoins, la tentation naît en moi de l'émasculer à coups de dents et de le regarder se vider de son sang. Contrairement au maton obèse, *Laurel* ne porte aucune arme visible et sa corpulence est loin d'être un atout pour un combat rapproché.

J'en oublierais presque à quel point l'épuisement diminue ma condition physique.

Quant à s'évader de Waverly Hills, le défi relève de l'utopie. Je pourrais courir des heures au pied des collines sauvages et parvenir à me soustraire à l'œil des caméras, mais jamais je ne pourrais franchir les clôtures électrifiées érigées autour de l'enceinte. La seule échappatoire serait de traverser le *Death Tunnel* pour rallier les sommets, mais j'ai la certitude que ce qui m'attendrait au bout est pire que l'enfermement auquel nous sommes contraints.

Il n'existe qu'une issue vers la liberté : sortir vainqueur de *Criminal Loft*.

Le jingle ponctue notre entrée dans le sanatorium où sont rassemblés James, Aileen et Terrance. Leurs regards convergent dans ma direction, tandis que *Laurel* s'écarte pour aller se poster à côté du maton obèse, dans la partie la moins éclairée du hall.

Cette fois, ils nous ont gratifiés de quatre sièges, disposés en quinconce face à l'écran, dont la luminosité est accentuée par le faible éclairage de la pièce.

Je prends place sur l'unique chaise vide.

Barbie et *Ken* entament leur show, applaudis par un public en liesse.

Le candidat le plus proche de moi est James. Ses doigts s'entortillent nerveusement, comme s'il ne savait pas quoi en faire. Son inséparable carnet de croquis lui manque, autant qu'à moi mon scalpel…

Terrance tourne brièvement la tête et incline légèrement le buste en signe de salut silencieux.

Aileen demeure parfaitement immobile, statue de pierre froide à l'image du gouffre qu'elle renferme.

— Mesdames, mesdemoiselles, messieurs, bonsoir !

» Bienvenue sur le plateau de *Criminal Loft* !

(Applaudissements.)

» Ils ne sont plus que quatre ! Aileen ! James ! Terrance ! John ! Qui vos votes désigneront-ils ce soir ? Lequel de nos candidats retournera dans le couloir de la mort ? Nous le saurons à la fin de l'émission ! Je peux d'ores et déjà vous dire que les scores sont très serrés ! On m'informe que le standard a enregistré soixante-dix-neuf millions d'appels ! Il est encore temps de renverser la tendance en composant le numéro qui s'affiche au bas de votre écran !

(Acclamations.)

» Avant de retrouver nos candidats en direct de Waverly Hills, je vous propose de revenir sur les moments forts qui ont marqué cette semaine au sein de… *Criminal Loft* !

(Applaudissements.)

Les images défilent, commentées par une voix off qui retrace les événements avec un détachement si prononcé que c'en est presque choquant.

La séquestration de Leonard dans les souterrains. Le suicide de Lynda et sa lettre d'aveux pour le meurtre de Wallace. L'élimination de Leonard et son départ du loft, orchestré par les aboiements des fauves… Le récit de son parcours meurtrier en tout point identique à celui que m'a fait James.

Durant tout le reportage, je déconnecte totalement et me réfugie dans les abysses de ma conscience. Puisque personne ne semble se soucier d'identifier l'assassin de Wallace – peut-on vraiment se fier à la confession d'une morte ? –, je décide de consacrer tous mes efforts à le démasquer moi-même. C'est sans doute ma seule chance de survivre à la justice humaine.

Je suis un prédateur qui traque un autre tueur.

Mais je préfère m'en remettre provisoirement à la clairvoyance du psychiatre. Les morceaux du puzzle s'assemblent progressivement.

L'absence de preuves tangibles dans la chambre 502. Le vol du carnet de James. Les escapades nocturnes d'Aileen. La pièce cadenassée à l'étage réservé aux matons.

Je suis certain que tous ces éléments ont un lien qui conduit au véritable meurtrier de Wallace.

Celui qui tire les ficelles de *Criminal Loft* n'envisageait certainement pas de perdre le contrôle de son propre jeu, où les règles fondamentales sont transgressées au prix de la vie. Le concept en lui-même suffisait à déchaîner les médias et à capter l'intérêt morbide du peuple américain, tout en laissant la part belle au but mercantile de la télé-réalité. Comment aurait-il pu prévoir que *sa création* lui échapperait, au point de devoir avancer le terme de l'émission ? Pourtant, est-ce si difficile d'imaginer l'alchimie explosive que peut produire la cohabitation de huit meurtriers sous un même toit ? Sans compter les artifices mis en œuvre pour exploiter leurs instincts les plus sombres, en les exposant à des situations visant à faire resurgir leurs propres peurs.

Terrance avait raison de croire que nous n'avions pas été choisis au hasard.

Lynda souffrait de la perte de sa sœur jumelle et les psychotropes ajoutés à notre nourriture n'ont fait que matérialiser l'objet de son trauma en le personnifiant à travers la célèbre légende du fantôme de Mary.

Wallace était un prédateur sexuel dont les pulsions sadiques ne pouvaient résister aux sollicitations d'Aileen, la *Mante religieuse*, que la destinée avait déjà placée sur sa route. Destins croisés.

Si Michael était resté assez longtemps, sans doute aurait-il connu des troubles identiques à ceux de Lynda, mais pour des raisons différentes. Les actes de maltraitance subis dans son enfance auraient recréé le spectre de la souffrance encore présente dans chaque pierre du sanatorium.

Leonard et James étaient incarcérés dans le même pénitencier et leur mésentente manifeste ne pouvait qu'attiser la violence de leurs caractères.

Très certainement existe-t-il d'autres paramètres que j'ignore et qui mériteraient de parfaire l'équation, mais l'évidence saute aux yeux : ces points communs sont les critères de sélection qui ont servi à retenir les candidatures.

Terrance est un fervent croyant, persuadé d'avoir agi sous l'emprise d'une entité maléfique. Le cadre particulièrement glauque et peuplé de légendes occultes suffisait à en faire un candidat idéal en le confrontant à ses propres démons.

Quant à moi…

Les raisons de ma présence ici demeurent un mystère.

Je ne crains rien ni personne.

Pourtant, il semble évident qu'on ne m'a pas choisi par hasard.

Un affreux pressentiment plane au-dessus de moi, comme l'épée de Damoclès prête à fendre le roc dont je suis fait. J'ai la sensation que le concepteur de ce jeu n'a pas encore abattu toutes ses cartes et que le pire reste à venir…

Le jingle me ramène à la réalité, dans ce hall envahi par les ombres du passé où subsiste encore l'odeur de la mort.

Barbie et *Ken* accaparent de nouveau l'écran sous un tonnerre d'applaudissements.

Le son qui s'échappe des haut-parleurs me paraît amplifié, matraquant mes tempes d'une douleur lancinante. Je passe un doigt sur mon front : il glisse sur une fine pellicule de sueur. Effet secondaire des psychotropes.

— Vous qui nous rejoignez, il n'est pas trop tard pour voter ! Qui souhaitez-vous voir quitter le loft ? Nous le saurons dans quelques minutes ! Mais, avant, revenons sur le terrible meurtre de Wallace Parker. Avons-nous de nouveaux indices permettant de confirmer la culpabilité de Lynda ?

Barbie s'adresse à son acolyte masculin, dont le visage exprime une soudaine confusion, aussi feinte que la désolation dans sa voix.

— Malheureusement, non ! Il semblerait que les enquêteurs aient décidé de clore le dossier en tenant compte des aveux de Lynda, dont le suicide, en présence de témoins, est à lui seul un acte de remords.

Barbie reprend la parole, tout sourire.

— Et s'ils se trompaient ? Si Wallace avait été victime du crime parfait ? Cela impliquerait que l'assassin est peut-être encore au sein du loft ! J'en ai la chair de poule ! ajoute-t-elle en secouant ses épaules dénudées, son décolleté ouvert sur des seins généreusement siliconés.

— Votre hypothèse est effroyable ! J'en frissonne ! répond *Ken*. Qu'en pense notre public ?

(Hurlements.)

— Il règne une ambiance de folie sur le plateau de *Criminal Loft* ! Oui, madame ? Vous désirez vous exprimer ?

Barbie sillonne les rangs et tend son micro à une jeune femme androgyne qui paraît à peine avoir atteint l'âge de la puberté.

— J'ai suivi l'émission depuis le début ! Je suis étudiante en criminologie. Nous avons formé un groupe de recherches avec des amis, car nous ne croyons pas à la culpabilité de Lynda. Elle ne répond pas au profil. Mais mon questionnement est purement éthique, puisque je ne peux apporter aucune preuve de ce que j'avance. Si l'assassin de Wallace Parker n'est pas identifié, peut-on prendre le risque de réhabiliter un monstre ?

Barbie fait la moue. Elle semble contrariée. Sans doute s'attendait-elle à une intervention plus sensationnelle.

— Excellente question, réagit tardivement *Barbie*. Eh bien, il vous reste une semaine pour y réfléchir et voter en votre âme et conscience ! Car oui, mesdames et messieurs, vendredi prochain aura lieu la grande finale de *Criminal Loft* ! Nous comptons sur votre présence à tous ! scande-t-elle en reprenant sa place au centre de la scène. À présent, retrouvons nos candidats en direct de Waverly Hills!

(Roulements de tambour. Le ridicule atteint son paroxysme.)

—Aileen, James, Terrance, John, bonsoir à tous!

(Acclamations.)

» John, vous avez gagné votre place en finale grâce à l'immunité! Qui pensez-vous que le public choisira d'éliminer ce soir?

Mon visage hagard apparaît en image de fond.

Et là, c'est le choc.

Je suis frappé par ma ressemblance avec mon père. Amaigri, sale, négligé, le regard aussi lisse et froid que la surface d'une pierre polie par des années de tourmente dans les profondeurs abyssales d'un océan déchaîné.

James me foudroie de ses prunelles enflammées.

Aileen ne bronche pas. D'elle, je n'entrevois que la chevelure descendant en cascade sur ses épaules.

Terrance croise les bras contre sa poitrine, comme s'il voulait se protéger du froid.

Barbie s'impatiente, alors je réponds:

—J'ai confiance en son jugement. Il votera contre Terrance, bien sûr! Trop aimable pour être honnête, dis-je en songeant que les téléspectateurs élimineront surtout les litres de bière qu'ils s'enfilent en famille à chaque prime time.

—Merci, John! Le public tiendra-t-il compte de votre opinion? Nous le saurons dans quelques secondes! Que le décompte commence! Cinq... Quatre... Trois... Deux... Un...

» Et voici le moment que vous attendez tous! Qui va devoir quitter le loft?

(Roulements de tambour.)

» *And the loser is…*

Une lumière aveuglante s'abat soudain sur la chaise en bois au centre du hall. Les bracelets en cuir pendent de chaque côté des accoudoirs, attendant d'emprisonner la cinquième victime d'une société décadente.

—…James !

Une plainte douloureuse déchire les entrailles du candidat éliminé. Il se lève d'un bond, renverse son siège et se rue vers la porte close. Avant même qu'il ait atteint la poignée, les matons parviennent à le maîtriser sous les applaudissements du public. James est immédiatement sanglé sur la chaise, comme une bête qu'on traîne à l'abattoir. Ses lèvres écument. La folie supplante sa terreur.

J'avais espéré qu'il resterait parmi nous encore quelques jours, simplement parce qu'il détient les réponses aux questions que je me pose.

La Voix éclate et se répercute soudain dans le vaste hall. Une gorge électronique à l'élocution lente et distincte.

— James, le public a voté.

» Vous devez quitter le loft et retourner dans le couloir de la mort.

» Avez-vous quelque chose à déclarer ?

Le cœur battant à tout rompre, j'ai l'impression de revoir Michael, ligoté sur cette même chaise, humilié et rompu de douleurs innommables.

Le maton obèse se tient à proximité, une main prête à dégainer son taser.

Mais, contre toute attente, James souffle bruyamment et relâche la pression, comme se dégonfle un ballon éventré. Son faciès émacié brille sous les feux des projecteurs, accentuant la noirceur de ses pupilles dilatées. Un affreux rictus s'affiche sur ses lèvres.

J'assiste à une étrange métamorphose, comme si la part frêle et innocente de James se rétractait subitement pour dessiner les contours d'une personnalité abjecte et repoussante.

Je repense aux mises en garde de Leonard : « Si je suis éliminé, promets-moi que James ne sortira pas d'ici indemne. Il n'est pas plus attardé que toi et moi, malgré ce qu'il essaie de faire croire… »

James se sait vaincu.

Il a décidé de révéler son vrai visage à la face du monde.

Et la vérité atteint le comble de l'horreur.

— En effet, j'ai quelque chose à dire avant de reprendre ma place parmi les *presque* morts… J'ai été condamné pour avoir violé et infligé des tortures entraînant la mort sur la personne de Cally Williams, ma petite sœur. Aujourd'hui, vous estimez que je ne suis pas apte à être réhabilité… et vous avez raison ! Oui, j'avoue le crime dont on m'accuse ! J'ai longtemps hurlé au complot en affirmant que mon père avait lui-même manigancé mon arrestation en disséminant des traces ADN sur le cadavre de Cally. La vérité est que, ensemble, nous nous amusions beaucoup avec elle ! Lui, il se contentait de mater et de photographier pendant que je la baisais ! Il est aussi coupable que moi pour avoir pris son pied ! Mais, un soir, nos petits jeux ont dérapé. Je n'ai pas su doser le seuil de tolérance de Cally à la douleur. L'état catatonique dans lequel nous l'avons laissée nous a contraints à nous débarrasser d'elle. Elle ne nous servait plus à rien. On l'a balancée au fond d'un puits. Mon père a commencé à flipper. Il s'est forgé un alibi avant d'aller me dénoncer à la police. Son interprétation du papa éploré était parfaite ! Quelle performance d'acteur ! En tout cas, elle a convaincu les jurés, et les traces de sperme m'ont accablé.

Lorsqu'on m'a appris que j'étais sélectionné pour participer à *Criminal Loft*, j'y ai vu une incroyable revanche ! Alors je me suis inventé un personnage plutôt effacé et doté d'un zozotement censé vous attendrir. Et vous avez tous marché dans ma combine ! Mais, au final, la justice humaine me condamne de nouveau ! Qu'importe, j'ai pourtant bien failli réussir à entrer dans le trio de tête ! Vous étiez à deux doigts de libérer un psychopathe ! Pensez-y quand vous décrocherez votre téléphone pour élire le grand gagnant de ce putain de jeu-réalité !

James déglutit bruyamment.

La lune se fraie un chemin à travers le hall soumis au silence et nous enveloppe de sa pâle luminescence comme si le ciel tout entier s'invitait au spectacle.

Aucun d'entre nous ne semble prendre la mesure de ces révélations. La stupéfaction s'étend au-delà de l'écran. Comment ai-je pu être dupe de la véritable personnalité de James ? Ses alternances de langage auraient dû m'alerter.

La fatigue m'empêche de réfléchir et de formuler mes pensées. Où se situe la frontière entre la vérité et le mensonge ?

James est sur le point de partir. Je ne le laisserai pas s'en aller sans avoir obtenu des réponses.

— James ! Es-tu seulement l'artiste que tu prétendais être ? Tous ces dessins ont-ils jamais existé ailleurs que dans ton imagination ?

Le sourire de James s'efface. Il darde sur moi des yeux fous.

— Voyons, John, tu les as regardés ! Je manie le crayon aussi bien que toi le scalpel !

Il éclate de rire. Un tic nerveux secoue sa paupière. Il n'est pas dans son état normal. Quelque chose cloche dans son brusque revirement de comportement. La frayeur se peint sur son visage tandis que les matons détachent ses liens.

— Retrouve-le, John ! Mon carnet, retrouve-le ! Lui seul t'apportera les réponses dont tu as besoin pour expliquer ce qui se passe ici ! Le monde entier doit savoir !

Les projecteurs s'éteignent subitement, invitant les ténèbres à se joindre au départ de James dont le regard suppliant s'accroche au mien jusqu'à ce qu'il ait franchi le seuil du sanatorium.

J'entends les aboiements enragés des charognards.

Je sens la noirceur oppressante du tunnel l'avaler entièrement.

Je plonge dans la spirale infernale des applaudissements qui claquent sur le plateau, comme le fracas d'une pluie diluvienne.

James nous a leurrés sur sa véritable personnalité. Mais il n'aurait su feindre la terreur qui l'animait en évoquant l'unique trésor qu'il possédait : son précieux carnet. Et j'ai l'intime conviction que celui qui le lui a dérobé ne tardera pas à détruire les vérités qu'il renferme.

Au départ, nous étions huit.

Nous ne sommes plus que trois pour l'ultime étape.

L'Épreuve du sang.

Semaine 3

L'Épreuve du sang

« Le bon juge condamne le crime sans haïr le criminel. »

Sénèque

Chapitre 41

La nuit est propice à mes desseins.

Je me sens aussi vide que peut l'être un homme affamé par des jours de jeûne forcé. Les os de mes hanches saillent sous mon pantalon, ma vision se brouille au moindre effort.

Ma seule alliée demeure l'obscurité, celle dans laquelle je me fonds pour me rendre invisible, me mouvoir comme une ombre appelée à ne faire qu'une avec le néant.

Après l'élimination de James, chacun a regagné sa chambre, comme si l'idée d'occuper l'espace trop vaste du sanatorium était devenue insupportable. Un comble pour des détenus, prisonniers du couloir de la mort. C'est un peu comme ouvrir la cage d'un oiseau et constater qu'il reste à se débattre entre les barreaux, plutôt que de prendre son envol vers sa délivrance.

Mais cette nuit est différente.

Je pars en quête de liberté.

La lune est pleine et souriante, comme si elle me faisait la promesse de me guider par son éclat argenté.

Le voyant rouge de la caméra clignote. Ces incessantes pulsations d'un cœur pourpre créent un effet stroboscopique dans ma chambre.

Je n'ai pas le choix. Je dois échapper à l'œil noir braqué sur moi. Personne ne pourra me reprocher d'avoir quitté ma cellule dorée, au milieu de la nuit, pour assouvir une envie pressante. Je pourrai toujours prétexter une insomnie. Le règlement de *Criminal Loft* n'impose aucun couvre-feu. J'ai mis à profit ces quelques heures de solitude pour parcourir ma « bible » et m'assurer qu'aucun piège ne venait se cacher entre les lignes.

J'ouvre la porte et m'enfonce dans le long couloir qui mène aux escaliers. Ils grincent sous mon poids. Le bruit sourd de la tuyauterie rythme ma démarche à l'instar d'un chant funèbre dépourvu d'harmonie.

J'ai l'impression d'être encerclé par une armée de spectres furieux, dont les membres fantômes forment un monstre tentaculaire, glissant sur les cloisons couvertes d'écailles.

Un claquement d'huis retentit quelque part.

J'accélère le pas pour atteindre le hall, où tout semble exagérément grand. La hauteur de plafond me donne le vertige. J'ai la sensation qu'un poids pèse sur ma tête, cherchant à m'enfoncer sous terre.

Ce que je m'apprête à faire…

Je rase les murs jusqu'au panneau amovible. Par chance, la caméra est restée orientée sur la chaise en bois. J'appose mes mains sur le papier peint défraîchi et perçois un léger déclic. Le monde souterrain de Waverly Hills m'ouvre ses portes.

J'avance dans l'obscurité, n'ayant pour unique repère que le contact humide des parois irrégulières qui se divisent en innombrables galeries, où flotte une odeur nauséabonde.

Lors de notre expédition sauvage, Aileen avait tenté de m'attirer dans les profondeurs des souterrains pour me montrer quelque chose. Intrigué, j'ai décidé d'explorer ce sinistre endroit, en quête de réponses.

Pourquoi Leonard a-t-il provoqué sciemment son élimination, après avoir passé deux jours et deux nuits sous terre ? Qu'est-ce qui a pu l'effrayer au point de renoncer définitivement à ses chances de survivre au couloir de la mort ? Je me souviens d'avoir entendu James évoquer les tendances claustrophobes de Leonard, mais je doute que cela ait suffi à déclencher pareil désir de quitter Waverly Hills. Alors quoi ?

C'est la réponse que je suis venu chercher.

Aucune caméra ne sera témoin de mes pérégrinations à travers ce cloaque infesté par les rats.

Je progresse à tâtons. Les aspérités sur les murs entaillent mes paumes. Des picotements me traversent les mains, comme si des débris de verre s'étaient fichés sous ma peau.

Les ténèbres m'engloutissent. Chacun de mes pas m'éloigne de la surface de la terre. De la lumière. J'avance à l'aveuglette, bifurquant parfois pour m'enfoncer dans les entrailles de Waverly Hills, contenant des hauts-le-cœur à mesure que l'odeur putride augmente, comme si j'approchais d'un vaste charnier. Je suis comme une bête errant dans un labyrinthe, perdu dans ces allées hostiles sans aucun moyen de retrouver mon chemin si je décidais de faire marche arrière.

Un sentiment d'oppression bloque ma respiration.

Quelque chose vient de frôler le bas de mon pantalon. Je lance vigoureusement mon pied en avant.

Brusquement, le sol se met à bouger.

Les rats…

Ils grouillent autour de moi.

À peine ai-je pris conscience d'avoir enfreint les limites de leur territoire qu'un vif élancement irradie mon mollet. Un hurlement retentit en enfer.

Le mien.

Je me débats dans les ténèbres pour échapper aux morsures de cette horde enragée. Je m'élance, aspiré par le vide qui s'ouvre devant moi, désorienté, incapable de me repérer dans cette course effrénée qui ne mène nulle part. Un liquide chaud coule le long de ma jambe.

Du sang.

Mon corps prend soudain la consistance du coton. Je flanche. Épuisé, je m'effondre sur le sol bourbeux, vaincu par ce monde obscur. Ma respiration laborieuse résonne dans le labyrinthe humide qui me retient captif. Mes paupières s'abaissent comme deux pétales se fanent.

Au loin s'élève le ballet frénétique des griffes raclant la terre. Les rats viennent achever leur festin.

Étrangement, le souvenir cauchemardesque de ma mère, étendue sur le carrelage, refait surface dans ma tête rompue à l'affliction. Ses yeux morts me foudroient une dernière fois.

Puis c'est le black-out.

*

Je ne suis pas tout à fait mort.

La Grande Faucheuse elle-même ne veut pas de moi dans son royaume.

C'est du moins la première pensée qui me vient à l'esprit en reprenant conscience, arraché aux ténèbres par le faisceau lumineux d'une lampe torche. Aveuglé, je me cache le visage avec les mains. La douleur se réveille comme autant d'aiguilles plantées dans mon mollet.

— Fâcheuse posture, dit sombrement une voix de femme.

Aileen…

Elle m'a suivi dans les souterrains.

J'entrevois sa main frêle et délicate se tendre vers moi. Je la saisis, mais elle m'échappe. Mes forces m'ont quitté depuis si longtemps que j'ai parfois envie de lâcher prise, d'abandonner cette enveloppe charnelle dans laquelle sévit le monstre que l'humanité redoute.

— Lève-toi, John. Je ne compte pas rester éternellement dans ce trou à rats !

— Pourquoi… ?

Un immonde gargouillis remonte dans ma gorge.

— Pourquoi je ne te laisse pas crever ici ? C'est une bonne question… D'ailleurs, tu ferais mieux de te décider avant que je change d'avis.

Je ne suis pas en état de l'affronter physiquement, mais je suis encore capable d'éprouver de violentes pulsions. Et des moins nobles, croyez-moi.

Je me hisse maladroitement en prenant appui contre une paroi humide. Ce regain d'énergie, je le dois à mon état psychique. J'ai la haine chevillée au corps. Et une singulière faculté à ne pas l'exprimer.

— Tu pisses le sang, dit-elle en désignant mon pantalon maculé de taches pourpres. Je vois que tu as fait connaissance avec les résidents de Waverly Hills. Sacrés bestiaux ! Hop, suis-moi, on n'a plus beaucoup de temps avant que les autres se rendent compte de notre absence.

Aileen s'enfonce dans la galerie, comme si elle connaissait parfaitement l'itinéraire à emprunter.

Mais pour aller où ?

— Attends ! Je ne suis pas sûr d'avoir très envie de te suivre… après ce que tu as fait à Wallace…

Elle s'arrête net. Et se retourne. Ses yeux sont deux billes incandescentes qui jettent une curieuse lueur dans la pénombre.

— Tu ne vas pas recommencer avec ça ! s'écrie-t-elle. Lynda a tué Wallace Parker, rappelle-toi… Elle a laissé des aveux avant de se suicider.

— Nous savons tous les deux qu'il y a une autre explication. Lynda ne répondait pas au profil de celui qui a éventré Wallace. Je suis d'ailleurs certain que la vue du sang la répugnait. N'oublie pas qu'elle a été accusée d'empoisonnement. Il n'y a rien de commun avec l'acte barbare perpétré dans la chambre 502.

— Le doc' a parlé ! Et comment m'y serais-je prise, John ? Nous avions tous interdiction de franchir les cordons de sécurité. Je n'ai même pas pu approcher son corps pour lui rendre un dernier hommage !

— Toi, non. Mais ton complice a eu tout le loisir de le faire, lui.

— Mon complice ?

Aileen éclate de rire.

Une douleur foudroyante transperce ma jambe. Je serre les dents pour ne pas hurler.

— Il est de notoriété publique que ton esprit malade est fertile en matière d'imagination, ajoute-t-elle, mais là, tu bats tous les records ! Sache que je n'ai jamais eu besoin d'un acolyte pour castrer des salauds dans ton genre.. . Mon ego surdimensionné me l'interdit ! Ça aussi, tu devrais l'avoir appris. C'est écrit dans vos manuels de psy, non ?

Un étrange sourire flotte sur ses lèvres. Elle fait volte-face. Même en l'absence de caméras, Aileen ne lâchera pas le morceau.

Malgré ma réticence à la suivre, je me résous à marcher dans son sillage, claudiquant dans la puanteur des souterrains.

— Nous y sommes, dit-elle d'un ton triomphal.

Elle oriente le faisceau de la lampe vers un escalier aux marches bétonnées, portant encore les scories de l'épouvante qui accompagnait les malades condamnés à mourir en reclus. Stigmates ensanglantés sur les murs, griffures ancrées dans la pierre, mémoire d'années de luttes et de souffrances.

Aileen m'offre sa main pour m'aider à gravir les degrés, mais je la repousse et prends appui contre le pan froid. Ses hanches se balancent devant moi, comme une invitation du vice à la vertu. Malgré la douleur vive qui irradie ma jambe, je ne peux m'empêcher de reluquer ses courbes délicates que j'aimerais affûter. Au scalpel.

Ne dit-on pas que « l'appétit vient en mangeant » ?

Une pensée folle s'impose à moi, tandis que mon estomac crie famine : je me rassasierais bien de la chair tendre de ses fesses…

— À toi l'honneur, John.

Aileen s'écarte pour me laisser passer.

L'escalier débouche sur une porte, que je ne suis pas certain de vouloir ouvrir. Et pourtant, comme dotée d'une vie propre, ma main s'abaisse pour enclencher la poignée métallique.

Le halo virginal de la lune étend sa cape argentée à travers l'unique fenêtre, repoussant les ténèbres pour révéler une pièce qui renferme plusieurs écrans de surveillance. Il y a aussi des cartons empilés dans un angle et des vivres entreposés dans des cageots.

Le fameux Fort Knox évoqué par James.

— Qu'est-ce que…

— C'est ce que je comptais te montrer l'autre jour. Mais tu ne m'en as pas laissé le temps, répond Aileen en caressant le lobe de son oreille tuméfiée, comme si elle revivait un merveilleux souvenir. Nous sommes très exactement au premier étage, là où les gardes ont leurs appartements privatifs. Cette pièce est inviolable par le couloir, à moins de posséder la clef de l'impressionnant cadenas qui fait office de cerbère. Le seul accès non protégé communique avec les souterrains. Épatant, n'est-ce pas ?

— Ce qui l'est davantage, c'est que tu en saches autant sur cet endroit. Qui t'en a parlé ? Comment as-tu découvert le moyen d'y pénétrer ? Et ne me dis pas que la providence y est pour quelque chose ! Même un homme averti aurait mis des jours à trouver le passage secret. Et encore fallait-il être courant de son existence !

— La « bible », John. La « bible »..., souffle-t-elle, énigmatique.

Je déambule parmi les écrans qui retransmettent en direct l'activité du sanatorium. La salle de détente, les parties communes, les couloirs, le hall, le réfectoire, les chambres, l'entrée du tunnel, la salle de soins située dans le pavillon annexe. Un œil braqué en permanence sur nos vies, comme celui d'un juge silencieux.

— Je n'ai rien trouvé dans le règlement intérieur de Waverly Hills qui mentionne l'existence de cette pièce.

— Tu devrais peut-être revoir tes classiques. Tu n'auras qu'à vérifier. Épître 20 : *Chronologie des réfections effectuées depuis l'ouverture du sanatorium*. Très instructif, crois-moi. Je me rappelle parfaitement avoir sauté volontairement ce passage, tout comme les conditions d'hygiène et de travail déclarées au début du siècle. J'aurais dû me douter que rien n'était laissé au hasard.

— Félicitations, Aileen. Tu n'as pas perdu ton temps.

J'applaudis. Décontenancé.

Je balaie la pièce d'un regard inquisiteur et m'approche d'un carton ouvert, coincé entre une console pourvue de manettes, dont j'ignore l'utilité, et une caisse remplie d'ustensiles de cuisine – principalement des objets tranchants. Ceux dont nous avons été privés après le meurtre de Wallace.

— Passe-moi la lampe, Aileen.

Je plonge la main dans le fatras qu'il contient et, brusquement, mon attention se focalise sur la couverture patinée d'un cahier en partie dissimulé par de petites cassettes vidéo laissées en vrac.

Je viens de trouver le précieux trésor de James. Son carnet de croquis.

Je fouille plus en avant, frénétiquement, brassant toutes sortes de choses, jusqu'à ce que mes yeux se posent sur un boîtier transparent avec, à l'intérieur, un DVD scindé en son milieu et totalement inutilisable. Le DVD de Wallace. Celui qu'il m'avait confié en prétextant que le garder en sa possession représentait un danger de mort, parce qu'il apportait la preuve irréfutable de la culpabilité d'Aileen. J'ai cru, un moment, que ce film dévoilait les abus sexuels perpétrés par Wallace le Croque-mort sur sa belle-fille. Aujourd'hui, je ne suis plus sûr de rien. Peut-être a-t-il finalement un rapport avec les crimes commis par Aileen...

— Tu as trouvé quelque chose d'intéressant, John ?

La voix d'Aileen est aussi malicieuse que celle du diable.

— Je pense que tu connais la réponse à cette question. Sinon, pourquoi m'aurais-tu conduit jusqu'ici ? Qui nous manipule à l'arrière de ces consoles ? Qui se cache derrière la Voix ?

— Ça, je l'ignore, assure-t-elle.

Je glisse le carnet de croquis à l'intérieur de mon pantalon et repose le DVD à sa place. Dans cet état, il ne m'est plus d'aucune utilité.

Un nuage éclipse l'astre lunaire.

Je me retourne.

Aileen n'est plus qu'une silhouette visitée par les ombres changeantes que projettent les écrans. Je ne m'étais pas aperçu qu'elle s'était éloignée à l'autre bout de la pièce.

Une question encore me brûle les lèvres. Des flashes éclatent à l'intérieur de ma tête, chargés d'abominations qui déclenchent en moi une excitation incontrôlable.

— Avec lequel des deux matons baises-tu, Aileen ?

Elle fait quelques pas dans ma direction. Sa démarche lente et silencieuse est une mélodie pour l'homme. Pour celui qui se laisse conquérir par sa beauté enivrante. Mais je ne suis pas de ceux-là.

— Et même si je me farcissais l'un des gardes, pourquoi te le dirais-je ?

— Parce que tu en meurs d'envie ! Tous ces mystères que tu gardes en toi commencent à te ronger. Tu aimes semer le doute. Tu as besoin de dominer et qu'on reconnaisse ton intelligence machiavélique. Pour flatter ton ego surdimensionné, justement. Mais comment pourrais-tu jouir de l'effet que te procure le regard des autres, si personne ne connaît tes exploits ?

Aileen n'est plus qu'à un souffle de moi. Ses pupilles sont dilatées comme des soucoupes, lui conférant une figure démentielle. Elle plaque son corps contre le mien.

Son contact ravive la douleur centrée sur mon mollet. Je pousse un gémissement qu'elle interprète comme l'expression de mon désir et sa main chemine lentement vers mon bas-ventre. Son sourire s'étire comme une déchirure profonde lorsqu'elle sent mon sexe s'ériger. Il faut dire que la nature a été très généreuse avec moi.

Je souris à mon tour. Mais d'une envie bien différente de celle qu'elle imagine.

— John !

Je l'ai saisie violemment à la gorge et m'empare du couteau à désosser placé derrière moi.

« L'appétit vient en mangeant… »

Mes pulsions les plus immondes refont surface.

Ici, aucune caméra pour filmer mes actes, et du temps pour les accomplir…

Aileen détecte la lueur satanique dans mes yeux. La couleur de la peur déteint sur son visage.

Je n'ai d'humain que ma faculté à me tenir sur mes deux jambes – et encore, les morsures infligées par les rats me privent partiellement de l'usage de mon membre inférieur droit !

Je la bouscule et l'entraîne jusqu'à la porte scellée, la plaquant rageusement contre le métal blindé.

Elle m'appartient.

Comme les autres, avant elle.

Elle ne tente même pas de se défendre, parce qu'elle sait que toute résistance est inutile face à des gens comme *nous*.

La lame glisse sur son sternum. Je me retiens pour ne pas l'enfoncer et fouiller ses chairs. Je suis expert en la matière. Mon dosage est parfait. Pas un filet de sang ne s'écoule. Pas une goutte. J'appuie juste assez pour qu'elle sente l'acier sur sa peau. Sa terreur est l'excitation suprême.

— Aileen, t'es-tu déjà posé la question de savoir quelle partie du corps tu choisirais, si tu devais manger un être humain ? Moi, j'opte pour la chair tendre des fesses, mais je goûterais bien aussi à la saveur d'un cœur, ou d'une rate, pourquoi pas…

Je savoure cet instant de plénitude où des images atroces se clarifient dans l'esprit de mes victimes. J'aime mettre des mots sur mes actes.

— John, dit-elle d'une voix étranglée. Tu ne peux pas faire ça… Tu joues… ta liberté…

— Je suis déjà mort. On ne me condamnera pas une seconde fois.

Au moment où je m'apprête à entamer la phase expérimentale – plus délicate que la découpe d'un lombric ou autres insectes –, un bruit sourd, comme celui de la soie qu'on froisse, vient perturber ma concentration. Une ombre gigantesque se déploie soudain derrière moi. J'ai l'impression d'être aspiré par le néant. Un mouvement circulaire balaie les murs. Je n'ai rien vu arriver.

Une violente douleur irradie subitement l'arrière de mon crâne. Je chancelle et m'effondre, en maudissant celui qui m'arrache à mon festin. Un voile noir passe devant mes yeux.

Et mes cris se perdent dans la faille qui sépare les vivants et les morts.

Chapitre 42

La justice humaine rétablit l'ordre naturel des choses, pensa l'Ombre, attentive à tous les écrans alignés devant elle. Une horde d'espions qui lui permettait d'observer sans être vue.

Aileen était étendue sur son lit, les doigts croisés derrière son crâne, comme si elle profitait innocemment d'un bain de soleil sur une plage des Caraïbes.

Terrance tournait en rond dans sa chambre en psalmodiant. On aurait dit un insecte se cognant aux parois de verre d'un bocal scellé.

Quant à John…

Son infortune dans les souterrains obstruait la lucarne vide de ses yeux. Enfermer une bête ne suffit pas toujours à l'apprivoiser.

L'Ombre aurait presque pu le toucher, approcher le mal à l'état pur…

Presque.

Elle alluma une cigarette, soudain captivée par le bout incandescent tombant en cendres sur un tas de mégots.

Le voyant rouge de la ligne sécurisée se mit à clignoter comme une balise de détresse.

— Oui ? fit une voix caverneuse.

— Il s'est produit quelque chose. John Natas a été retrouvé inanimé dans les souterrains, grièvement blessé à la tête et présentant de nombreuses traces de morsures sur le corps. J'ai dû repousser moi-même les rats qui l'avaient presque entièrement recouvert ! Il a été transféré dans le pavillon annexe pour recevoir des soins… J'ai besoin d'aide. Je crains pour ma sécurité ! Vous devez me sortir de là !

Un long silence s'ensuivit.

L'Ombre souffla bruyamment.

— Cessez de paniquer, voulez-vous ? Faisons-lui passer l'Épreuve du sang, sans attendre. Vu l'état dans lequel il se trouve, John Natas est très affaibli et il ne représente plus un danger pour quiconque.

— Vous le sous-estimez…

L'interlocuteur serra si fort le combiné que ses phalanges prirent une teinte blanchâtre.

— Comment osez-vous ! Croyez-vous que je puisse négliger le genre d'animal qu'est John Natas ?

— Pardonnez-moi… Je ne voulais pas…

— Je me fous de ce que vous voulez ou non ! Exécutez mes ordres sans discuter. C'est bien pour ça que je vous paie, il me semble. Vendredi, votre calvaire prendra fin. Estimez-vous heureux. Tout le monde n'a pas cette chance.

L'Ombre regretta aussitôt cet épanchement douloureux, qui trahissait le vivier de souvenirs qui la persécutait depuis si longtemps. Elle reprit calmement :

— Je m'occupe de dompter les bureaucrates et d'apaiser les associations qui menacent de nous traîner en justice. Elles ont déjà tenté d'investir les bureaux de Channel 9, mais nous nous efforçons d'enrayer l'hémorragie en gagnant du temps. Il ne reste plus que sept jours. Tenez bon.

— Bien, fit l'autre, résigné. Je me demandais…

— Quoi encore ?

— Lorsque j'ai accepté cette mission, nous nous étions entendus sur le fait que toutes les informations dont vous disposiez seraient portées à ma connaissance. J'ai épluché le dossier de chaque candidat, décortiqué leur vie à la loupe… mais j'ai l'impression que vous ne m'avez pas tout dit.

— Vous doutez de moi ?

— Il se passe vraiment des choses étranges, ici. Je ne parle pas des hallucinations dont ils sont victimes, mais du meurtre de Wallace, par exemple… Jamais une telle tragédie n'aurait pu se produire sans l'intervention de…

— Nous reprendrons cette conversation plus tard, coupa l'Ombre. Nous avons d'autres priorités à honorer. Sachez que vos doutes sont infondés et indignes de la confiance que je vous porte.

— Pardon. C'est juste que…

— Remettez-vous à l'ouvrage. Nos candidats sont prêts à affronter l'Épreuve du sang. Et vous aussi.

L'Ombre raccrocha précipitamment.

Elle se mentait à elle-même. Tout comme elle abusait de la crédulité de son interlocuteur en lui assurant ne rien lui cacher. Car personne ne saurait consentir à l'infernale machination qu'elle avait mise en place.

Elle n'était plus humaine.

Elle était devenue le monstre qu'elle s'acharnait à traquer.

Chapitre 43

Où suis-je ?

Mon corps n'est que souffrance, comme si des milliers de points de suture lâchaient et me déchiraient de part en part. Je tente d'ouvrir les yeux, mais mes paupières semblent soudées l'une à l'autre.

Je déroule mentalement le tapis rouge des événements.

Les souterrains. Aileen. La salle de contrôle. Le couteau à désosser. L'ombre sur la cloison. La douleur.

On m'a assommé. Qui ?

Et où suis-je, à présent ?

Je parviens à cligner des yeux. De la lumière. Puissante. Celle d'un projecteur. Les murs. L'odeur de moisissure. Les sangles autour de mes poignets. Je suis dans le hall. De nouveau harnaché à cette chaise en bois qui trône en son centre. Ils m'ont changé et affublé de cette immonde combinaison orange griffée à mon nom.

Le carnet ! Ils m'ont pris le carnet de James !

— Bonjour, John. Comment vous sentez-vous ?

La Voix emplit le vestibule et son écho assourdissant fend mon crâne d'une douleur aiguë. Mon front est compressé jusqu'à la naissance des sourcils.

— Vous avez été retrouvé inconscient dans les souterrains du sanatorium. Les rats vous ont attaqué, mais vos blessures sont superficielles. Nous avons pris soin de les désinfecter, avant de vous injecter un antibiotique pour limiter les risques de contamination par la bactérie de la leptospirose. La probabilité est minime, mais certains effets secondaires pourraient survenir dans les prochains jours. En cas de diarrhées, de douleurs abdominales ou de vomissements, prévenez immédiatement l'un des gardiens. Le bandage autour de votre tête ne sert qu'à maintenir le pansement qui protège la plaie à l'arrière de votre crâne. Il semblerait qu'elle soit consécutive à votre chute. Pouvez-vous nous dire ce que vous faisiez dans les souterrains, John ?

— Je…

Trois options s'offrent à moi : raconter la vérité (en omettant mes instincts cannibales) et risquer que la sécurité soit renforcée autour de la salle secrète ; taire l'agression dont j'ai été victime et ne rien révéler du piège tendu par Aileen (mais l'idée de les couvrir, elle et son complice, ne m'enchante pas) ; ou feindre l'oubli…

Malgré mes capacités cérébrales réduites, je n'hésite pas longtemps.

— Je… je ne me souviens plus.

— Comment vous appelez-vous ?

— John Natas.

— Savez-vous où vous vous trouvez ?

— Sanatorium de Waverly Hills. Louisville. Kentucky.

— Parfait. Alors, vous souffririez d'amnésie partielle ?

— Il faut croire. Sûrement causée par ma blessure à la tête.

— Avez-vous été agressé ?

— Non.

— Vous venez d'affirmer que vous ne vous rappeliez plus !

— C'est vrai. Je voulais dire… non, je ne pense pas. Par qui ? Pourquoi ?

Le silence plane comme autant de points suspendus à la fin d'une phrase, chargé de doutes et de sous-entendus. Le maton obèse se tient à quelques mètres de moi, les mains croisées sur son ventre proéminent. Les autres ne sont pas là. Il me fixe sans broncher, mais son arme, elle, me fait de l'œil…

Une peur viscérale enfle en moi. Et s'il lui venait l'envie d'utiliser son engin comme il l'a fait avec Michael ? Ma gorge se serre. Ma seule chance d'échapper au taser est de me montrer docile et coopérant.

Tout ce que je ne suis pas.

— John, espérons que votre amnésie ne sera que temporaire. Mais l'essentiel est que vous ayez conservé votre mémoire intacte pour passer le test qui vous attend. Nous l'avons baptisée l'*Épreuve du sang*. Devinez-vous pourquoi ?

— Non.

— Que vous évoque le sang, John ?

Si je vous le disais, vous me renverriez illico d'où je viens.

— Dracula ?

— Très drôle. Vraiment très drôle… Quoi d'autre ?

— La chair.

— Vous brûlez, John !

Oh oui, je brûle… mais d'une haine si puissante envers l'humanité qu'il me paraît inconcevable d'y appartenir.

— Cette partie va vous confronter à une personne très spéciale… Quelqu'un dont le sang coule dans vos veines…

Non ! Ils n'oseront pas…

Trois coups secs font vibrer la porte monumentale. Mes yeux s'ouvrent en grand lorsque le maton déplace sa carcasse pour la tirer.

Mon éternel cauchemar se tient derrière ces épais battants. Tout ce que j'ai haï dans ma vie s'apprête à franchir le seuil du monde réel d'où je l'avais chassé depuis si longtemps.

La double croisée grince pour annoncer mon visiteur. Dans l'encadrement se découpe la silhouette de mon pire ennemi.

Mon père.

*

Les images du passé défilent devant mes yeux agrandis par une haine sans nom. Le parfum âpre du souvenir accompagne sa lente progression dans le hall.

Je revois ma mère, le visage déformé par une indicible terreur. Ses cris. Sa main protectrice qui enveloppe mon épaule. La boucle de ceinture à tête de serpent, lovée dans son cocon d'argent, qui danse à la hauteur de mes sept ans, comme un repère entre la vie et la mort.

Mon père se tient à quelques mètres de moi.

Il pleure ! Ce salopard pleure !

Je ne l'ai pas croisé depuis plus de vingt ans. Pas une fois, il n'est venu me rendre visite au pénitencier de Lucasville. Et le voilà aujourd'hui, vieillard rachitique flottant dans un costume sombre, les joues flasques et sillonnées de rides, des poches soulignant ses yeux voilés par un début de cataracte. Mais, dans ce corps rattrapé par les ravages du temps, je sais quel monstre se cache.

D'instinct, je m'enfonce profondément sur cette chaise en bois, comme une bête de foire apeurée par les hurlements de la foule. J'essaie de mettre de la distance entre lui et moi, mais l'œil de la caméra filme en continu mon combat illusoire, comme si Waverly Hills se délectait de mon agonie.

Quelque part en ses murs, j'entends un rire étouffé bruire comme le froissement des feuilles au-delà des vitres sales.

— John, lors de l'Épreuve de vérité, vous nous avez confié avoir subi de mauvais traitements dans votre enfance, tout comme votre mère qui tentait pourtant de vous en protéger. Reconnaissez-vous l'homme qui vient d'entrer ?

— Oh oui… je le reconnais, dis-je d'une voix caverneuse.

La sueur perle sur mon front. Ma mémoire s'active en rembobinant le film de ma vie, là où tout a commencé.

— John Natas, vous avez torturé, violé, mutilé et assassiné vingt-quatre femmes entre 1994 et 1999. Déclaré sain d'esprit, vous avez été condamné par la Cour suprême à la peine de mort pour dix-huit chefs d'accusation. La date de votre exécution a été fixée au 21 octobre 2012. Pensez-vous que votre père, ici présent, est responsable des actes abominables que vous avez commis ?

— Vingt-cinq. J'en ai tué vingt-cinq…

— Vous n'avez pas répondu à ma question, John.

— L'homme que vous voyez a brisé tous mes repères émotionnels… Il m'a vidé de ma part d'humanité comme une fleur dont on extrait la sublime essence avant de la regarder se faner lentement. J'ai des circonstances atténuantes, monsieur le juge !

— Vous étiez proche de votre mère, n'est-ce pas ?

Les larmes de mon père redoublent. Il est secoué de hoquets incontrôlables, tant l'évocation de son épouse semble le submerger. Je me demande ce qui peut bien provoquer cette faculté soudaine à ressentir une quelconque émotion.

— Oui, je l'étais, proche… Mais qu'est-ce que… ?

— Alors, comment expliquez-vous l'acharnement avec lequel vous avez massacré ces femmes qui présentaient de troublantes ressemblances avec elle ? N'avez-vous pas plutôt désiré la tuer, encore et encore ?

—Je vois. Vous voulez jouer au psychiatre ? Attention, je pourrais vous battre à ce jeu-là…

—Répondez !

—Ma mère s'est suicidée parce qu'elle ne supportait plus de partager la vie de ce pochard. Elle aurait pu m'emmener. Nous aurions pu nous enfuir tous les deux… mais elle m'a abandonné. Avec lui… Elle est déjà morte. Pourquoi aurais-je voulu la tuer une seconde fois ?

J'éructe.

Je tremble.

Je perds le contrôle.

Les yeux larmoyants de mon père restent rivés sur mes mains qui s'agitent pour desserrer les bracelets en cuir qui emprisonnent mes poignets.

—Monsieur, la parole est à vous. Désirez-vous révéler la vérité à votre fils ?

Quelle vérité ? Il n'en existe qu'une : la mienne !

Le vieillard hideux qui s'est présenté comme étant mon géniteur renifle bruyamment et jette un coup d'œil à la caméra. Sa voix chevrotante couvre à peine la distance qui nous sépare.

—John, dit-il, il nous arrivait souvent de nous disputer, ta mère et moi… mais jamais je n'ai levé la main sur aucun de vous deux. J'étais ivre, la plupart du temps, je l'admets, et j'étais sans doute trop sévère avec toi. Je ne savais pas comment gérer la situation…

—Menteur…

—J'ai toujours travaillé dur pour subvenir à vos besoins, pour payer les spécialistes. Tu te rappelles ?

—Ne l'écoutez pas ! Il ment !

— Ma famille était ce qui comptait le plus au monde pour moi.

— Menteur ! Menteur ! Je t'ai vu la frapper !

Le vieillard qui me sert de figure paternelle recule de quelques pas. Le chagrin et l'incompréhension se lisent sur son visage.

— Johnny, tu as imaginé toutes ces choses… Tu as toujours été un enfant différent. Tu déformais sans cesse la réalité et tu souffrais de brusques crises de colère que nous ne pouvions expliquer…

— Tais-toi !

— Johnny, je t'en prie… écoute-moi. Je me suis mis à boire pour oublier mon impuissance à t'aider, et ta mère… ta mère culpabilisait tout le temps parce qu'elle se croyait responsable de ton état. Tu étais un gamin intelligent, mais si violent et imprévisible… Tu nous faisais peur, Johnny ! Nous t'avons emmené consulter des spécialistes, mais ils n'ont fait qu'enfouir au plus profond de toi ce petit garçon malveillant qui s'amusait à… oh ! Seigneur… à torturer les chiens errants ! Ta mère, elle, a compris qu'elle avait engendré un sociopathe… Elle n'a pas su faire face…

— Un peu stéréotypé, tu ne trouves pas ? Décharge-toi de ta culpabilité, si ça t'aide à avoir bonne conscience. Tu es encore plus lâche qu'elle !

— Elle s'est suicidée à cause de toi, John ! À cause de toi ! Et tu l'as humiliée, jusque dans la mort ! Quand ils ont emmené son corps, les urgentistes ont constaté que quelqu'un avait introduit des clous dans son vagin ! Mon Dieu, John ! Comment as-tu pu… ? Tu n'avais que sept ans !

— Ils t'ont acheté pour témoigner, hein ? À combien s'élève le prix du mensonge ? Assez pour te payer une sacrée cuite, j'espère !

— Et puis tu as séjourné en établissement psychiatrique pendant quatre mois. J'ai cru que le cauchemar était fini… qu'ils t'avaient guéri…

— Dis-moi combien vaut la parole d'un ivrogne !

Je crache toute ma haine en direction de ce vieillard sénile qui est en train de ruiner toutes mes chances de sortir vainqueur de ce jeu-réalité. Il recule. Son regard pue la pitié et la désolation. Je n'en ressens que plus d'agressivité, et mon impuissance à l'assouvir me rend dingue !

— Ainsi s'achève l'Épreuve du sang. Nous remercions votre père d'avoir accepté notre invitation. Avant qu'il ne quitte définitivement Waverly Hills, avez-vous quelque chose à lui dire, John ?

Un sourire monstrueux étire mes lèvres assoiffées de vérité.

— Souviens-toi de ce nombre, papa. Vingt-cinq. J'en ai tué vingt-cinq !

Mon père pousse un gémissement qui me ravit. Il plaque une main sur sa poitrine. Il ne manquerait plus qu'il succombe à un infarctus : on m'accuserait encore de l'avoir assassiné en direct !

Le maton le soutient et l'escorte jusqu'à la porte.

Je suis enfin seul.

Enfin, pas tout à fait…

— Pourquoi avouer vingt-cinq crimes, John ? Vingt-quatre ne suffisent pas à votre palmarès ? Oh… je crois comprendre. Sans doute avez-vous occulté inconsciemment les éléments qui ont conduit à votre arrestation.

— De quoi parlez-vous ?

— Votre vingt-cinquième victime a survécu à ses blessures.

» Elle est vivante, John.

» Vivante !

» Son témoignage vous a mené dans le couloir de la mort.

La lumière s'éteint subitement, comme un rideau tiré sur le hall, majestueuse scène de théâtre où chacun joue le rôle de sa vie en attendant patiemment le mot « Fin ».

J'écume, seul dans l'obscurité.

Pendant un court instant, je m'égare à la frontière qui sépare le fantasme de la réalité, déstabilisé par leurs propos mensongers.

Vingt-cinq. J'en ai tué vingt-cinq.

Dans mon script, personne n'échappe au célèbre John T.

Chapitre 44

— Réveille-toi, John…

La voix singulière de Terrance me parvient à travers un épais nuage cotonneux. Je mets quelques secondes à me situer dans l'espace et le temps.

Je suis allongé dans ma chambre. La 504. Sanatorium de Waverly Hills.

Les événements me reviennent par flashes successifs. Après l'Épreuve du sang, le maton obèse m'a reconduit au cinquième étage. Son odeur acide et écœurante imprègne encore mes narines. Ils ont dû m'administrer un somnifère ou un tranquillisant, parce que j'ai la sensation d'évoluer dans un état second.

— Qu'est-ce que tu fais ici, Terrance ?

Il répond, hésitant :

— Je suis venu voir comment tu allais. Après ce qu'ils t'ont fait subir… Aileen et moi avons assisté aux retrouvailles avec ton père depuis la salle de détente. Ils ont tout retransmis en direct… Comment vas-tu ?

Ils m'ont menti. Ils ont tenté de vous convaincre que j'avais imaginé toutes ces choses odieuses que mon père nous infligeait, en retournant les accusations contre moi. Comment crois-tu que je me sens ?

— À ton avis ?

Terrance s'éclaircit la voix d'un raclement de gorge.

— C'est vrai que tu ne te souviens plus de rien, concernant ta petite balade dans les souterrains ?

— Pourquoi mentirais-je ?

— Pour cacher quelque chose… ou couvrir Aileen, par exemple ?

Je me redresse lentement jusqu'à atteindre la position assise.

— Terrance, Terrance, Terrance… Tu es toujours le premier à t'enquérir de ma santé et tu es chaque fois là quand les choses tournent mal. Je vais finir par croire que tu ressens une sorte d'admiration à mon égard ! Pourquoi chercherais-je à protéger Aileen ? Et de quoi ?

Terrance se pose sur le bord du lit, avec précaution, comme s'il redoutait la réaction d'un animal sauvage.

— Désolé, John… Je n'éprouve aucune fascination pour les tueurs en série de ton acabit. S'acharner avec autant de cruauté sur des êtres humains… ça me dépasse. Aileen et toi, vous vous ressemblez beaucoup… J'ai pensé qu'une sorte de symbiose aurait pu vous rapprocher. Jusque-là, j'ai toujours imaginé que seul le diable en personne était capable de conduire à de tels actes.

— Ah oui, c'est vrai ! Terrance, l'innocent ! Terrance, le possédé ! Celui qui a agi sous l'emprise d'une entité maléfique ! Qui crois-tu qu'ils vont inviter pour ton Épreuve du sang ? Satan lui-même ? Au fait, quel abominable crime as-tu commis pour échouer ici, Terrance ?

Je ris aux éclats, ce qui a pour effet de réveiller de vives douleurs à l'intérieur de mon crâne. La mine déconfite de Terrance adoucit mon supplice. Il a l'air contrarié par mes brimades. Serait-il assez fou pour adhérer à sa propre version de la vérité ?

— Je ne suis pas comme toi, John. Je n'ai rien de commun non plus avec Aileen, à part mon addiction aux jeux. Cette femme ne m'inspire aucune confiance. Je suis certain qu'elle a tué Wallace. Et tu le sais aussi…

— Elle n'aurait pu agir seule…

— Tu me considères comme son complice ?

— Pourquoi pas…

— Parce que je te mets en garde contre elle ! Quelles que soient vos… affinités, vous représentez un danger l'un pour l'autre.

— Tu me mets en garde… Ce pourrait être une ruse pour me rallier à ta cause en prenant position contre elle.

Terrance s'agite sur le rebord du lit. Sa frustration est un délice.

— Tu es libre de ne pas me croire, John. Mais, à mon avis, elle s'est débarrassée de Wallace Parker pour assouvir ses pulsions meurtrières et orienter les accusations contre toi. Tu es son miroir masculin. Elle se reconnaît en toi. Tu es pour elle un adversaire redoutable qu'il faut éliminer.

— Tu es bien loquace… As-tu des preuves ?

Visiblement contrarié, il avoue :

— Non, aucune. J'espérais que ton témoignage corroborerait mon hypothèse. Mais si tu souffres d'amnésie partielle…

— Effectivement, c'est regrettable. J'aurais aimé pouvoir t'aider, mais je ne suis qu'un pauvre *serial killer* totalement dépossédé de ses souvenirs.

— Tant pis. Peut-être que l'Épreuve du sang lui fera perdre sa superbe…

Je l'interroge d'un froncement de sourcils, qui me donne l'impression qu'une main invisible tire sur mon cuir chevelu jusqu'à l'entendre craquer sous les bandages.

— Aileen a été conduite dans le hall il y a environ un quart d'heure, poursuit-il. L'audition est retransmise en direct. Si tu te sens le courage de descendre en salle de détente…

Et comment ! La seule raison qui pourrait m'empêcher de la voir souffrir serait que je sois mort. Et je suis bien vivant.

Je m'attendais à ce que les concepteurs du jeu aient prévu un face-à-face avec le *diable* d'Aileen, ce père qui aurait abusé d'elle chaque nuit…

Leur cruauté fut encore bien pire.

*

— Tu veux un coussin pour te caler ?

— Nan, Terrance. Je veux du silence pour écouter.

Dans la salle de détente, nous fixons l'écran avec le même intérêt morbide que ces téléspectateurs qui assistent chaque semaine au grand prime time de *Criminal Loft*.

Laurel nous épie depuis son poste d'observation, près de la haute fenêtre par laquelle le soleil peine à s'engouffrer. Son attitude versatile me dérange. Tantôt conseilleur, tantôt bourreau. L'influence désastreuse du maton obèse, sans doute. Il y a parfois une lueur indescriptible dans son regard, qui me fait froid dans le dos, comme si lui aussi s'évertuait à jouer la comédie pour masquer sa vraie nature.

Aileen apparaît en gros plan. Son visage exsangue la rend méconnaissable.

Je m'installe confortablement – autant que le permet la douleur diffuse empoisonnant mon organisme – et assiste au spectacle le plus déchirant que mon existence exceptionnelle m'ait jamais offert.

— Bonjour, Aileen.

» Vous voici confrontée à l'Épreuve du sang. Vous possédez un avantage sur votre concurrent, John, puisque vous savez à présent en quoi elle consiste. Êtes-vous prête ?

Ma première émotion, quand la frêle silhouette se découpe dans la lumière du jour, est la stupéfaction. Si je n'étais pas doué de raison, j'aurais presque cru voir le fantôme de Mary, cette petite fille condamnée à errer dans l'effroyable légende de Waverly Hills. Je plisse les yeux pour adapter ma vue au contraste lumineux. Il s'agit bien d'une gamine.

Elle avance doucement, un pouce enfoncé dans la bouche, une mèche brune s'enroulant autour de ses doigts minuscules. Contre sa poitrine androgyne, un nounours râpeux lui sert de bouclier face à l'étendue du hall.

Une plainte déchirante éclate dans sa gorge lorsque Aileen découvre que notre geôlier fantôme vient d'inviter sa propre chair à participer à ce show de l'horreur.

— Qui est-ce ? me demande Terrance.

— Sa fille, je suppose. Ou peut-être sa sœur.

— Sa gamine ? répète Terrance, aussi stupéfait que moi.

À dire vrai, jamais l'éventualité qu'Aileen ait pu être mère ne m'avait effleuré. Comment penser que la tueuse en série, dite la *Mante religieuse*, ait pu engendrer une si jolie et innocente petite fille ? Elle aurait beaucoup plu à James…

— Aileen, reconnaissez-vous cette enfant ?

— Oh, oui…, gémit-elle. Comment avez-vous pu faire venir ma fille dans cet enfer ? Vous devriez avoir honte, crache-t-elle tandis que le maton obèse tapote nerveusement le manche de son taser.

Malgré l'énergie qu'Aileen déploie pour atténuer ses réactions, toutes ses défenses volent en éclats devant sa progéniture, poupée de porcelaine aux longues boucles brunes, couverte d'une robe en dentelle délicieusement virginale.

— Mon bébé…, geint Aileen.

Elle éclate en sanglots lorsque l'enfant approche pour se blottir dans ses bras entravés. Elle ne semble pas voir que sa mère est maintenue immobile par les bracelets en cuir qui enserrent ses poignets.

— N'aie pas peur… Ça va aller…

La mignonne secoue doucement la tête sans paraître effrayée le moins du monde.

Je ne me suis jamais vraiment intéressé aux rejetons. Ils ne sont rien d'autre que des pantins façonnés à l'image d'autres pantins, des chiots pleurnichards qui ne savent que se plaindre pour réclamer un peu d'attention. Mais j'évalue l'âge de la petite aux alentours de six ou sept ans.

La Voix interrompt cette éphémère démonstration de tendresse inassouvie, séparant la mère de son enfant.

La fillette s'écarte lentement. Ses doigts malmènent l'oreille de son ours en peluche. Ange diaphane s'immobilisant dans la noirceur impénétrable du sanatorium.

— Aileen, vous avez mutilé et assassiné trois hommes de race blanche entre mars 2003 et janvier 2004. Vous leur avez offert vos faveurs avant de les droguer et de les torturer. Leurs dépouilles ont été découvertes, démembrées, dans des chambres de motels minables où vous les entraîniez.

— Taisez-vous…

— Est-il exact qu'il vous arrivait fréquemment de proposer des *passes* bien particulières aux clients du casino où vous occupiez l'emploi de croupière ?

— J'avais des relations intimes et consenties avec ces individus.

— Ont-ils consenti aux tortures que vous leur avez infligées ? Ont-ils choisi de mourir ?

Elle secoue doucement la tête, sans cesser de fixer sa gamine, comme si elle la suppliait de chasser les images que ces mots allaient à jamais graver dans son esprit.

— Non, répond-elle sèchement. Ils n'ont pas eu le choix.

Elle avoue pour abréger son calvaire et protéger sa progéniture, me dis-je. Je me suis trompé au sujet d'Aileen. Elle éprouve du remords. Comme toutes les autres putains que j'ai baisées.

— Aileen, est-il exact que vous étiez enceinte lors de votre incarcération au pénitencier du Missouri en juillet 2004 ?

— Oui.

— Vous avez accouché le 2 janvier 2005 et votre fille a été placée en famille d'accueil. Maintenant, pouvez-vous lui confesser qui est son père biologique ? Elle a le droit de savoir.

— Non…

Une lueur de panique traverse le regard d'Aileen. Elle a compris que tout est fini. Ses probabilités d'être réhabilitée s'amenuisent chaque seconde.

— Dites-lui, Aileen ! Ou c'est moi qui m'en chargerai…

— Non… je ne peux pas !

— Vous n'avez pas le choix. Si vous refusez de vous soumettre à mes questions, ma sentence sera irrévocable. Vous retournerez sur-le-champ dans le couloir de la mort ! En revanche, si le public décide de vous sauver, peut-être aurez-vous encore une occasion de voir grandir votre enfant. Vous ne souhaitez pas la saisir ?

J'ignore ce qui a fait céder Aileen. S'est-elle projetée suffisamment loin dans le temps pour imaginer sa fille, le jour de la remise des diplômes ? Ou l'a-t-elle rêvée vêtue d'une robe de princesse au bras d'un prince charmant la guidant vers l'autel ? Toujours est-il qu'elle saisit l'infime chance que lui offre la Voix et qui, paradoxalement, l'anéantit.

— J'ai fait d'affreuses choses dans ma vie, ma chérie. Je ne parvenais pas à me contrôler. À l'époque, je travaillais dans un casino et les clients fortunés me tournaient autour comme des vautours… Leurs envies malsaines me dégoûtaient autant que mon père avant eux. Je les ai laissés râler et suer comme des bêtes avant de leur ôter leur précieuse virilité. Malheureusement, j'ai fait preuve d'imprudence et des témoignages ont permis à la police d'établir un portrait-robot de celle qu'on nommait dorénavant la *Mante religieuse*. J'ai pris la fuite. J'ai dû voler pour survivre. C'est là… que je me suis mise à monnayer certains plaisirs… au coin d'une rue ou dans les arrière-salles de bars miteux. Ce dont je n'avais pas conscience, c'est que le destin allait placer sur ma route un homme aussi dangereux que moi. Il avait suivi de près mon affaire… Pour moi, c'était un client ordinaire. J'ignorais qu'il avait traversé plusieurs États pour me retrouver. Mon histoire le fascinait – je l'ai appris bien plus tard. Mon erreur a été d'éprouver une attirance particulière pour lui, mais je savais, au fond de moi, que nous partagions la même noirceur, les mêmes pulsions sadiques. Un jour, il en a eu marre et il a mis un terme à notre relation avant de dévoiler ma planque aux flics. Il s'est lassé de moi pour se tourner vers quelqu'un de plus jeune…

Aileen inspire profondément. Elle ferme les paupières, comme si elle voulait désespérément visualiser l'objet de sa colère.

Ses mots font écho en moi. Mais je ne parviens pas à les associer à des souvenirs.

— Le sort lui a joué un sale tour ! reprend-elle. Quelques mois après m'avoir livrée aux autorités, il a été condamné pour avoir abusé de sa belle-fille. Il a poussé le vice à son paroxysme et la gamine en est morte !

Elle cherche le regard de sa fille, mais l'enfant a les yeux baissés sur ses souliers.

— Tu veux vraiment savoir qui est ton père ? Après tout, la terre entière le connaît désormais ! Mais, pour ton bien, oublie vite son nom. Oublie même jusqu'à son existence. Il ne valait pas mieux que les autres. Il s'appelait… Wallace Parker.

Un cri de stupéfaction me vrille les tympans. Terrance est pâle comme un linge et je ne dois pas être plus beau à voir. Les éléments s'imbriquent progressivement. Wallace m'avait avoué avoir embaumé la troisième victime d'Aileen. C'est certainement à ce moment-là que son obsession pour la *Mante religieuse* a commencé.

Peu de temps avant la mort de Wallace, Terrance avait entendu une dispute éclater entre eux. Sans doute de vieilles rancœurs ont-elles ressurgi, tout comme leurs penchants sadiques qui ont permis à Aileen de l'attirer dans ses filets.

— Aileen, savez-vous ce que votre confession implique ? Vous aviez un mobile pour assassiner Wallace Parker. L'avez-vous fait ?

— Non. Mais je suis reconnaissante à Lynda de s'être chargée de la sale besogne !

— Avez-vous demandé à Lynda de tuer pour vous ?

— Non.

— Pourquoi les téléspectateurs devraient-ils vous croire ?

— Parce que c'est la vérité. Je ne l'ai pas tué.

Un changement radical s'opère sur le visage d'Aileen. Ses muscles se relâchent et ses traits se parent de cette inimitable suffisance qui semble hurler son mépris à la face du monde. Un sourire énigmatique flotte sur ses lèvres, comme si elle avait remporté une victoire. Aileen est narcissique. Elle aime attirer l'attention sur elle, surprendre son public. Et elle vient d'atteindre son but. Nier être l'auteure du massacre de Wallace doit cependant la frustrer terriblement. Elle sait qu'elle n'a pas le choix. Elle joue sa propre vie. La raison l'emporte sur l'excitation engendrée par ses révélations.

— Ainsi s'achève votre Épreuve du sang. Avez-vous quelque chose à ajouter ?

Aileen hésite un instant. Elle semble avoir oublié la présence de sa fille, jusqu'à ce que, d'un regard sans tendresse, elle pose une dernière pierre sur l'autel de sa folie.

— Je prierai chaque jour pour que tu n'aies pas à comprendre le pourquoi de mes actes. Car, si par malheur tu y parvenais, alors c'est que le diable aurait pris possession de toi.

Rien dans son attitude ne laisse supposer que l'enfant a su déchiffrer les propos de sa mère. Pourtant, le doute s'immisce en moi quand soudain les lumières s'éteignent et que la poupée de porcelaine s'évanouit dans les ténèbres du hall.

La voix trafiquée de notre tourmenteur s'est tue pour laisser place au silence.

Le spectacle est terminé.

Mais notre véritable combat contre la mort ne fait que commencer.

*

Le maton obèse ouvre la marche tandis que *Laurel* se tient légèrement en retrait. Aileen et Terrance ressemblent à deux enveloppes creuses qu'on traîne d'un corridor à l'autre, comme si l'on cherchait à les vider totalement de l'énergie vitale dont s'abreuve Waverly Hills.

Quand *Laurel* se tourne vers moi, je m'apprête à rebrousser chemin.

— Tu ne viens pas déjeuner ? Dans ton état, tu risques de t'affaiblir rapidement si tu refuses de te nourrir, John.

— Je mangerai plus tard. J'ai surtout besoin de me reposer.

Laurel n'insiste pas. Un miracle. La vérité, c'est que je songe à retourner à la cabane pour me remplir le ventre de ces infâmes bestioles, mais je suis trop faible et je ne réussirai jamais à atteindre le sous-bois.

Je les regarde se diriger vers le réfectoire pour y ingérer leur shoot quotidien, en priant pour que les effets du poison décuplent leur agressivité au point de les inciter à s'entre-tuer. Gagner par forfait serait indigne de mes prétentions. Cependant, en raison de la valeur inestimable du trophée, je me contenterais exceptionnellement d'une piteuse victoire.

Aileen n'a pas décroché un mot depuis l'Épreuve du sang. Elle devrait pourtant m'être reconnaissante d'avoir joué la carte de l'amnésie, plutôt que de révéler sa probable complicité dans l'agression que j'ai subie. C'est un peu comme si nous avions passé un accord tacite, visant à nous protéger mutuellement.

Malgré tout, la perspective qu'elle puisse échapper au jugement du public m'est insupportable. À bien y réfléchir, exposer sa fille la favorise. Les téléspectateurs la verront désormais comme une mère, et non plus comme une créature capable de manipuler et de torturer.

Un point pour toi, Aileen…

Je dois impérativement identifier son complice, afin de les diviser et de les contraindre à plier. J'emploierai tous les moyens en ma possession pour extorquer des aveux publics.

Sept jours.

C'est le temps qu'il me reste pour y parvenir. Mais ma lucidité est entachée par ces battements fulgurants qui transpercent mon crâne. J'ai *vraiment* besoin de repos.

Une clarté crue inonde le cinquième étage. Une ampoule nue oscille lentement au milieu du couloir, créant un jeu d'ombre et de lumière qui suscite en moi un sentiment de malaise, comme si des entités invisibles et hostiles se dressaient sur mon passage pour m'agripper. Une langue froide me frôle et remonte le long de mon échine.

Tout n'est qu'illusion.

Pourtant, je me surprends à accélérer le pas, forçant sur ma jambe blessée, malgré les élancements qui tétanisent mon mollet. Je jette un coup d'œil à l'inscription au-dessus de la chambre 502.

Je suis attiré par elle, par son histoire tragique, par les ondes néfastes qu'elle dégage, comme une odeur âcre. Le vent gémit et se glisse sous l'huis. C'est de cette pièce que provient le courant d'air. J'entends son invitation comme un charme diabolique, mais la décline aussitôt pour me réfugier dans la chambre contiguë.

La 504.

L'unique espace de liberté qu'il me reste.

Un lieu impénétrable dont je suis le seul à détenir la clef et qui ouvre les portes à tous mes fantasmes : le rêve.

Chapitre 45

1999.

Je procède au lavement en enfonçant une pipette remplie d'eau. La bâche en plastique s'encrasse aussitôt d'un mélange de matière fécale, de sperme et de caillots de sang. Je la retourne, utilise le même procédé pour éliminer les impuretés des parois vaginales.

Ses hurlements transcendent le génie musical de Mozart, l'embellissent à tel point que mes larmes abondent comme une rivière folle.

Je m'écarte de la table métallique pour contempler mon œuvre. Une flaque de lumière se répand sur son corps écartelé. Un filet pourpre s'écoule le long de sa nuque diaphane.

Elle pleure.

Comme toutes les autres avant elle.

Je retire l'aiguille de son oreille, dévisse le spéculum et jette le tout dans une bassine en inox. Les instruments usagés n'ont pas fini de s'y empiler.

Les dernières notes du Requiem *m'imprègnent, comme un souvenir indélébile qu'il me faut revivre, encore et encore. J'appuie sur la touche Play et la musique divine s'élève de nouveau dans ce sous-sol abandonné, témoin privilégié de mes abominations. Mes doigts pianotent au-dessus d'une panoplie d'outils dont je pervertis l'usage pour l'adapter à l'achèvement de mon chef-d'œuvre.*

— Pourquoi ? demande-t-elle entre deux sanglots.

Elles veulent toutes savoir. Comme si leur fournir une réponse allait apaiser leur souffrance. On s'en fout du pourquoi*! Ce qui compte, c'est* comment…

Je lui rétorque sur un ton las :

— Pourquoi pas ?

Elle fond littéralement en larmes.

Qu'ai-je dit de si terrible ? Ma réplique ne semble pas la consoler du traitement que je lui réserve.

Ma main s'immobilise au-dessus d'un marteau. Parfait pour lui clouer le bec !

Je glousse intérieurement. Si seulement elles savaient apprécier mon humour à sa juste valeur… Mais ces créatures narcissiques et superficielles sont trop occupées à façonner leur image pour se soucier des autres.

— Ils me retrouveront… Tu ne t'en sortiras pas, cette fois, espèce de cinglé !

— Ferme-la… Je tremble ! Brrr !

— Fils de p…

Je secoue la tête et la mets en garde. Je n'admets aucun propos injurieux pendant mon cérémonial.

— Ils te retrouveront quand je l'aurai décidé. Je n'en ai pas fini avec toi…

La terreur transpire par tous les pores de sa peau. Ses gémissements répétés, si délicieux à l'oreille, transforment le sous-sol en chambre de supplices. Ses membres écartelés s'offrent magnifiquement à la lumière, tandis que les ténèbres l'environnent.

Si l'espoir fait vivre, alors je suis mort depuis longtemps. Et je compte bien l'entraîner avec moi dans cet état obscur qui anéantit l'esprit et la raison.

Je brandis le marteau.

Son regard épouvanté est un précipice vertigineux.

J'attends l'accord idéal pour frapper. Frapper. Frapper!

Elle se cambre et hurle. J'écoute ses os craquer sous la chair tendre de ses jambes. Elle se convulse, horrifiée, le visage déformé par la douleur.

Je m'approche lentement et murmure à son oreille – celle que j'ai épargnée :

— Je dois retourner travailler. Sois bien sage. Je reviendrai très vite.

Elle ne m'entend pas. La belle est partie au bois dormant.

Je remonte à l'étage et rejoins mon véhicule. Je pose les mains sur le volant et m'apprête à démarrer, quand un détail vient perturber ma concentration. Je jette un coup d'œil dans le rétroviseur. Il est là. Sur la banquette arrière. Me narguant par sa présence.

Son sac à main.

Je ne me souviens pas de l'avoir vue monter avec, et pourtant il est bien là. Je m'en empare et vide son contenu sur le siège passager. Au milieu du fatras, son téléphone portable vibre inlassablement et déclenche en moi une rage incontrôlable. Cinq messages et dix appels manqués. Quelqu'un s'inquiète vraisemblablement de son absence – et ça, ce n'est pas bon pour moi. Mais encore moins pour elle...

Je sors en trombe de la voiture et dévale les escaliers jusqu'à la cave.

Ma poupée pousse un cri affolé.

— Tu as repris connaissance, on dirait... Alors tu vas pouvoir me dire qui est Karen ?

Je plaque le téléphone sous son nez. Karen *s'inscrit toujours sur l'écran tactile, malgré le manque de réseau au sous-sol.*

—Ma meilleure amie…, répond-elle en pleurnichant.

Je grogne et tourne comme un fauve en cage. Il me faut trouver une solution rapidement pour apaiser l'inquiétude de Karen.

—Qu'est-ce qu'elle veut ? Pourquoi insiste-t-elle autant ? Tu lui as parlé de moi ?

Je saisis mon scalpel et le glisse sous sa gorge. Un seul mouvement, et sa carotide éclate.

—Oui…

—Je t'avais pourtant expressément recommandé de ne parler de notre relation à personne ! D'un point de vue déontologique, il est préjudiciable de créer des liens avec une patiente ! Tu vois dans quel embarras je suis, maintenant, à cause de toi ?

Les muscles de son cou sont tendus à se rompre. Ses yeux écarquillés s'embuent de larmes, car elle sait que ce malencontreux contretemps risque de lui être fatal. J'ai commis une erreur en transgressant mes propres règles : ne traquer que des inconnues. Et celle-là provient de mon environnement immédiat…

J'aime les challenges… C'est encore plus exaltant ! Je dois juste reprendre le contrôle de la situation.

—Lui as-tu parlé de nos séances thérapeutiques ?

—Oui !

Un sourire pourpre s'étire à la naissance de sa gorge. Ma main tremble sous l'effet de la colère, conjuguée à une forte poussée d'adrénaline due à l'excitation.

—Tu m'avais pourtant dit que tu ne souhaitais pas qu'on sache que tu sollicitais l'aide d'un psychiatre. Tu avais même

ajouté que ton entourage ne comprendrait pas ta démarche ! Alors quoi ? Tu m'aurais menti ?

—Non !

Une goutte de sang s'échappe de l'estafilade laissée par mon scalpel et zigzague sur sa peau laiteuse.

—Mais ta salope de copine est au courant ! Pourquoi ?

—Vous avez gagné votre pari, docteur. Vous m'avez mise en confiance et j'ai cessé d'éprouver de la honte à l'idée de consulter !

Cette petite garce me nargue ! Il me suffirait de lui trancher la gorge et d'enterrer son corps dans la forêt, mais sa mise à mort serait trop douce.

—Karen connaît-elle mon nom ? Réponds !

—Non ! Je vous jure que non ! Je lui ai juste avoué ressentir une attirance pour… mon psychiatre.

Ses larmes redoublent. Elle ment pour que j'épargne sa misérable vie. Une lueur d'espoir brille dans son regard quand je défais les liens qui entravent ses poignets et ses chevilles. Instinctivement, elle replie ses bras croisés sur sa poitrine comme un bouclier sur sa pudeur.

Je l'empoigne violemment. Elle bascule dans le vide en poussant un cri d'effroi.

—Lève-toi !

S'aidant de ses avant-bras, elle rampe péniblement en gémissant comme une sangsue greffée au sol.

—Mes jambes…

Tu lui as brisé les jambes, John, rappelle-toi…

—Avance !

Je l'attrape par les cheveux et la traîne jusqu'aux escaliers.

—Grimpe, salope !

—Je ne peux pas ! J'ai trop mal ! se plaint-elle en pleurant abondamment.

Elle me fait penser à un ver qui se tortille pour se frayer un chemin et pour qui le moindre obstacle paraît insurmontable.

J'ai un vieux fer à souder quelque part... Ça devrait l'aider à se motiver.

Alors que je m'éloigne pour fouiller dans ma caisse à outils, je l'entends lutter à cor et à cri pour gravir les marches à la seule force de ses bras.

Je la laisse mijoter une minute ou deux, s'épuiser dans sa vaine tentative de m'échapper, tandis que j'actionne le mécanisme de l'appareil.

Ses halètements désespérés me galvanisent.

Je reviens sur mes pas. La garce a déjà escaladé la moitié des escaliers! Comme quoi, même un déchet humain possède des ressources insoupçonnées.

— Tu vois, tout est question de volonté.

Ma voix rocailleuse résonne dans ce lugubre sous-sol. Je franchis la première marche et observe ce corps se convulser frénétiquement à la frontière de la folie. Des cris hystériques accompagnent sa terreur.

— Plus vite! Allez, monte! Encore!

Sa voûte plantaire s'offre à moi comme une évidence. Le contact brûlant de la pointe métallique au creux de son pied déclenche une avalanche de hurlements monstrueux qui auraient mérité d'être enregistrés pour agrémenter mes longues soirées solitaires.

Mon procédé se révèle efficace. La chose *se meut jusqu'à atteindre le palier. Elle ressemble à une larve qui retourne à son état originel.*

Je la dépasse, dégage l'ouverture et la traîne jusqu'à l'entrée qu'éclaboussent les rayons du soleil. Ses yeux fixent la porte comme un sésame sur le point de s'ouvrir. Une douce chaleur imprègne la pièce tristement tombée en désuétude.

— Vous allez me laisser partir ?

Je m'accroupis à côté d'elle et penche la tête sur le côté en signe d'incompréhension.

— Te laisser partir ? Non, voyons. Pourquoi ferais-je une chose pareille ? Je veux que tu joignes ta copine et que tu la rassures. Invente n'importe quoi, mais fais en sorte qu'elle cesse de s'inquiéter. Si tu y parviens, alors peut-être que je reconsidérerai le sort que je te réservais.

— Vous ne me tuerez pas, n'est-ce pas ? Je ferai tout ce que vous désirez.

— Appelle. Et ne t'avise pas de jouer la maligne…

Le téléphone affiche trois barres. Le réseau à cet endroit est faible, mais suffisant pour joindre cette garce de Karen. Ce qu'il me faut, c'est gagner du temps pour exploiter mon effroyable génie créatif.

Mais, lorsque mon regard plonge en direction de la route qui borde la maison, je comprends que tout est fini. Autour de ma voiture, un attroupement s'est formé et se rapproche dangereusement. Des squatters éméchés en quête d'un lieu où s'abriter. Ils sont trop nombreux pour que je les repousse tous.

Elle aussi a senti leur présence. Elle crie. Appelle au secours.

J'ignore ce qui est arrivé après cela. C'est un peu comme si j'avais été aspiré par le néant. Je ne garde aucune réminiscence de ces quelques minutes où ma vie a basculé. Ce dont je me souviens, c'est que, l'instant d'après, j'errais dans le couloir de la mort, réduit à l'état de matricule.

Mes pensées confuses s'imbriquent pour laisser éclater une vérité que j'ai toujours refusé d'admettre.

Ma vingt-cinquième victime a survécu.

Chapitre 46

J'ouvre brusquement les yeux.

L'obscurité dépose un voile funeste sur les murs de ma chambre, mais le voyant rouge de la caméra me rappelle que je ne suis jamais seul.

J'ai perdu toute notion du temps, oscillant entre le rêve et la réalité. Mon regard vogue un instant aux confins d'un ciel sans lune et mon esprit vagabonde pour tenter de fuir l'évidence.

La Voix n'a pas menti au sujet de ma dernière victime. Elle est en vie, pendant que je me meurs.

L'Épreuve du sang m'a accablé aux yeux du public. Cependant, il me reste peut-être encore une chance de sortir vivant de ce jeu. Et je compte bien la saisir.

Je me lève doucement en déportant le poids de mon corps sur ma jambe droite. Mes migraines se sont atténuées, mais l'impression persistante que mon crâne est prisonnier d'un étau me contraint à des mouvements lents.

La faim me harcèle tellement que je sens comme un poing logé à l'endroit où devrait se trouver mon estomac. Je dois absolument économiser mon énergie et contrôler cette rage qui ne cesse de me torturer depuis que j'ai revu mon salopard de père. Je voudrais tous les massacrer – Terrance, Aileen, *Laurel* et *Hardy*. Les éventrer et brandir leurs tripes devant l'œil de la caméra en guise de trophée. Montrer au monde entier que, quel que soit son jugement, je serai à jamais l'unique vainqueur sur son voyeurisme.

Mais j'ai la sensation que le vrai défi est celui qui m'oppose à l'Ombre. J'ignore qui est le concepteur sadique de ce jeu, mais, depuis le début de l'aventure, son animosité à mon égard semble croître, comme si celui – ou celle – qui se cache derrière le micro faisait de ma mort une affaire personnelle.

J'ouvre la porte de ma chambre et me fonds dans la désolation de ce long couloir qui ne comptera bientôt plus que des pièces vides. Je me dirige vers celle qui porte le numéro 506 et frappe un seul et bref coup contre le bois fendillé.

Je perçois à mes côtés la présence glaciale du sanatorium. Instinctivement, je tourne la tête et sonde l'obscurité, plus épaisse à l'autre bout du corridor. J'ai la désagréable impression de voir les ombres progresser le long de ce boyau silencieux. Elles se rapprochent, fondent sur moi comme une armée de spectres qui m'entraînent vers le néant.

Pris de vertige, je vacille, noué par une angoisse inexplicable à la vue de ce lieu peuplé d'images que mon esprit perturbé se plaît à recréer.

Bing... bing..., fait la balle.

Je l'entends rebondir à quelques mètres de moi, mais mon regard se brouille à force de lutter contre les ténèbres.

Reprends-toi, John... Tout est dans ta tête, dis-je à voix basse.

Pourtant, ce foutu bruit est tellement réaliste qu'il me donne froid dans le dos. J'ai cessé de m'alimenter pour ne plus subir ces hallucinations provoquées par les drogues qu'ils ajoutent probablement à notre nourriture. Alors, comment expliquer que mon cerveau persiste à m'envoyer des signaux illusoires ?

Mû par une indicible inquiétude, je tambourine à la porte avec la véhémence d'un forcené, espérant sans doute trouver une issue où m'engouffrer. Ne supportant plus d'attendre, je saisis la poignée et bondis comme un diable dans la chambre 506.

J'occulte les élancements qui se propagent dans ma jambe, trop absorbé par la vision d'Aileen, recroquevillée en chien de fusil, les mains plaquées sur ses oreilles.

J'actionne l'interrupteur. Une lumière pâle tombe sur son corps tremblant. Ses lèvres s'agitent, psalmodient une prière muette. Je m'approche d'elle.

— Va-t'en… Va-t'en… Va-t'en…

Sa chevelure s'étale sur le sol, comme une flaque sombre aux allures de marais funeste.

— Aileen ?

Elle relève brusquement le visage. Ses yeux révulsés la défigurent au point de la rendre méconnaissable.

— Dis-lui de s'en aller, John…

Je balaie la pièce d'un regard circulaire.

— Il n'y a que toi et moi, Aileen.

Elle secoue vivement la tête et pointe un doigt en direction de la fenêtre. Mon reflet apparaît dans l'encadrement derrière lequel la nuit se presse.

— Tu le vois, n'est-ce pas ? Dis-lui de partir, John ! Mon père, dis-lui !

Épisode hallucinatoire.

Ce que j'espérais tant a fini par se produire. Aileen souffre d'hallucinations psychosensorielles, conjuguées à une bouffée délirante à tendance paranoïaque, qui lui font perdre la raison. J'étais venu dans l'intention de l'obliger à révéler l'identité de son complice. Dans cet état, elle ne m'est plus d'aucune utilité.

Je m'empare de la « bible » posée sur son bureau et me dirige vers la sortie.

— John, aide-moi ! supplie-t-elle.

— Quand il passera te prendre, Aileen, salue ton père de ma part, dis-je en refermant le battant pour étouffer ses lamentations désespérées.

Et, pendant ce temps, la caméra ne cesse de filmer.

Je traverse le couloir en me hâtant pour échapper à mes propres démons. Une porte grince dans mon dos. Je fixe mon attention sur un point précis dans mon champ de vision, combattant l'obscurité pour atteindre mon but, comme un phare allumé au milieu de l'océan. Je ne suis plus qu'à quelques mètres de l'escalier, la « bible » d'Aileen coincée sous mon bras pour donner une contenance au vide qui s'immisce en moi.

— John ?

La voix de Terrance stoppe mon élan. Je jette un coup d'œil derrière moi. Sa silhouette chétive se découpe étrangement dans l'opacité du cinquième étage. Je décide de l'ignorer et reprends ma marche douloureuse.

Des pas précipités me rappellent que Terrance jouit d'une faculté à se mouvoir qui me fait défaut. Une main empoigne fermement mon épaule. Je chancelle, perds l'équilibre et me retrouve acculé à la cloison. J'aurais juré la sentir palpiter d'une vie propre...

— John ! Qu'est-ce qui se passe ? J'ai entendu Aileen crier ! Et toi, tu vas où comme ça, en pleine nuit ?

Je reprends ma respiration en tentant de me décoller de l'ossature du sanatorium, comme si je craignais que les murs ne m'aspirent avant de m'enterrer vivant.

— Tu veux vraiment savoir ? Alors, suis-moi.

— Tu n'as pas l'air dans ton état normal, John… Tu es sûr que ça va ?

A contrario, je trouve que Terrance est particulièrement en forme pour un candidat bourré de psychotropes. Et si…

— Tu viens avec moi, ou pas ?

Terrance hoche la tête. J'ouvre la marche et m'agrippe à la rampe instable pour soulager ma jambe.

— Ton bandage… il est imbibé de sang…

Je passe une main à l'arrière de mon crâne. Un liquide poisseux teinte mes doigts d'une couleur pourpre. Ma blessure a dû se rouvrir lorsque je me suis cogné contre le mur.

— Ce n'est rien. Viens, il faut le retrouver au plus vite.

— Retrouver quoi ? Où on va, John ?

— Le carnet de James. Je dois le récupérer. Je suis certain que l'identité du complice d'Aileen se cache quelque part dans ses dessins.

— Tu plaisantes ?

Je m'immobilise subitement à l'entresol, attrape Terrance par le col et le tire jusqu'à moi.

— J'ai l'air de plaisanter ? Écoute-moi… (Je murmure à son oreille, afin que les caméras et les micros ne puissent intercepter mes propos.) Aileen m'a conduit dans une pièce située à l'étage des matons. Elle est cadenassée de l'extérieur, mais accessible par les souterrains. Il y a un tas de consoles… On dirait une salle de contrôle. J'ignore qui est aux manettes, mais quelqu'un a pris soin d'y entreposer certains objets afin de les rendre inaccessibles. Le carnet de James lui a été volé peu avant son élimination et, curieusement, on l'a déposé dans cette forteresse. Si l'acolyte d'Aileen ne m'était pas tombé dessus, je serais sans doute encore en sa possession.

— Je n'y comprends plus rien ! Je croyais que tu souffrais d'amnésie !

— J'ai dû mentir…

— Alors, si le complice d'Aileen t'a agressé, tu dois savoir qui c'est ?

— Il m'a frappé par surprise. Je n'ai pas eu le temps de voir son visage. Mais ce n'est pas ça, l'important.

— Ah ? Pourquoi tu t'intéresses tellement à ce carnet ?

— Je te l'ai dit, Terrance. Et baisse d'un ton, tu veux ? On pourrait nous entendre, indiqué-je en lançant un regard furtif en direction des caméras.

Il acquiesce doucement. Je relâche la pression et le libère de mon emprise.

— Avant de quitter Waverly Hills, James m'a averti que la vérité se trouvait entre ces pages et que le monde entier devait savoir.

— Et tu le crois ? Ce type se faisait passer pour quelqu'un d'autre, c'était un usurpateur doublé d'un menteur ! Nous sommes tous tombés dans le panneau avec son air simplet et son zozotement ridicule. Je ne vois pas comment tu peux encore accorder le moindre crédit à ses délires !

— Eh bien, disons que je possède un sixième sens. Et, si j'étais toi, je prierais pour que j'aie raison. Parce que c'est notre seul espoir d'augmenter nos suffrages en finale.

Son regard pierreux se fait soupçonneux lorsqu'il me demande :

— Où est le piège, John ? Même si nous parvenons à prouver sa culpabilité, nous serons toujours deux en lice. Toi contre moi. Et tu voudrais que nous unissions nos forces pour faire plonger Aileen ? Quel intérêt as-tu à me mêler à ça ?

— Je n'avais pas l'intention de t'en parler. C'est toi qui m'as interpellé dans le couloir, alors que je m'apprêtais à rendre une petite visite aux matons pour reprendre le carnet !

— Tu veux dire que c'est là que nous allons ? Au niveau des gardiens ? Tu es cinglé, John ! Si on se fait choper, on peut dire adieu à la finale !

— Je te croyais joueur. C'est plutôt excitant, non ? Un sacré coup de poker ! Et puis, l'étage est dépourvu de vidéosurveillance. Les risques sont minimes. Fais-moi confiance, c'est un vrai jeu d'enfant !

— Tu m'as affirmé que le carnet se trouvait dans une pièce cadenassée. Alors, pourquoi tu le cherches ailleurs ?

Je commence à m'essouffler. Et à bouillir intérieurement à l'idée de devoir tout lui expliquer dans les moindres détails.

— Parce qu'ils savent que je suis déjà entré là-bas et je doute qu'ils y aient laissé quelque élément compromettant. Ils ont peut-être même condamné l'accès par les souterrains. De toute façon, je ne suis pas en état de redescendre là-dessous… Terrance, je suis certain que Waverly Hills abrite un neuvième psychopathe. Mais lui a l'avantage de posséder des armes.

— Super ! Tu penses à un gardien ? Et tu comptes faire comment pour lui reprendre ce *précieux* carnet ?

J'affiche mon plus beau sourire. Du moins, celui que je garde gravé dans ma mémoire et dont il ne doit rester qu'une affreuse expression grimaçante.

— Par le bluff ! Un peu comme aux cartes. Ta spécialité, Terrance.

Je me penche et lui explique le plan improvisé que mon cerveau vient d'élaborer. Finalement, c'est une chance que Terrance soit passé là par hasard… Même si je ne crois pas une seconde que son irruption dans le couloir soit fortuite. Mais je m'occuperai de ce détail plus tard...

Il hoche la tête tandis que je lui donne mes instructions.

—Allez, à toi de jouer maintenant, dis-je en lui claquant une tape amicale sur l'épaule.

Son contact me révulse, mais, ici, j'ai appris à mettre de l'eau dans mon vin. Question de survie.

*

Waverly Hills est un lieu avide de souffrances, une bouche vorace qui vous mastique lentement jusqu'à vous réduire en bouillie. Et c'est exactement ce que le public attend de *Criminal Loft*, rivé à son écran, échauffé par une curiosité morbide, à l'image de ces automobilistes qui ralentissent aux abords d'un grave accident, sans manquer une miette du spectacle sanglant qui ne les concerne pas.

Je suis animé de la même excitation en regardant Terrance traverser l'étage réservé aux matons. Je m'assure qu'il suit mes instructions en me postant dans un recoin épargné par l'œil de la caméra.

Il s'élance dans le couloir, frappe à la porte que je lui ai indiquée.

—Ouvrez! Aileen a besoin d'aide!

Le cliquetis d'une serrure résonne dans le silence de la nuit. Je tends l'oreille. La voix de *Laurel* est à peine plus audible qu'un murmure.

—Que se passe-t-il? Cet étage est strictement interdit aux concurrents, Terrance! Tu sais ce que tu encours!

—Oui... mais c'est un cas de force majeure! se défend Terrance en brandissant la « bible » d'Aileen. Je ne fais qu'invoquer l'épître 9 du règlement intérieur. Tenez, lisez vous-même : « Tout candidat sujet à des hallucinations auditives ou visuelles devra immédiatement en référer à l'équipe d'encadrement afin de procéder à un suivi médical adapté. » Aileen est en pleine crise ! Vous devez l'aider !

Quand Terrance est parvenu à convaincre *Laurel*, je m'enfonce dans un corridor, à l'abri des regards. J'entends leur course précipitée dans les escaliers.

La voie est libre.

Je me faufile péniblement jusqu'à la chambre du maton. Chaque seconde compte. En entrant, je suis surpris de découvrir à quel point l'agencement des meubles est semblable au nôtre. Un lit défait, des murs blancs dépourvus de photos, aucune touche personnelle pour venir égayer la morne atmosphère du sanatorium. Seul détail divergent, *Laurel* possède une commode à quatre tiroirs sur laquelle repose une rangée de livres, essentiellement des manuels de psychologie criminelle et de droit pénal.

Pas de doute, *Laurel* est un fanatique. Il apprend pour améliorer sa technique. C'est un psychopathe qui se cherche.

Je me désintéresse de ses lectures pour ouvrir avec précaution le premier tiroir du meuble. Mes mains glissent sous une pile de linge proprement plié. Rien d'intéressant. Je m'attaque au deuxième et, là, un sourire satisfait illumine mon visage. Il renferme des trésors auxquels j'aurais aimé avoir accès bien plus tôt ! Menottes, armes de poing, talkie-walkie, gaz lacrymogène. Le parfait nécessaire de défense. Je fouille, dans l'espoir que le carnet de James se cache sous cet équipement. En vain. Si *Laurel* s'en est emparé, il l'a dissimulé ailleurs.

Pas une seconde, il ne me vient à l'esprit que je peux me tromper de complice. La soumission dont il a fait preuve jusqu'à maintenant m'a rapidement paru douteuse, tout comme cette allusion qu'il a faite, alors qu'il me soignait dans le pavillon annexe. Ses mots résonnent encore dans ma mémoire : « Plus rien ne peut laver nos péchés… » Ce n'était pas la voix de l'innocence qui parlait, mais bel et bien celle de la culpabilité, comme s'il s'identifiait aux criminels que nous sommes.

J'ai la certitude qu'il m'a frappé dans cette pièce secrète et qu'ils m'ont abandonné, inconscient, dans les souterrains, en espérant sans doute que les rats m'auraient dévoré avant même que les autres se rendent compte de mon absence.

Il n'a pas dû avoir l'occasion de se débarrasser du carnet de James et l'a forcément enfermé à l'endroit le plus proche et le plus sûr… Ici, dans sa propre chambre !

La jubilation cède le pas à la frustration lorsque je prends conscience que le temps joue contre moi.

Je soulève le matelas. Un morceau de tissu est coincé dans les ressorts du sommier. Une petite culotte en dentelle blanche… *Laurel* est fétichiste. Pourrait-il s'agir des sous-vêtements d'Aileen ? Peut-être prend-il son pied à respirer son odeur après leurs ébats nocturnes ?

Mes forces s'amenuisent aussi sûrement que les secondes défilent. La sueur perle sur mon front et la douleur se réveille sous mon crâne.

Échec et mat.

Au moment où je m'apprête à vider les lieux, une visite inattendue fait s'effondrer toutes mes convictions. Je me suis trompé sur toute la ligne…

Le flash d'un appareil photo m'éblouit. Je n'ai que le temps de voir le taser braqué sur ma poitrine et la main boudinée du gardien qui brandit le carnet de James.

— C'est ça que tu cherches, John ?

Ce que j'ai toujours redouté se produit.

Et le plaisir manifeste du maton obèse appuyant sur la détente me surprend autant que l'onde de choc provoquée par les dards qui viennent se ficher dans mon abdomen, me précipitant en enfer…

Chapitre 47

J'ai froid.

Si froid…

Une forte odeur d'urine flotte dans l'air et m'arrache un haut-le-cœur. Mes paupières sont deux pierres insécables qui refusent de se soulever et mes lèvres sèches sont scellées l'une à l'autre par du ruban adhésif. Mon corps n'est plus qu'un souffre-douleur immobilisé.

Quand enfin je parviens à ouvrir les yeux, je prends conscience de la position inconfortable dans laquelle je me trouve. Ils m'ont attaché à une chaise, poignets menottés dans le dos. Une chaîne comprime mes hanches et mon bas-ventre, bloquant mon bassin.

Quatre murs gris sans fenêtre. Une porte close. Une lueur artificielle tombe au centre de la pièce, qui ressemble à s'y méprendre à la chambre d'isolement dans laquelle ils nous ont consignés après le meurtre de Wallace. À une exception près : un téléviseur éteint trône sur une table métallique près de la sortie.

Mes yeux s'habituent progressivement à la lumière crue, mais pas à la condition animale à laquelle ils me réduisent. Ma combinaison orange est souillée au niveau de mon entrejambe. La puanteur me colle à la peau. Ces salauds m'ont infligé le paroxysme de l'humiliation. J'ai envie de hurler, mais la haine qui m'embrase reste noyée dans ma gorge.

J'ignore depuis combien de temps je suis assis là, baignant dans ma crasse, mais les souvenirs affluent péniblement. Je me revois fouillant la chambre de *Laurel*, à la recherche du carnet de croquis. Un flash m'aveugle. Une douleur insoutenable irradie mon ventre, tétanise mes muscles au point que je les sens se déchirer sous ma peau. Tout mon corps se brise et se reflète dans le regard porcin du maton obèse, dont les chairs flasques tremblent de jouissance. Puis c'est le néant, jusqu'à ce que je reprenne conscience, ligoté et bâillonné au centre de cette pièce vide et froide.

Quelqu'un tire brusquement le verrou. La silhouette difforme de *Hardy* m'apparaît comme dans un cauchemar.

— Salut, John. Ne dis rien, je sais que tu es ravi de ma visite, glousse-t-il.

J'aimerais lui cracher au visage, mais les mots se liquéfient et se transforment en borborygmes.

Il avance vers moi d'un pas lourd, mais tranquille. Son taser pend à sa ceinture, laquelle est en partie dissimulée sous un amas de graisse.

— Tiens, regarde ! Tu fais la couverture du *Times* ! chante-t-il en balançant un magazine à mes pieds.

Mon intrusion dans la chambre de son collègue a fait la une des journaux. La photo est éloquente. Tout comme la manchette qui clame : « *Criminal Loft*, le show le plus brûlant qui ait jamais existé. Faux pas pour John T. à six jours de la finale ! »

Devant mon impassibilité, il se gratte la joue – que la couperose a presque entièrement mangée –, visiblement déçu par mon absence de réaction. Il s'adosse au mur et me regarde fixement. Je le sens incertain sur la conduite à tenir, maintenant que son coup d'éclat est tombé à plat.

Même mort, jamais je ne serai vaincu. Et ma faculté à le déstabiliser en est la preuve.

— Pourquoi t'es-tu introduit dans la chambre de mon collègue, John ? Je ne te savais pas aussi stupide... Ne me dis pas que tu étais simplement venu récupérer le carnet de James ? Ah oui, c'est vrai, tu ne peux pas parler...

Il s'approche dangereusement de moi. Le parfum aigre qu'il dégage est presque plus écœurant que l'odeur d'urine.

— Ça risque de faire un peu mal..., prévient-il en tirant d'un coup sec sur la bande adhésive.

Une vive sensation de brûlure irradie le bas de mon visage. Je tousse, recrache péniblement ma salive. Un long filet de bave pend le long de mon menton.

Le maton obèse recule de quelques pas. Le dégoût se lit dans ses yeux humides et globuleux.

— Depuis... quand... suis-je enfermé ici ?

Sa réponse est un choc. Contrairement à ce que j'ai cru, la notion de temps existe bel et bien à Waverly Hills.

— Tu es resté un moment sous surveillance au pavillon annexe, parce que ta blessure à la tête commençait à s'infecter. Ensuite, il a fallu t'administrer des somnifères pour que les plaies à ta jambe cicatrisent plus rapidement et... nous avons dû t'alimenter à l'aide d'une perfusion, car tu souffrais de dénutrition sévère. J'ai bien cru que tu allais y passer après la décharge que tu as reçue... On a même dû faire intervenir une équipe médicale extérieure.

— Combien de temps ?

— Cinq jours, sept heures et... douze minutes, répond-il après avoir consulté sa montre. Rassure-toi, tu es devenu plus célèbre que tu n'aurais pu l'espérer, malgré ton palmarès meurtrier !

Je lutte pour ne pas fermer les yeux et lâcher prise. Ce serait si simple… si libérateur. M'endormir et ne plus jamais me réveiller.

Voilà ce que Waverly Hills a fait de moi. Une loque humaine, lobotomisée par la volonté de millions de téléspectateurs en quête de sensations fortes. Un pantin manipulé pour faire grimper l'audimat et remplir les poches des partis politiques qui encouragent la peine de mort.

— Le carnet… où est-il ?

— Qu'est-ce qu'il a de si particulier, ce carnet ? Tu ne vas tout de même pas me faire avaler que c'est vraiment ce que tu cherchais dans la chambre de mon collègue ?

— Tu as tué Wallace. Aileen t'a utilisé pour parvenir à ses fins. Vous l'avez tué tous les deux !

Les traits du maton éberlué se modifient imperceptiblement.

Il me croit fou.

— Qu'est-ce que tu racontes, John ?

— James vous a surpris dans ta chambre. Il a découvert vos fornications ! La vérité est présente dans ses dessins et prouve votre complicité ! Tu aimais tant écouter James narrer les perversions qu'il infligeait à sa jeune sœur ! Inutile de nier, il m'a parlé de tes visites régulières au pavillon annexe, le seul endroit où il se sentait en paix pour retranscrire sur le papier les images que son esprit avait enregistrées. Tu lui apportais sa gamelle quotidienne. Il y avait des restes de nourriture éparpillés autour de lui la dernière fois que je l'ai vu là-bas. Vous l'empoisonniez à petit feu, comme nous tous ! En échange de ses récits malsains, tu le gratifiais de quelques avantages en lui fournissant ce dont il avait besoin. Comme un carnet et un stylo, par exemple… Dieu sait à quel point j'ai dû lutter pour ne pas succomber à l'odeur alléchante émanant du réfectoire ! Vos muffins bourrés de psychotropes, vos soupes agrémentées de produits toxiques, vos…

Je manque m'étouffer. Mon débit ininterrompu vient de m'ôter le peu de force qu'il me reste.

— Calme-toi, John… Il s'agit vraisemblablement d'un affreux malentendu.

Derrière sa carapace enrobée de graisse et de perversion, je crois déceler une once de sincérité dans sa voix. Ses sourcils froncés marquent son incompréhension. Non, pis que ça. Ce gros lard a peur !

— John, je n'ai jamais tué quiconque et je n'ai aucun reproche à me faire. James se livrait à moi, je me contentais de m'asseoir et de l'écouter. Qu'est-ce que ça peut foutre si ça me plaisait, hein ? Je l'ai pas violée, moi, la petite ! Quant à ses dessins, eh bien… il possédait une mémoire visuelle étonnante. J'ai feuilleté son carnet et arraché la page où j'apparais en compagnie d'Aileen. Mais pas pour les raisons que tu évoques ! Une nuit, je l'ai surprise errant à notre étage. J'ignore ce qu'elle faisait là, mais je l'ai prévenue que, si ça se reproduisait, je donnerais l'alerte.

— Tu n'as rien trouvé de mieux pour ta défense ? Pourquoi ne pas lui avoir envoyé une décharge de cinquante mille volts ? Tu ne t'es pas gêné, avec moi !

— J'ai dû me servir de mon taser contre toi parce que tu venais d'entrer par effraction dans une chambre où mon collègue conserve des armes. C'est bien ça que tu cherchais, non ?

— Pauvre con ! Tu ne comprends rien… Où est le carnet de James ?

— Renvoyé à son propriétaire. Maintenant, si tu veux vraiment le récupérer, il va falloir traverser le couloir de la mort du pénitencier de Huntsville. Là où James et Leonard ont repris la seule place qu'ils méritent.

Mon esprit se désagrège. Je suis anéanti. Vidé. Presque mort.

— Alors, c'est fini…, dis-je tout bas.

— Qu'est-ce qui est fini, John ? Au contraire, ta dernière chance d'être réhabilité se concrétisera peut-être ce soir !

— Aileen a tué Wallace et tout le monde s'en moque. J'aurais pu prouver sa culpabilité grâce à ce foutu carnet de croquis…

— Tu es réellement convaincu de ça ? Écoute, quand Terrance t'a trouvé inconscient dans les souterrains, il m'a appelé pour qu'on te transfère au pavillon annexe. Nous t'avons ôté tes vêtements, et c'est là que j'ai vu le cahier… J'ai cru que tu l'avais dérobé et je me suis contenté d'arracher le dessin me concernant avant de le faire expédier à James.

Une étincelle explose sous mon crâne, si fugitive que je ne parviens pas à la saisir. Quelque chose m'échappe dans les propos du maton obèse… Mais quoi ?

— Je n'ai rien volé. Quelqu'un d'autre l'a fait. Et si ce n'est ni toi ni moi, alors qui est-ce ?

Le surveillant hausse les épaules. Une étrange lueur brille dans son regard. Il fronce de nouveau les sourcils. Ses lèvres pincées semblent retenir un flot d'hypothèses qu'il n'ose formuler.

— Assez bavardé, John, conclut-il en allumant le téléviseur. Tu aurais dû prévoir que la *patronne* prononcerait une sentence exemplaire pour ton intrusion par effraction dans nos quartiers privatifs. Elle a décidé de te laisser croupir ici jusqu'à la soirée de clôture. Estime-toi heureux qu'elle ne t'ait pas renvoyé dans le couloir de la mort…

Malgré la souffrance et le déshonneur qu'engendre mon avilissement, les éléments s'imbriquent progressivement. Et si Terrance m'avait trahi ? Il était le seul à savoir mon intérêt pour le carnet de James ; le seul à connaître mon plan pour faire plonger Aileen ; le seul à être toujours là où on ne l'attend pas, comme une présence silencieuse à l'affût de tout.

— Ta sainte *patronne* se trompe de coupable, dis-je tandis que le maton obèse referme la porte derrière lui. Elle s'égare depuis le début…

*

Ils m'ont volé cinq jours, sept heures et douze minutes de ma vie en me maintenant inconscient pendant que le monde entier s'arrachait le dernier scoop vendu à des millions d'exemplaires. Je suis devenu la cible des médias et le point d'orgue des financiers ; la vedette incontestée du jeu-réalité le plus controversé ; la marionnette d'une voix ; le suppôt déchu d'un Dieu.

Le jingle de *Criminal Loft* me fait relever la tête. Une ribambelle de notes discordantes emplit la pièce d'une aura funeste. Je ne suis pas seulement prisonnier de mon corps et des liens qui l'entravent, je suis aussi le martyr du sanatorium le plus tristement célèbre des États-Unis.

Mes yeux brûlants restent rivés à la télévision. Ils m'ont gardé la meilleure part du gâteau en diffusant en boucle les moments croustillants qui ont ponctué ces derniers jours. Ainsi, j'assiste en différé à l'Épreuve du sang qu'a subie Terrance, avec succès. Son self-control et sa sempiternelle docilité crèvent l'écran. Confronté au psychiatre auquel ses parents l'avaient confié alors qu'il n'était encore qu'un enfant, il confesse ses crimes et se repent, larmoyant, des actes qu'il aurait commis sous l'emprise d'une entité maléfique. J'apprends qu'il est l'auteur de trois meurtres à l'arme blanche, perpétrés à la sortie d'un casino. Après qu'il eut joué de malchance, une voix l'aurait incité à se rendre dans le bar le plus proche. Il aurait commandé une pièce de viande *saignante*, puis l'aurait dégustée tranquillement avant de poignarder le gérant, une serveuse et un client régulier qui tentait d'échapper au massacre. Mais, de son propre aveu, le sacrifice de trois innocents ne représentait pas le but ultime. Il était simplement plus aisé de les manger morts que vivants. C'est du moins ce qu'on lui aurait soufflé… Terrance le Chétif aurait pu plaider la folie. Il ne l'a pas fait. Persuadé d'avoir agi sous la contrainte d'une force malveillante. Preuve que son instabilité mentale n'était plus à démontrer.

Quelque chose m'intrigue, cependant…

De mémoire, jamais durant mon incarcération on n'a parlé d'un tueur cannibale ayant sévi ces dix dernières années. Pourtant, ce genre d'affaires ne passe pas inaperçu. Les journaux en font leurs choux gras et leur lectorat s'arrache les détails à prix d'or.

En prison, l'actualité reste notre seul lien avec le monde extérieur. On nous donne accès à la presse écrite et aux informations télévisées sans restriction. À force, on finit par lancer des paris pour savoir qui sera le prochain prétendant à l'injection létale, histoire de *tuer* le temps ou de gagner notre dose de nicotine hebdomadaire.

En ce qui me concerne, Terrance demeure une énigme. Une personnalité que je ne parviens pas à cerner, malgré l'excellence de mes compétences. Et j'ai une sainte horreur de l'échec.

Je m'oblige à suivre la rétrospective jusqu'à la fin, espérant un coup d'éclat qui n'arrive pas, concernant l'état d'Aileen. À peine évoque-t-on son cas, comme si elle n'était devenue qu'un personnage secondaire sans réel intérêt. Les images exemptes de tout commentaire la montrent en train d'errer dans les jardins, le visage rongé par d'évidents tourments. L'impact de l'audiovisuel prend tout son sens à travers ce type de reportage. On ne passe à l'écran que le message qu'on veut bien transmettre, même si la réalité est tout autre. Les médias ont le monopole du pouvoir. Ils gouvernent le monde.

Les heures défilent entre ces quatre murs qui m'étouffent, dressés autour de moi comme une muraille infranchissable. Je m'assoupis par moments, bercé par le ronronnement du téléviseur, puis me réveille en sursaut au moindre bruit extérieur. Le hurlement strident du système d'évacuation, la plainte lugubre de la tuyauterie rongée par la rouille… un chant qui me rappelle les interminables lamentations dont me gratifiaient mes victimes juste avant de mourir.

Mais, à Waverly Hills, le charme est rompu…

Une coulée de lave dégouline subitement le long de mon échine. Est-ce ainsi que se manifeste la peur ? Comment le saurais-je, puisqu'elle m'est étrangère…

Un serpent venimeux se fraie un chemin dans les méandres de ma conscience.

De prédateur, *Criminal Loft* a fait de moi sa proie.

Chapitre 48

— C'est l'heure, John…

La voix de *Laurel* me tire de ma léthargie. Je relève lentement la tête. Il se tient debout devant moi, une seringue coincée entre l'index et le majeur.

À la vue de l'aiguille, je me plaque au siège, mais je n'ai ni le temps ni la liberté d'opposer une quelconque résistance. Un liquide brûlant se répand dans mes veines.

— Qu'est-ce que… ?

— Un bloqueur neuromusculaire, coupe *Laurel*. Du bromure de pancuronium, pour être exact. Nous voulons juste nous assurer que tu resteras tranquille ce soir. C'est un avant-goût de ce qui t'attend en salle d'exécution…

J'éprouve les premiers symptômes au bout de quelques minutes seulement. Mes muscles faciaux se relâchent, au point de me faire perdre mes facultés d'élocution. J'ai de plus en plus de mal à respirer. La panique m'envahit. Conscient de tout ce qui se passe autour de moi, je suis dans l'incapacité de bouger. Par expérience, je sais que les effets de ce produit sont temporaires et ne perdurent pas au-delà de deux heures. Juste le laps de temps où il faut m'imposer silence. La paralysie se généralise, mais mon sens de l'observation, lui, demeure intact.

Je fixe *Laurel*. Il se tourne, son talkie-walkie bien en vue.

— Ça y est, c'est fait. Besoin d'assistance respiratoire. Magne-toi et viens m'aider à le transporter en bas.

Il revient vers moi, approche son visage du mien pour vérifier que le curare agit.

— Tu vas faire un brin de toilette, hein, John ? Il faut que nous soyons présentables devant les caméras. Des millions de téléspectateurs se préparent à suivre la grande finale de *Criminal Loft* ! Nous ne voudrions pas les décevoir, n'est-ce pas ? Faisons honneur à ceux qui te renverront dans le couloir de la mort !

Un filet de voix s'échappe de ma gorge, sans parvenir à former la moindre syllabe. Je sais à présent ce qu'*elles* ressentent à leur dernier souffle…

Mon acuité visuelle me paraît décuplée, depuis qu'ils m'ont ôté l'usage de la parole. Et plus j'observe *Laurel*, plus je lui trouve un air différent. À commencer par le ton employé pour s'adresser au maton obèse. Son côté *effacé* a totalement disparu et l'autorité dont il fait preuve l'emporte sur sa soumission. Comme un camouflage posé sur son visage anguleux. Ses gestes convulsifs trahissent sa nervosité. Me voir agoniser semble l'exciter.

Peu de temps après l'appel de son acolyte, *Hardy* déboule dans la pièce, muni d'un masque à oxygène relié à un réservoir accroché à un déambulateur. Les matons me détachent, plaquent l'appareil sur ma bouche et me soulèvent à bout de bras. Mes membres ankylosés ne répondent plus aux ordres qu'envoie mon cerveau. Je traîne la patte et leur souffle saccadé témoigne des efforts qu'ils doivent fournir pour soutenir ce poids mort qu'est devenu mon corps.

Je me laisse aller, soulagé de quitter cet isolement et de sentir le soleil couchant m'auréoler de lumière. Mes chaussures raclent le sol tandis qu'ils m'emportent laborieusement jusqu'au rez-de-chaussée. Je ne fais rien pour leur faciliter la tâche, trop concentré à maîtriser l'épouvante dans laquelle me plonge la paralysie. Je lève les yeux vers le plafond rongé par la moisissure. L'œil de la caméra filme mon agonie en direct et je suis impuissant à repousser l'insistance malsaine de son regard… Mes paupières s'ouvrent et se ferment comme les battements d'ailes d'un papillon. Puis s'immobilisent brusquement.

Je gémis en découvrant ce qu'ils ont placé au milieu du long couloir peuplé de courants d'air… Ils théâtralisent ma mise à mort – parce que je l'avoue, j'ai perdu tout espoir de survivre à Waverly Hills. Un vieux fauteuil roulant m'attend au bout de cette ligne droite envahie par les ombres et les rires silencieux des trépassés qui m'observent depuis ce monde de ténèbres où je les rejoindrai bientôt. Je m'écroule sur le cuir usé, agressé par les remugles de transpiration émanant du maton obèse qui s'affaire à pousser mon cercueil.

Laurel disparaît de mon champ de vision lorsque nous atteignons les parties communes. *Hardy* cale le siège devant le lavabo et s'emploie à nettoyer la crasse qui recouvre mon visage, mon cou, mes mains squelettiques. Il sifflote un air que je ne reconnais que trop bien : *Rock-a-bye Baby*. Il me fait la toilette comme ma tendre mère s'acharnait à le faire après chacune de mes virées, frottant jusqu'à ce que le crin arrache ma peau.

Laurel réapparaît. Il tient un costume beige et une paire de mocassins noirs.

— Ta tenue de soirée, John ! Elle te plaît ? Allez, dit-il en se tournant vers son collègue, aide-moi à l'habiller.

Je suis incapable de parler. Mais pas de penser.

La vérité chemine lentement vers mon cerveau comme un afflux de sang douloureux. Les pièces du puzzle s'assemblent enfin pour former une impensable réalité.

*

Ils ont dressé une grande table nappée de blanc et chargée de victuailles, conférant au hall une allure festive qui interfère atrocement avec l'atmosphère négative se dégageant des murs noircis par des décennies de malheur.

Aileen s'immobilise en me voyant déambuler en fauteuil roulant. Puis elle lève une coupe de champagne pour saluer mon entrée, avant de siffler d'une lampée le contenu de son verre. Elle est vêtue d'une robe noire sertie de paillettes qui accentue sa cambrure et souligne sa taille de manière provocante.

À l'autre bout du buffet, Terrance s'est posément installé dans l'un des trois fauteuils qui nous sont assignés.

Trois finalistes.

Un seul vainqueur.

— Hé, John ! s'exclame-t-il en me voyant. Qu'est-ce qui t'arrive, mon gars ? Tu…

D'un geste significatif, *Laurel* fait signe à Terrance de se taire et de se rasseoir.

— *Show must go on*, murmure-t-il en poussant mon fauteuil au centre de la pièce. Je t'aurais bien proposé une bonne bière bien fraîche ou une tranche de bacon sur toast, mais dans ton état… De toute façon, je suppose que tu aurais refusé d'y goûter, glisse-t-il à mon oreille. Tu n'as jamais apprécié mes talents culinaires. Rassure-toi, il y a de fortes chances que tu retournes bouffer dans ton quatre-étoiles de Lucasville, ajoute-t-il en gloussant.

Ce nabot me nargue parce que je suis dans l'incapacité de riposter. Tout mon être s'embrase intérieurement, à force de contenir cette haine viscérale qu'il déclenche en moi.

De mes yeux jaillissent les pensées les plus violentes qu'aucun homme ait jamais conçues. Il a suffi que nos regards se croisent pour lui ôter l'envie de poursuivre son petit manège. Il a compris que je lis désormais en lui comme dans un livre ouvert. Il s'éloigne brusquement de moi comme s'il craignait de se frotter au diable.

Des guirlandes multicolores pendent du plafond, comme un soir de Noël ; la table est dressée pour donner l'illusion festive d'un moment exceptionnel ; les fauteuils sont recouverts de velours rouge pour couronner l'événement ; et la chaise en bois pourvue de sangles a mystérieusement disparu du décor au profit d'un tapis flambant neuf.

Malgré tous leurs efforts pour insuffler de la vie au sanatorium, je sens le mal rôder autour de nous ; la souffrance suinter des murs ; l'horreur hanter Waverly Hills.

Show must go on.

L'écran s'allume.

Un feu d'artifice de couleurs éclatantes explose dans le hall pourtant si sombre. Le jingle me vrille les tympans et la frustration de devoir supporter cette cacophonie morbide me rend dingue.

Aileen vient rejoindre sa place, une coupe de champagne à la main.

La finale du *show le plus brûlant qui ait jamais existé* peut commencer.

— Mesdames, mesdemoiselles, messieurs, bonsoir !

» Bienvenue dans l'univers de *Criminal Loft* !

(Applaudissements – acclamations.)

» Il règne une ambiance de folie sur le plateau, ce soir !

C'est au tour de la blonde prépubère de prendre la parole. Je m'accroche à ses lèvres sanguines en nourrissant un violent désir de l'écorcher vive.

— Effectivement ! Vous êtes des millions à suivre l'aventure de nos lofteurs ! Mais ce soir, la star, c'est vous ! Oui, vous, public, qui allez sauver l'un de nos trois finalistes afin qu'il soit réhabilité ! Qui vos votes désigneront-ils ? Aileen ? John ? Terrance ? Nous le saurons à la fin de l'émission ! En attendant, je vous propose de revoir les moments forts qui ont marqué… *Criminal Loft* ! On se retrouve, juste après ça…

Une salve d'applaudissements ponctue la fin du speech de ce duo de présentateurs devenus mythiques grâce à *Criminal Loft*.

Obligé de visionner ce que Waverly Hills nous a infligé, je sens mon pouls cogner douloureusement dans ma poitrine à mesure que défile le compte à rebours final.

Je passe en mode *introspection* pour échapper à l'odeur de toasts grillés qui flotte dans l'atmosphère étouffante du hall.

J'essaie de renouer avec mes rêves en visualisant ma dernière victime, mais le brouillard qui entoure les circonstances de mon arrestation m'empêche d'en savourer la quintessence.

Je ne vaux pas mieux que mon père, finalement. Façonné à son image, je me suis menti à moi-même en croyant pouvoir sortir vivant de ce maudit sanatorium. Qui prendrait le risque de relâcher un monstre ? De laisser un fauve insatiable en liberté ?

Je finis par penser que ce jeu-réalité n'est qu'une immense supercherie visant à appâter un public naïf, à qui l'on offre un pouvoir illusoire.

Pourtant, ce sont les règles : ce soir, l'un d'entre nous quittera définitivement le couloir de la mort et les assassins de Wallace ne seront jamais inquiétés pour leur crime.

Y a-t-il une morale à tout cela ? Peut-on parler de justice humaine derrière cette folie collective ?

Terrance s'approche de moi, précédé des effluves d'une eau de toilette à base de musc et de vanille.

— Qu'est-ce qu'ils t'ont fait ? lâche-t-il, estomaqué. Mon Dieu… qu'ai-je donc fait ?

J'entends ses paroles. Je les comprends. Elles résonnent en moi comme l'écho d'un hurlement qui se répercute dans mes silences. Je connais la vérité. Mais elle est murée derrière ce masque à oxygène sans lequel je serais déjà mort.

Soixante minutes de reportages défilent à l'écran, entrecoupées d'interviews, de variétés, d'éclats de rire et de cris d'indignation. Autant d'ingrédients qui portent ce reality show à l'apogée de l'amoralité.

— Mesdames, mesdemoiselles, messieurs…

» Avant de vous livrer le verdict final, je tenais à féliciter l'heureux acquéreur des pièces à conviction mises aux enchères sur le site le plus visité au monde : criminal-loft.kentucky.net ! Bien entendu, ses achats lui seront livrés au terme de la procédure judiciaire !

(Applaudissements – hurlements.)

Un homme d'une cinquantaine d'années rejoint le plateau par les coulisses et brandit fièrement une réplique fictive de son butin, acquis pour la somme indécente de quatorze mille dollars ! Dix mille pour le couteau ayant servi à éventrer Wallace. Quatre mille pour le peignoir encore taché de sang.

Mon peignoir.

— Quelques mots de notre collectionneur émérite ?

(Acclamation générale.)

» Monsieur, quelle motivation vous a amené à dépenser une telle somme pour ces objets ?

L'homme s'approche du micro que lui tend la blonde prépubère :

— Je suis fasciné par les tueurs en série. Je ne peux m'empêcher de décortiquer leur psychisme. C'est une activité passionnante ! Il me manquait des effets personnels ayant appartenu à John Natas ! Ma dernière acquisition date des années 1990. Je me suis offert un dessin d'un autre John, non moins célèbre : John Wayne Gacy[1] ! J'avoue que je ne suis pas peu fier, même si je nourris une sainte terreur des clowns ! ajoute-t-il en pouffant de rire.

— Applaudissons notre fervent collectionneur ! Et maintenant, voici le moment que vous attendez tous… L'heure est venue de connaître le vainqueur de *Criminal Loft* !

(Roulements de tambour.)

Barbie décachette l'enveloppe qu'un huissier lui apporte avant de s'éclipser. Ses mains tremblent légèrement lorsqu'elle annonce triomphalement :

— Le grand gagnant de *Criminal Loft* est…

Toute ma vie est suspendue à ses lèvres.

Mais de sa bouche naît ma mort.

— … Terrance !

Un tourbillon infernal m'aspire lorsque j'entends les rugissements du public ; les applaudissements interminables, qui claquent comme des portes, se referment sur mes dernières espérances. Les cotillons volent et virevoltent à l'écran et je ne peux détacher mon regard de ces farfadets fardés comme des putains qui s'agitent et qui dansent pour célébrer la victoire de Terrance le Chétif, tueur cannibale mystique et joueur invétéré de surcroît.

Une pluie de confettis s'abat sur le hall.

---

1. Le tueur en série John Wayne Gacy était surnommé « Pogo the Clown » en raison du déguisement qu'il portait pour amuser les enfants dans les hôpitaux où il travaillait en tant que bénévole.

Terrance tournoie sur lui-même comme un oiseau fou, mais libre ! Il laisse exploser sa joie sous l'œil impassible de la caméra. Pourtant, ses sourires et ses gesticulations sonnent faux. C'est curieux : pourquoi ai-je la sensation qu'il feint l'exaltation par des démonstrations excessives ?

Je l'aurais bien félicité à ma manière, mais, par chance pour lui, mon corps ne me le permet pas…

Aileen se débat pour échapper à l'emprise du maton obèse qui tente de la maîtriser. Elle accepte mal sa défaite… Pauvre Aileen, tout le mal qu'elle s'est donné pour rien.

— Non ! Non ! Non ! hurle-t-elle alors qu'on l'entraîne de force vers la sortie.

La voix ferrailleuse de notre hôte invisible se mêle au tumulte et assène ses derniers ordres pour clore des semaines de règne :

— Félicitations, Terrance. Le public a voté. Vous êtes libre. Rejoignez l'entrée principale. Une nouvelle vie s'offre à vous. Saisissez-la.

Les murs se mettent à tourner autour de moi.

Rectification : je tourne entre eux.

Quelqu'un pousse mon fauteuil roulant vers l'extérieur. *Laurel.*

Mes membres engourdis commencent à retrouver un semblant de sensibilité, mais, lorsque j'essaie de protester, mes lèvres remuent derrière le masque en créant une couche de buée qui ne laisse filtrer aucun son. Je parviens à bouger mes orteils. Les effets du bromure de pancuronium s'estompent lentement, mais, lorsque j'aurai récupéré l'usage de mes muscles, il sera déjà trop tard…

Laurel chantonne tandis que nous passons une dernière fois devant l'entrée de ce long couloir où se tient, je peux le jurer, une forme éthérée vêtue de noir.

Mes yeux s'affolent en lisant sur le visage de cette enfant morte une profonde désolation. Celle d'être condamnée à errer éternellement dans les corridors silencieux de Waverly Hills.

Je suis un homme rationnel. Et même encore aujourd'hui, malgré la terrifiante image gravée dans mes souvenirs, je refuse de croire en l'existence de Mary, le plus célèbre fantôme de l'histoire des États-Unis.

Nous traversons l'immense étendue qui entoure le sanatorium. Mon fauteuil roulant bute sur l'herbe sèche mêlée au sable venu des collines. Le couinement des roues usées répond au chant des oiseaux de nuit qui célèbrent notre passage vers le *Death Tunnel*.

Je sens peser sur nous les regards vides de ces fenêtres percées où s'engouffre le vent de ce monstre de brique haut de cinq étages. L'obscurité qui enveloppe les secrets à jamais prisonniers des murs exerce une attraction sur notre petit groupe, comme si Waverly Hills cherchait à nous retenir.

Le maton obèse menace Aileen avec son taser pour lui faire accélérer le pas. Son empressement à vouloir s'éloigner du sanatorium me conforte dans l'idée qu'un lien terrifiant nous unit encore à ce lieu.

Nous nous enfonçons dans l'enchevêtrement des sous-bois débouchant sur le tunnel, qui s'ouvre à nous comme une gueule béante.

— Nous y voilà ! s'écrie *Laurel*. Traversez. Ne vous retournez pas. Ne cherchez pas à fuir, il n'existe aucune autre issue. Allez-y ! ordonne-t-il en cédant sa place à Aileen derrière mon siège.

Je surprends un échange de regards très révélateur qui n'aura duré que quelques secondes, comme s'il mettait un terme silencieux à un pacte signé de longue date.

Je fixe l'entrée avec l'impression d'être aspiré par les gorges de l'enfer.

Les ténèbres règnent là où il n'y a plus d'espoir...

Aileen s'exécute et pousse mon fauteuil en direction du tunnel. La pression de ses doigts se fait plus forte lorsque nous pénétrons à l'intérieur de la galerie souterraine. Nous avançons en bordure des rails, pour éviter l'amoncellement de débris et de ferraille accumulés au fil des décennies.

Soudain, j'entends le hurlement des chiens et le brouhaha d'une foule en liesse.

— John, qu'est-ce qui nous attend au bout ?

J'ignore à quoi Aileen fait référence exactement, mais je me surprends à pouvoir remuer les lèvres. Un filet de voix s'échappe derrière mon masque :

— La mort.

Les sons se répercutent contre les parois rocheuses avant de s'évanouir dans l'obscurité.

Ici, il n'y a pas de caméras. Nous sommes livrés à nous-mêmes et totalement coupés du monde.

— Je vais t'avouer un secret, puisque nous l'emporterons inévitablement dans la tombe... Tu avais raison, John : j'ai tué Wallace. Ma plus belle revanche ! Ils ne pourront jamais le prouver et je n'ai plus rien à perdre, de toute façon. C'est étrange : tu aurais dû gagner *Criminal Loft*... Tu étais sans conteste le plus intelligent d'entre nous. Terrance ne méritait pas de sortir par la grande porte !

Un faisceau lumineux balaie le bout du tunnel.

Ils nous attendent...

— Tu avais raison sur un autre point, continue-t-elle. J'ai eu besoin d'un complice pour assouvir ma vengeance. Quelqu'un qui m'ouvrait les accès interdits, qui me fournissait preuves et alibis. Quelqu'un qui connaissait chaque recoin de ce foutu mouroir. Mais tu sais déjà de qui il s'agit, n'est-ce pas ?

— *Laurel*…

— *Laurel* ? Ah, oui ! C'est ainsi que tu l'appelais… Tu n'imagines pas à quel point ce surnom ridicule l'horripilait ! Son vrai prénom est Aaron. C'était un gardien ordinaire avant que je lui découvre une vocation de meurtrier. Il avait du talent pour cette discipline, le bougre ! En revanche, j'ai dû coucher avec ce type pour parvenir à le convaincre. Et là, crois-moi, ce n'était pas une sinécure ! Je venais lui rendre visite en pleine nuit. Il s'arrangeait toujours pour que mes escapades nocturnes passent inaperçues. Et puis l'autre surveillant m'a surprise – et, pour couronner le tout, James en a été témoin ! Aaron a décidé de planquer son carnet, mais, pour éviter que tu ne contraries nos petits arrangements, j'ai jugé préférable de te mettre hors course. Pour quelques jours au moins… Une veine que nous n'ayons jamais été démasqués…

La lumière s'intensifie. Les aboiements enragés résonnent dans cet enfer, comme si l'odeur de nos chairs déchaînait une meute de fauves affamés.

Je fais signe à Aileen de m'ôter mon masque à oxygène. Mes muscles sont encore trop faibles pour que je le fasse moi-même.

— C'est donc lui qui m'a frappé dans la salle de contrôle… C'était un piège… Ensuite, vous m'avez laissé inconscient dans les souterrains… Je portais le carnet de James à ma ceinture… Pourquoi ne pas l'avoir repris ?

Je m'essouffle. Mes poumons sont deux charbons ardents qui brûlent ma poitrine.

— Aaron ignorait que tu l'avais sur toi et, de toute façon, l'essentiel était de t'écarter temporairement du jeu. Voire définitivement… Mais ils t'ont retrouvé avant que les rats achèvent le travail.

Je te reconnais bien là, Aileen, me dis-je tout en cherchant mentalement le moyen d'immoler sa suffisance et son air hautain.

— La nourriture… savais-tu qu'ils nous droguaient en y ajoutant de puissants psychotropes ?

— J'étais au courant, coupe-t-elle sèchement. Aaron m'avait prévenue. Pauvre Lynda, je lui refilais ma part à chaque repas… Elle a fini par disjoncter totalement ! J'ai dû jouer la comédie pour ne pas éveiller les soupçons. Je me suis surpassée la nuit où tu m'as rendu une petite visite dans ma chambre ! J'ai adoré cette scène ! J'aurais mérité de remporter un oscar pour ma prestation, non ? Avoue, tu y as cru ! Tes réactions étaient tellement prévisibles que ton plan n'a fait que servir le nôtre.

Je serre les dents. La traversée de ce tunnel irrespirable me paraît interminable.

Aileen jubile en évoquant ses exploits, mais en moi le brasier se propage. L'incendie gagne du terrain sur mon corps. Je retrouve progressivement mes sensations tactiles et parviens même à me soulever du vieux fauteuil roulant en prenant appui sur mes avant-bras.

Trop tard. La lumière des flashes et des projecteurs nous éclabousse. La foule nous accueille en hurlant, surexcitée par le fanatisme dont ces gens de tous âges sont victimes. Pleurs, cris et applaudissements chahutent tous les principes moraux d'une société bien-pensante. Des chiens policiers, tous crocs dehors, repoussent l'attroupement monstrueux qui s'est formé à quelques mètres du tunnel.

Aileen est immédiatement emmenée par deux flics armés qui la poussent sur la banquette arrière d'une voiture. Je n'ai le temps que de croiser une dernière fois son regard. Lequel est aussi insignifiant qu'une carcasse vide.

C'est l'ultime image que je garde d'elle.

Étourdi par le vacarme et les flashes, je laisse des hommes en blouse blanche prendre en charge mon corps meurtri.

Mon esprit, lui, s'évade déjà au-delà des collines ocre balayées par le vent de la nuit.

Je suis un prédateur. Et si je suis désormais incapable de repartir en chasse, alors je m'immiscerai dans vos têtes et ravagerai toutes vos certitudes.

Même mort, je viendrai vous hanter jusque dans vos rêves.

Je resterai à jamais votre pire cauchemar.

Chapitre 49

Il existe une pièce qui ne figure sur aucun plan. Une salle qu'aucun témoignage ne mentionne. Une cavité demeurée inexplorée… jusqu'à aujourd'hui. Son emplacement stratégique permettait d'accéder rapidement à la sortie principale du sanatorium, et l'ouverture pratiquée dans le sol se résumait à une trappe, conçue en trompe-l'œil, située au centre du hall. À l'endroit exact où la parodie de chaise électrique avait été vissée avant d'être remplacée par un vulgaire tapis.

Quand les projecteurs s'éteignirent sur le loft, que la foule déserta le périmètre en abandonnant derrière elle une montagne de détritus, que les heures filèrent doucement vers l'aube, l'Ombre coupa les circuits électriques et se décida à quitter l'*Œil* de Waverly Hills.

Elle saisit la poignée, froide et usée, oppressée par ces murs délabrés qui sombraient de nouveau dans le silence et l'oubli. Ses mâchoires se crispèrent sous la chair malade de ses joues creuses. Si sa tête avait pivoté en direction du sinistre couloir, peut-être aurait-elle su qu'elle se trompait. Que Waverly Hills ne cesserait jamais de respirer et de briller sous les lumières irrationnelles du passé. Mais, parfois, mieux vaut détourner le regard de ce qui échappe à l'entendement.

Et s'en aller…

Un véhicule stationnait à l'extérieur de l'enceinte. L'Ombre prit place à l'arrière et fit signe au chauffeur de démarrer.

Le lendemain, une équipe de nettoyage viendrait éliminer toute trace de son passage. Tout résidu de sa folie...

Ils roulèrent longtemps et s'enfoncèrent au cœur de la jungle urbaine. Durant le trajet, l'Ombre avait espéré tirer satisfaction de l'issue de *Criminal Loft*, son invention, le jeu-réalité qui avait révolutionné le monde télévisé et dont elle était la grande instigatrice. Au lieu de cela, elle éprouvait un sentiment d'inachevé, comme si toute cette machination n'avait servi à rien.

La douleur, intense, la foudroyait plus que jamais.

L'hiver succéda à l'automne sans lui accorder le moindre répit. Les autorités progressaient dans leurs investigations. L'association américaine pour les libertés civiques menaçait d'intervenir sur le plan légal et de traduire en justice toute personne impliquée dans la réalisation du show. Elle serait bientôt en ligne de mire de cet acharnement politico-moraliste.

Il lui fallait gagner du temps pour achever sa mission, enfoncer le clou de son insensé spectacle.

*

L'Ombre écrasa nerveusement sa cigarette et posa ses mains à plat sur un bureau en acajou, bras écartés. Impatiente. Et amère...

Ses yeux restaient rivés à la pendule murale, qui indiquait 13 h 40. Son visiteur avait dix minutes de retard et sa tolérance, d'ordinaire appréciable, venait de chuter au point zéro. La partie était terminée depuis des mois. Les portes de Waverly Hills s'étaient refermées définitivement, avant que d'autres projets de réhabilitation prennent le relais de l'émission.

On frappa. L'Ombre se redressa, bombant le torse pour afficher une assurance qu'elle était loin de posséder en pareilles circonstances.

— Entrez !

La porte s'ouvrit lentement. Son visiteur traversa la pièce d'un pas tranquille ; pourtant, l'expression douloureuse qui déformait ses traits trahissait son malaise.

— Vous êtes en retard, Terrance. Asseyez-vous.

— Finissons-en rapidement. Donnez-moi mon argent et je sortirai de votre vie. Comme convenu.

L'Ombre s'indigna. Personne n'avait jamais osé s'adresser à elle de cette manière. Sa position sociale et son charisme inspiraient le respect, et elle entendait bien que cela dure.

— J'ai dit : assis ! rétorqua-t-elle.

Sachant que son vis-à-vis ne lâcherait pas prise, Terrance s'exécuta en reléguant sa fierté derrière les chiffres alignés sur les liasses de billets qu'on lui devait.

— Vous en voulez une ? proposa son mystérieux employeur en lui tendant une cigarette.

— Je ne fume pas. Je viens juste récupérer mon dû.

L'Ombre opina du chef.

— Je comprends. Ce fut une mission éprouvante et je tenais justement à vous féliciter pour sa bonne réalisation. Cela n'a pas été facile, là-bas, n'est-ce pas ?

— La somme inscrite sur notre contrat n'est pas suffisante pour me faire oublier l'enfer que j'ai vécu. Si j'avais su que vous atteindriez un tel niveau de cruauté, jamais je n'aurais accepté de participer à cette boucherie. Il était convenu que je joue le rôle d'un détenu afin d'infiltrer le loft pour vous rendre compte de la situation et tenter d'endiguer d'éventuels débordements. J'ai appelé chaque fois que la conjoncture devenait critique... Il n'a jamais été question que je sois le témoin impuissant d'un meurtre, d'un suicide et de tortures psychologiques quotidiennes !

— Vous avez signé une décharge, Terrance. Votre mission comportait des risques et vous en êtes sorti indemne. N'est-ce pas le plus important ?

Terrance serra les dents. Il avait mérité cet argent.

— Vous avez laissé un assassin en liberté.

— Pardon ? J'ai truqué les votes pour vous tirer de là, comme prévu. Savez-vous que, sans mon intervention, Aileen aurait gagné *Criminal Loft* ?

— Je ne parle pas de la version officielle. Comment avez-vous recruté les deux gardiens ? Avez-vous fait une enquête sur eux ? Parce que je suis persuadé que l'un des deux est impliqué dans le meurtre de Wallace !

L'Ombre prit une profonde inspiration et se renversa sur son siège. Terrance était placé sous le sceau du secret. Il n'y avait aucun risque à lui révéler la vérité.

— Lorsque je vous ai embauché pour infiltrer le loft, Terrance, vous connaissiez le concept de l'émission tel qu'il devait être présenté au public, c'est-à-dire huit condamnés à mort mis en compétition pour gagner le droit de vivre. Officieusement, ils n'étaient que sept puisque vous agissiez en sous-marin. Mais, en réalité, j'avais pris la décision de pimenter le jeu. Aaron, l'un des surveillants, n'était – comment dire... ? – pas vraiment à sa place. Vous me suivez ?

Terrance sentit son cœur s'emballer. Il ne souhaitait pas en entendre davantage.

— Je vais être concis, Terrance. Il y avait bel et bien huit condamnés à mort à Waverly Hills. J'ai juste inversé les rôles.

— Vous voulez dire que cet *Aaron* était incarcéré dans le couloir de la mort, quand vous lui avez proposé de jouer au gardien ? Vous avez laissé un criminel errer librement et avoir accès à des armes ?

— Oui. J'avais envisagé l'hypothèse qu'il dérape... et cela aussi faisait partie des risques à courir. Je l'ai repêché dans la liste des candidats qui ont répondu à l'annonce, mais son profil criminel ne correspondait pas à ce que nous recherchions. Alors, je lui ai trouvé un rôle de substitution, en échange d'une cellule confortable et d'une peine de mort commuée en perpétuité. Mais n'ayez aucune inquiétude, je veillerai à ce que ses codétenus s'occupent bien de lui... Tout comme Aileen, sa complice.

— Aileen ? s'écria Terrance, abasourdi.

— Comprenez-moi. J'ai assisté au meurtre de Wallace en visionnant les écrans... Un *snuff movie* en direct ! Mais je n'étais pas en mesure d'agir sans risquer de compromettre la suite de l'aventure... C'était votre rôle d'identifier les coupables. Et vous avez échoué. Quelle différence ça fait ? Aileen grillera bientôt sur la chaise électrique.

— Vous êtes un monstre...

L'Ombre ouvrit un coffre-fort et en sortit une mallette qu'elle tendit à Terrance.

— Un monstre qui vous aura rendu millionnaire, ne l'oubliez pas... Remerciez également l'acquéreur qui a remporté les enchères. La moitié de la somme qu'il a versée vous revient ! Cet argent vous appartient, désormais.

Terrance s'empara de la mallette. Il ne prit pas la peine de compter les liasses. Il n'avait qu'une hâte : déguerpir.

— Oh, attendez ! interpella l'autre. J'ai une dernière faveur à vous demander avant que vous ne filiez.

Terrance fut stoppé net dans son élan. Il ferma les yeux et souhaita que le cauchemar s'achève.

— Oui ? fit-il sans même se retourner.

— Conduisez-moi à Lucasville. J'aimerais rendre visite à une vieille connaissance.

— Vous savez parfaitement que l'exécution de John Natas a été avancée sur ordre du gouverneur. Un ami à vous, je crois ? John est peut-être déjà mort, à l'heure qu'il est !

— Faites-moi confiance, John T. est toujours vivant. Et il le restera tant que je n'en aurai pas décidé autrement. Alors, vous m'emmenez ?

Terrance se mordit la langue. Il se demandait qui, de John Natas et de cet individu, était le plus fou.

— Ma voiture est vôtre, répondit-il, résigné.

Chapitre 50

J'ai décidé de consigner par écrit ce que Waverly Hills a fait de nous, pour laisser une empreinte indélébile de mon passage sur terre. Je suis sûr que le cahier que je m'apprête à refermer aujourd'hui trouvera acquéreur. Il existera toujours des fanatiques pour perpétuer ma mémoire. Peut-être ce récit trouvera-t-il sa place sur la liste des best-sellers ? Peut-être sera-t-il même adapté pour le cinéma ? Je ne le saurai pas de mon vivant, parce qu'ici s'achève mon histoire.

Depuis ma cellule, j'entends le grondement des machines, dont la puissance provoque des variations d'intensité lumineuse. Je les devine en train de s'affairer derrière la porte vitrée, tandis que le couloir de la mort est plongé dans un silence presque solennel.

L'État de l'Ohio m'a donné le choix entre deux modes d'exécution : l'injection létale et la chaise électrique. J'ai opté pour cette dernière, en mémoire de mes démons et pour les exorciser à jamais.

Ainsi s'achève l'histoire de ma mort.

En attendant la vôtre.

John T.

Pénitencier de Lucasville, Ohio.

Je referme mon cahier et fixe le plafond en attendant qu'ils viennent me chercher.

Des bruits de pas chuintent soudain sur le linoléum jaune pâle. Une ombre se dessine derrière la petite lucarne, puis la porte s'ouvre sur la silhouette d'un surveillant qui m'enjoint de le suivre.

— Tu as de la visite, John.

— Je n'ai réclamé personne.

Le gardien me fait signe de me lever sans faire d'histoire. Une fois n'est pas coutume, je m'*exécute*…

Peut-être ont-ils décidé de surseoir à ma demande en appel ? Serais-je plus fort que la mort elle-même ?

Je suis escorté jusqu'à la salle d'interrogatoire, à trois cellules de la mienne. C'est une petite pièce peinte en blanc, de quatre mètres sur trois, pourvue d'une table et de deux chaises en plastique. Sur l'une d'elles est assis un type plutôt élégant. Le même genre de gars que celui en costard-cravate venu me faire signer le contrat de participation à *Criminal Loft*. Sauf que celui-ci aurait pu être son père, avec son crâne dégarni, ses lunettes perchées sur un nez trop long et ses paupières tombantes.

Il fait trop chaud. L'atmosphère est étouffante et une odeur de whisky émane de cet homme que je ne connais pas.

— Bonjour, John. Asseyez-vous.

Il fait signe au gardien de nous laisser seuls. Je prends place en face de lui, m'affalant nonchalamment sur la chaise.

Ce type n'a pas l'allure d'un journaliste, et encore moins celle d'un prêtre se déplaçant pour m'administrer les derniers sacrements ! S'agit-il d'un éminent avocat prêt à défendre le célèbre John T., dans l'espoir de redorer sa carrière ? Une intuition me souffle qu'il n'en est rien…

— Vous ignorez qui je suis, n'est-ce pas ? Et vous vous demandez ce que je viens faire ici, alors qu'ils sont à quelques minutes de vous mettre sur le gril ?

— On peut dire ça comme ça.

Il se penche vers moi. Son haleine empeste le tabac. Une infection.

— Vous ne me remettez pas, mais moi je vous connais bien, John Natas. Oh, pas seulement parce que vous êtes devenu la vedette du jeu-réalité le plus médiatisé… Non, je vous connais plus… personnellement.

— Ah ? Votre visage ne me rappelle rien…

— Non, effectivement. Je ne suis qu'une ombre à votre tableau de chasse. Je tenais à vous rencontrer en chair et en os, si j'ose dire, assène l'homme en ricanant. Mais ma voix ne résonne vraiment pas en vous ?

J'avoue que sa manière de ponctuer les phrases m'est vaguement familière, mais je secoue négativement la tête. Je n'ai plus trop le temps de jouer aux devinettes…

— Mon nom est Ralph Carlson.

Son doigt mouline à la verticale de sa tempe. Je suppose donc que ce patronyme devrait me rafraîchir la mémoire. Et, à bien y songer…

Mon sang ne fait qu'un tour.

— Oui, oui ! s'exclame-t-il. Je constate que vos souvenirs reviennent, John !

Ils m'explosent même en pleine gueule !

J'ai inscrit le nom de Carlson des dizaines de fois dans mon agenda professionnel. Et pour cause…

— Ma fille était une de vos patientes. Votre vingt-cinquième victime…

— J'en suis désolé, dis-je sans une once d'ironie.

— Ne vous donnez pas cette peine. Avez-vous cru un seul instant que vous échapperiez à l'injection létale, John ?

Cette voix… je la connais.

— C'est bien. Je lis dans vos yeux que vous commencez à comprendre… Je suis la Voix de l'Ombre, l'instrument de votre déchéance. Le créateur de *Criminal Loft* ! J'ai mis des années à en concevoir les règles, à perfectionner chaque détail, à me battre contre l'opinion publique pour que ce jeu voie le jour. Vous m'avez enlevé mon enfant ! Je ne pouvais pas vous laisser mourir aussi facilement. J'aurais pu vous tuer de mes mains, mais vous anéantir à petit feu m'a procuré bien plus de plaisir ! Au fond, nous ne sommes pas si différents, John.

Je me redresse et approche à mon tour mon visage du sien.

— Vous n'êtes qu'un amateur. Et comment se porte notre rescapée ?

Un tic nerveux agite sa paupière.

— Après ce que vous lui avez fait subir, ma fille a définitivement perdu la raison. Elle est internée dans un établissement psychiatrique et elle n'en sortira probablement jamais… Elle respire encore, mais vous l'avez tuée, à votre façon.

Je me contente de sourire, partagé entre le ravissement et la déception. Le témoignage de cette salope m'a tout de même conduit dans le couloir de la mort !

— Elle doit être si fière de son papa, dis-je en voyant la colère enflammer le regard de mon interlocuteur. Vous l'avez vengée, *à votre façon*. Dommage que vous lui ayez porté un intérêt si tardif. Dites-moi, Ralph, à quoi pensez-vous le soir, en vous couchant ? La culpabilité vous empêche-t-elle de dormir ? Parce que, si vous ne l'aviez pas délaissée, jamais votre fille n'aurait atterri dans mon cabinet !

Au lieu de laisser exploser sa fureur, l'homme élude mes questions et se met à me raconter, sans omettre le moindre détail, sa géniale invention et tous les stratagèmes qu'il a mis sur pied pour s'assurer que jamais je ne sorte libre du loft. Au fil de ses révélations, je prends conscience de l'ampleur de sa machination.

Comment ai-je pu être si crédule ?

La haine se propage en moi au point de transformer mon corps en un bûcher ardent, prêt à ravager tout ce qui l'entoure. Je l'écoute finir son récit avec condescendance, mais je ne l'entends plus. Mes oreilles bourdonnent, mes muscles se tendent… Je me vois bondir par-dessus la table et l'attraper à la gorge. Je ne maîtrise plus mon agressivité. J'agis comme une bête enragée. On ne peut pas lutter indéfiniment contre sa nature. La porte s'ouvre à la volée. Deux gardes armés m'arrachent à lui et me projettent contre le mur. L'homme réajuste calmement sa cravate. Le regard qu'il me lance est empreint d'une immense déception, comme s'il regrettait que je ne l'aie pas tué.

Et je crois que c'est exactement ce qu'il espérait.

Épilogue

21 mars 2012

Ils m'ont sanglé à la chaise électrique. Le soir de mon quarante-deuxième anniversaire. J'ai comme une impression de déjà-vu… Le décompte final a commencé. Ils placent un casque sur ma tête et me demandent pour la seconde fois si je souhaite qu'on me recouvre d'une cagoule. Et, pour la seconde fois, je leur réponds : « Non, je veux croiser vos regards quand vous mettrez le jus. »

Derrière une vitre en plastique, des gens sont là spécialement pour assister à mon exécution. Je regarde des larmes couler sur leurs joues. Je vois leurs yeux fuyants, leurs attitudes abjectes, et je ne comprends pas ce qui les met dans cet état de désolation. Ils sont venus contempler le spectacle de ma mort, ne devraient-ils pas s'en réjouir ? Parmi ces visages inconnus, je repère celui de Ralph Carlson. Il est impassible, le regard rivé à la pendule.

On dit que, juste avant de mourir, on voit sa vie défiler devant ses yeux.

Moi, je l'entends.

Bing… bing…, fait la balle.

Mais ce n'est plus le jouet de Mary qui rebondit dans ma tête.

Je revois le corps mort de ma mère, étendu sur le carrelage de la cuisine. Et le son régulier des gouttes d'eau qui tombent dans l'évier… tandis que mes petits doigts se referment sur une poignée de vieux clous rouillés.

Floc… floc…

Voilà ce que Waverly Hills a fait ressurgir de mon inconscient. Ce bruit est devenu synonyme de mort. C'est dingue, ce qu'on enfouit quand on est gamin…

Je perçois soudain l'agitation au-delà de la vitre. Une bousculade. Des protestations muettes. La providence s'invite à la fête.

Je ferme les yeux de toutes mes forces. Ni gâteau ni bougies pour formuler mon vœu. Juste une option *barbecue* inscrite au menu.

Le générateur gronde.

Je ne ressens pas la peur.

L'intensité s'amplifie.

Je n'ai ni remords ni regrets.

Le bourreau actionne la première manette.

Mon esprit s'évade.

Et c'est le black-out.

Note de l'auteure

L'histoire que vous venez de lire est une œuvre de fiction. Cependant, le sanatorium de Waverly Hills, où se déroule l'action, existe bel et bien. Situé à Louisville dans l'État du Kentucky, il est réputé pour les phénomènes paranormaux relatés à travers de nombreux témoignages et soulignés tout au long du récit.

Un épisode de l'émission *Most Haunted* rapporte quelques anecdotes troublantes et offre une terrifiante visite guidée de ce haut lieu de souffrances. Avis aux amateurs…

D'un point de vue strictement rationnel, les références aux projets successifs de reconversion évoqués dans le roman restent fidèles à la réalité.

Zoom sur un passé hors du commun.

Les origines du sanatorium remontent à 1883, lorsque le major Thomas H. Hays en fait l'acquisition pour y installer sa demeure familiale. Afin d'assurer l'éducation de ses filles, il fonde une école baptisée Waverly School. Lors du rachat du site par la ville au début du XXe siècle, l'appellation Waverly Hills (nom de la propriété) est conservée. Le sanatorium, conçu par les architectes James J. Gaffrey et Xavier Murphy, ouvre alors ses portes et connaît de nombreuses extensions. En 1962, l'endroit devient un hôpital gériatrique : le Whoodhaven Geriatric Hospital. L'établissement ferme en 1981, avant son rachat en 1983 par Clifford Todd, puis

en 1996 par Robert Alberhasky. Prison d'État, résidence de luxe, lieu de pèlerinage, circuit touristique, démolition… – des projets qui n'ont, curieusement, jamais été menés à terme. En 2001, de nouveaux propriétaires, M. et Mme Mattingly, rachètent la demeure pour la transformer en un luxueux hôtel quatre étoiles. Aujourd'hui, Waverly Hills est en cours de restauration. Charlie et Tina Mattingly proposent une variété de circuits et de séjours au sanatorium.
Souhaitons-leur que ce projet aboutisse…

Prologue

Il écoute.

Le chant sinistre du vent siffle à travers les tentures pourpres, le murmure indistinct des rixes s'étend comme un bourdonnement sourd à la lisière d'un poumon malade, greffé au sud des quartiers pauvres.

Il voit.

Les ombres grimpent le long des plinthes, s'épanouissent en corolles sur les colonnes en pierre érigées à la gloire de son talent.

Alors il entend.

Un air de jazz grésille sur le gramophone tandis que la voix acidulée de Mildred Bailey chante « *I'm nobody baby* ».

Enfin, il ressent.

Le vide se remplit du désir impérieux d'étancher la soif de mots qui le tiraille.

L'écran s'ouvre sur une page vierge. Le curseur clignote, attendant les instructions de ses doigts en suspension au-dessus du clavier. Son regard oscille entre les ombres des sièges inoccupés et la luminosité éclatante de ce rectangle nu qui attend désespérément qu'on le nourrisse. La musique orchestre le temps tandis que ses mains flottent à quelques centimètres des touches comme si une surface invisible interdisait tout contact. Les rouages de son cerveau s'activent pour saisir une idée, une phrase, un mot Rien qu'un mot !

Essaie… Sois inventif ! Écris n'importe quoi, mais écris !

Il se maudit.

La frustration s'enracine profondément. Rien pour contredire la conviction qu'il lui faudra exhumer, une fois encore, l'œuvre tragique de sa vie.

Tout en lui se fige. Ne subsiste que le néant qui l'attire inexorablement vers une fin sans commencement Le vide reprend sa place, paralyse ses facultés. Liquéfaction des sens, mélasse immonde de rage et de détresse qui explose dans sa gorge dans un hurlement que lui seul entend.

Les ombres du passé l'ont suivi. Depuis les murs gris de l'orphelinat.

Désormais, elles ne le quittent plus.

Il n'est pas de taille à lutter contre elles. Alors il les autorise à prendre possession de sa mémoire endommagée, comme on remonte au galop un long chemin de cailloux. Avec de gros sabots. Diablement cloutés, quitte à faire mal

Un dortoir austère, une enfilade de lits métalliques surmontés de crucifix en bois. Des orphelins, unis pour le pire car le meilleur leur a été ôté à la naissance. L'odeur d'ammoniaque incrustée du sol au plafond, tel le parfum illusoire d'une mère. Un abandon qu'il surmonte en reportant son amour sur une famille comptant des milliers de membres de tous âges. Des regards tournés sur son existence, semblables à des générations de bienveillance alignées en rangs serrés. Une famille composée de livres.

Des histoires fantasques qui lui ont apporté le réconfort aux heures sombres. L'évasion aux heures creuses. Les émotions aux heures volées. Une famille l'isolant des rires blasés des pensionnaires les plus âgés, mêlés aux pleurs déchirants des plus jeunes, ces minots plongés dans l'incompréhension.

Sans père ni mère.

Des âmes errantes. Des erreurs de la nature.

Les livres, comme une échappatoire à la violence quotidienne nourrie par la douleur et la solitude. Un exutoire aux sanctions infligées en cas de désobéissance. Un remède contre les privations, la discipline, l'enfermement.

Les blessures qu'il s'inflige à chaque manquement au règlement. Pour ne jamais oublier. Ne pas recommencer. Jusqu'à ce qu'il quitte, par la force de l'âge, le seul foyer qu'il ait vraiment connu, poussé vers l'extérieur au même titre qu'un objet désormais indésirable.

Indésirable. Il l'a toujours été. Rien de bien nouveau, en somme.

Se retrouver propulsé dans la centrifugeuse du monde, en roue libre, lancé à cent à l'heure sur des rails sinueux filant vers une destination inconnue. Terminus : Hollywoodland.

Reconstruire une famille. Tapisser les murs de tranches patinées, couleurs vives et sombres interposées sans discrimination. Une seule espèce pour contenir tous les livres. Frissonner en leur présence. À chaque ligne. Chaque page. Vivre par procuration. Subir l'incomplétude de sa propre vie à travers le prisme déformant de l'autre.

Et, par un soir pluvieux, embrasser la Mort. L'enlacer et se blottir dans la sécheresse de son sein. Choisir d'écrire pour s'inventer une vie, des amis, un passé plus simple qu'imparfait. Appartenir enfin à la communauté des humains. Devenir quelqu'un

Un poignard s'enfonce dans son estomac. Jusqu'à la garde.

Il se recroqueville pour contenir la nausée, au risque de vomir sa vie, se traîne jusqu'au réduit adjacent aux émanations de cire brûlante, relève sa manche, attrape la lame de rasoir posée en évidence sur la tablette et entame sa peau d'un coup sec.

Un sourire écarlate ricane sur son avant-bras.

Une blessure pour chaque péché. Sa peau en est quadrillée. Des mutilations expiatoires pour les fautes qu'il a commises.

Les plus récentes luisent encore à la lueur des bougies. La plus ancienne est enracinée au bas d'une colline où le corps disloqué de Lillian s'est échoué.

Et celle-là, quoi qu'il tente, ne disparaîtra jamais.

Il saisit une batterie de comprimés qu'il s'enfile quotidiennement en dose massive, seul remède à ses souffrances, mais sans effet sur le syndrome de la page blanche. Il avale trois cachets, déglutit péniblement, sans eau, parce que, à cet instant, l'office est un lieu inaccessible, une lucarne qu'il s'oblige à fixer pour ancrer des repères dans l'espace tandis que les murs tournoient autour de lui comme des vautours.

La magie opère lentement, un tour de passe-passe éphémère qui l'accoutre d'une camisole chimique.

Il considère le boyau ouvert sur les coulisses, distingue la volée de marches dans le clair-obscur. Sa chambre de fortune, aménagée sous les loges, est une tour d'ivoire qu'il n'atteindra pas cette nuit.

Alors il reste là. Étendu sur le sol froid, les paupières lestées de plomb.

Et l'écran scintille toujours dans la pénombre.

Assoiffé de mots.

Et de morts.

ACTE I

« Il faut que je sois cruel, uniquement pour être humain. »

William Shakespeare
(*Hamlet*, Acte III, scène 4)

Scène I

Le sommeil l'avait emporté en charriant son lot de séquences répugnantes ligoté à ses addictions. Elle s'était réveillée en sueur, le souffle court, assommée par la cacophonie de ses propres cris. Comme une urgence, coucher sur le papier la noirceur bouillonnant dans sa tête, la régurgiter avec des mots, recracher le poison inoculé par la nuit. Décimer les cauchemars qui avaient élu domicile dans son cortex. Et dans ses veines.

Elle s'extirpa des draps froissés et vint se poster derrière la lucarne contre laquelle se calquait une obscurité absolue. Un faciès méconnaissable la dévisageait d'un air hagard. Un masque creusé par un étrange ballet d'ombres coiffé de mèches blondes.

Une dose. Rien qu'une dose…

—Lillian ?

Sa tête pivota sur son cou selon un axe aléatoire. Le squat puait l'urine et la solitude des mauvais jours. Les matelas crasseux s'alignaient en rangs serrés dans l'entrepôt désaffecté, vestige d'une époque économique florissante. Des corps piqués d'aiguilles gisaient comme des pantins, anéantis par la dope. Elle l'avait baptisé *Le Royaume des désœuvrés*. C'était son truc, baptiser les endroits qu'elle fréquentait.

—Rendors-toi, s'entendit-elle murmurer.

—Lillian… tu saignes ?

Elle considéra le visage ami. Fanny avait atterri dans ce taudis deux semaines plus tôt, avec pour seuls bagages un passé sordide et une impressionnante collection de cicatrices. La pourriture qui la tabassait quotidiennement l'avait larguée, après s'être assuré qu'elle dégage sans un sou en poche. Non sans lui asséner une ultime raclée qui l'avait salement amochée, histoire de laisser une trace de son passage dans sa vie.

Elle l'aimait bien, Fanny. Son minois candide et sa longue chevelure de poupée apportaient une touche de pureté au décor. Mais combien de temps tiendrait-elle dans cet enfer ? Bientôt, les cauchemars consumeraient ses nuits et la mort finirait son œuvre en lui ôtant toute humanité.

Elle lui sourit pour la rassurer et descendit les manches de son sweat sur ses avant-bras comme on dissimule une maladie honteuse. Elle s'était grattée jusqu'au sang, et, rongée par le manque, rêvait déjà au prochain shoot qui la plongerait dans les vapes. Pour oublier. Ne jamais recommencer

Lillian balaya du regard le mouroir improvisé. Depuis le fond du hangar insalubre, le petit nouveau l'épiait en silence, le dos calé contre le mur craquelé. Il avait débarqué la veille avec sa gueule d'ange dissimulée sous la visière d'une casquette et prétendait s'appeler Seamus. Une promesse de cancer collée au bec, il se contentait de scruter la pénombre qui l'enveloppait. Il n'avait pas décroché plus de trois mots depuis son arrivée. Ses yeux noisette l'avaient sondée en profondeur, avec une telle intensité qu'elle s'était mise à bégayer en cherchant vainement à briser la glace. Il ne se dévoilerait pas facilement, celui-là. Elle aimait ça.

Détournant son attention de Seamus, Lillian s'allongea près de Fanny et plongea une main frileuse dans son sac à dos. Un frisson brûlant remonta le long de son échine lorsqu'elle tira son dernier sachet d'héroïne. Elle divisa le contenu en deux monticules. Fanny l'observait, les yeux rougis par l'insomnie. Ses lèvres fendillées effleurèrent les siennes. Un baiser désespéré. Un fragment de tendresse dans la puanteur de leur existence de camées.

— Tu n'as pas besoin de faire ça, marmonna Lillian en la repoussant délicatement.

Fanny la jaugea un instant pour s'assurer qu'elle ne lui en tiendrait pas rigueur. Elle saisit la feuille en aluminium saupoudrée du précieux opiacé et tourna le dos à Lillian afin de masquer le désarroi que trahissaient ses yeux embués de larmes. Ses os saillaient sous sa peau laiteuse comme s'ils cherchaient à s'emboîter correctement. Lillian eut soudain pitié de la gamine. Dans quelques heures, la sensation de chaleur s'estomperait et le manque entraînerait suées et démangeaisons. Mais le pire surviendrait plus tard, lorsque les prises n'auraient plus d'effet et que la seringue sillonnerait ses veines encore vierges. Fanny entrerait par la grande porte dans la cour des junkies infectés, le corps gangrené d'abcès et l'âme aliénée. Elle l'avait initiée à des plaisirs mortels avec une facilité déconcertante. L'engrenage de la violence et de l'humiliation fragilisait le plus solide des rocs.

Savoir qu'elle n'assisterait pas au spectacle de sa lente agonie libéra sa mauvaise conscience. Quand la petite plongerait pour de bon, elle aurait déjà quitté cet infâme cloaque qui cloisonnait la lie de l'humanité dans un cercueil à ciel ouvert.

Soudain, un chien hurla à la mort, quelque part entre ici et la frontière de l'East Saint-Louis, une plainte déchirante qui ressemblait à s'y méprendre à celle dont son corps aurait voulu s'acquitter.

Lillian coinça une mèche blonde derrière son oreille et sniffa une ligne de poudre. La sensation de lourdeur l'envahit aussitôt. Elle se laissa glisser sur le matelas maculé de taches douteuses, s'abandonna totalement et sombra dans ce coma artificiel inhérent au sommeil. Cet état de non-existence qui la délivrait de toutes les peurs.

Jusqu'au prochain cauchemar.

Scène 2

La nuit l'encercla. La pénétra. La remplit à nouveau de cette curieuse nébulosité dont sont constitués les cauchemars. Les émotions se décuplèrent, la submergèrent totalement. Son corps martyrisé restait plaqué au sol. Et la fresque humaine était toujours là, en perpétuel mouvement, léchant ses paupières closes de sa langue écarlate, comme un diaporama absurde qui défilait en boucle. Les coups redoublèrent contre ses tempes, se démultiplièrent en salves de bombes sur un chemin miné. Crâne prisonnier d'un étau conçu à l'épreuve du bonheur.

La sensation vertigineuse de plonger dans un précipice ne dura qu'une fraction de seconde, pourtant, l'envie d'hurler s'éternisait. Un segment invisible fissura brièvement le cours du temps en détruisant tous ses repères. L'espace d'un instant, Lillian s'interrogea sur la source des halètements obscènes crachés à son oreille. Quand elle parvint à ouvrir les yeux, la douleur s'intensifia.

Ils étaient trois. L'assiégeaient, les yeux fendus sur un puissant désir de perversion. Molestaient la proie de leurs envies narcissiques pour la réduire à l'état de *chose*. Les visages hideux vibrionnaient autour d'elle. Des dizaines de doigts nerveux palpaient, fouillaient sous le sweat déchiré, griffaient sa peau avec la maladresse d'une excitation aveugle et sourde. Leurs doigts – ces insectes poisseux – tripotaient ses seins, déchiraient son entrejambe à coups d'ongles crasseux. Leur haleine stagnait à la surface de son calvaire, écœurante.

Incapable de repousser leurs assauts, elle fixait le plafond en priant pour que la voûte s'écroule et les ensevelisse tous. Une main ferme plaquée sur sa bouche étouffait ses protestations muettes. Elle sentit sa mâchoire craquer, ravala l'indicible.

Subitement, des cris explosèrent au Royaume des Désœuvrés. Un poing s'abattit et percuta violemment le crâne chauve du chef de meute. Un uppercut envoya valser son acolyte, puis un troisième, jusqu'à ce que la ronde infernale s'écroule enfin. Parmi ses violeurs, elle reconnut un dealer défoncé à la coke dont elle avait oublié le nom. Un petit caïd sans envergure qui détala sans demander son reste, talonné par ses deux clébards.

—On t'aura, salope l'entendit-t-elle jurer entre deux râles.

Seamus se pencha. Sa manière de la sonder – cette insistance indécente au fond des yeux – renforçait la sensation troublante d'une dangereuse proximité.

« Merci », fut le seul mot que Lillian parvint à prononcer.

Il hocha sa jolie tête brune. Vissa une casquette sur son crâne. Ses lèvres pleines esquissèrent un sourire qui n'en était pas exactement un.

Elle se redressa lentement. Regarda s'éloigner ce corps sculpté qu'elle aurait voulu explorer sous les coutures de ses fringues bon marché.

Seamus quitta l'entrepôt par une porte en partie dégondée.

Il reviendrait.

Ils revenaient toujours…

*

Sans heurts. Sans pleurs. Ces fardeaux inutiles…

Lillian glissa une main sous la couverture, couleuvre de laine entortillée autour de Fanny. Un gémissement échappa à la gamine, encore lovée dans un sommeil exorcisé. Du moins, en apparence L'agitation provoquée par l'agression l'avait forcément réveillée. Elle avait entendu ses gémissements étouffés sans broncher. S'était rendue complice par inaction.

Fermer les yeux face à l'horreur représentait parfois une nécessité. Pour se préserver. Feindre, comme un moyen de survie mis à disposition des faibles.

Elle décida de lui pardonner sa lâcheté.

Lillian pardonnait toujours.

Elle enterra définitivement cet épisode au cimetière des anecdotes. Au milieu d'autres stèles.

— Debout ! dit-elle en effleurant son épaule, si frêle qu'elle aurait pu la briser d'une simple pression.

Fanny marmonna. Plissa les yeux, incommodée par la lumière du jour qui s'invitait derrière les vitres sales.

— Viens, je te paie un café, insista Lillian.

— Quelle heure est-il ?

— On s'en fout. Lève-toi.

La gamine obéit. Enfila les vêtements dérobés la veille, lors d'une mission expéditive dans les bennes à ordures des quartiers huppés de Saint-Louis. Le jean bâillait lâchement sur ses hanches mais le débardeur *abricot* épousait les courbes et les angles comme s'il avait été cousu sur sa peau.

— Pas mal ! s'exclama Lillian. Mets ça, ajouta-t-elle en lui tendant un gilet. J'ai pas envie qu'on rameute tous les vicelards du coin

Fanny émit un son pudique et charmant. Qui sonnait faux. Comme c'était bon, malgré tout, de l'entendre rire

Elles slalomèrent entre les matelas, que certains *désœuvrés* avaient désertés depuis longtemps pour aller gagner leur dope. Elles s'engagèrent dans les ruelles sinistres sans un regard pour les passants d'un jour. Non loin de là, *Le Calice* proposait des formules alléchantes, pour qui avait les moyens de débourser 8 dollars en muffins et donuts multicolores.

Lillian commanda deux cafés. Avec un nuage de lait. Pour adoucir leur existence.

— Pourquoi tu fais tout ça pour moi ? s'inquiéta Fanny, repliée sur la banquette en similicuir.

— Pourquoi pas ?

— Je plaisante pas. Dans mon monde à moi, les gens qui s'intéressent aux autres ont forcément quelque chose à gagner

— Alors, nous ne vivons pas dans le même monde, se contenta d'assurer Lillian.

— Sérieusement Tu ne vas pas me demander de faire des trucs dégueulasses ?

— Fanny, je n'ai pas à justifier l'affection que j'éprouve pour toi. Et non, je n'exigerai pas que tu vendes ton joli pt'it cul pour rembourser une dette imaginaire. Jamais. D'ailleurs, je t'interdis de céder, si un jour quelqu'un tente d'abuser de ta crédulité. C'est clair ?

— Je te le promets, assura la gamine.

Elle essaya de décrypter mentalement le sens des mots absents de son vocabulaire avant de reprendre, des trémolos dans la voix :

— Lillian…

Lillian se figea. Sa tasse percuta brutalement la soucoupe dans un cri de faïence brisée. Seamus venait d'entrer dans le bar. Une vague de chaleur enfla dans son bas-ventre. Elle maudissait cette sensation qui la rendait vulnérable. Bien plus encore que l'indigne culpabilité que Fanny s'apprêtait à confesser.

Seamus s'accouda au comptoir et glissa quelques mots au barman. L'homme hocha la tête en guise de réponse.

— On se barre, ordonna Lillian.

— Déjà ? s'étonna Fanny, en avisant une silhouette approcher de leur table.

— Sale époque, lança Seamus. Chercher du boulot dans ce bled, c'est comme courir après la célébrité. Plus on l'approche, plus elle nous échappe

La gamine se fendit d'un sourire mièvre.

— « *Allons sûrement et doucement : trébuche qui court trop vite* », déclama Lillian.

— William Shakespeare ? s'étonna Seamus en se glissant sur la banquette.

— Lillian rêve de devenir actrice. Pas vrai ?

Elle dévisagea Fanny avant de reporter son attention vers celui qui lui bloquait désormais le passage. Il hocha la tête.

Achevé d'imprimer en octobre 2016
Par CPI France
N° d'impression : 3019627
Dépôt légal : novembre 2016
Imprimé en France
81121830-1